이것은 왜 청춘이 아니란 말인가

이것은 왜 청춘이 아니란 말인가

20대와 함께 쓴 성장의 인문학

엄기호 지음

푸른숲

일러두기
　본문에 등장하는 학생들 중 일부의 이름은 가명을 사용하였다.

'겉도는 말, 헛도는 삶'이라는 화두를 던져주신 조한혜정 선생님과
나와 함께 세상을 읽는 힘 있는 언어를 만드는 작업을 같이 한
연세대 원주캠퍼스와 덕성여대의 학생들에게 이 책을 드립니다

차례

들어가는 글 | 너흰 괜찮아

성장에 대한 강요 11 | 도덕적 비난이 된 성장 14
뒷문으로 성장하다 17 | 성장이 무엇인지 되물어야 한다 23

1부 어쨌거나 고군분투

대학1 | 우리를 위한 자리는 없다

서울에 가야 한다 35 | 대학 서열이라는 체제 40

대학2 | 우린 아직 인간이 아니다

청춘은 찬란, 했다, 옛날에는 52
잉여가 된 '지성인' 55
자유가 잉여를 자학케 하리니 58
인간이 되기는 쉽지 않겠다 66

2부 뒷문으로 성장하다

정치 혹은 민주주의 | 혁명에 냉소한다

신성불가침한 민주주의 75 | 세상을 왜 바꿔야 하나? 79
뭘 해도 내 삶은 달라지지 않는다 85
도덕이 된 민주주의가 문제다 93

교육 | 학교라는 이름의 정글

상실, 성장을 위한 조건 100 | 학교는 폭력과 억압으로 작동한다 102
말하는 법조차 배우지 못했다 104 | 열린 교육에 갇혀 자라다 108
교실은 동등하지도, 평등하지도 않았다 112
폭력적이지 않은 교육이 가능한가 116

가족 | 멀쩡한 가족은 없다

철없는 자식이 되는 데도 자격이 필요하다 124
외로운 가족, 겉도는 가족 129
가족은 감정노동의 공동체 133 | 소통의 폭력을 넘어 137

사랑 | 이것은, 왜 또 사랑이 아니란 말인가

사랑, 가장 강렬한 성장의 드라마 148 | 사랑, 서사가 가능한가? 150
불안하지 않은 사랑이 있는가 153 | 사랑, 비싸다 157
사랑, 인프라가 필요하다 160

소비 | 팔리기 위해 나를 전시한다

전시, 필사적인 인정투쟁 167
다이어트, 몸이 최고의 아이템이다 176
자기관리와 자기감시 사이에서 182

돈 | 돈은 자유다

돈은 속임수다 189
삶을 옥죄는 학생 빈곤 193
돈이 자유라는 말의 의미 199
그리고 돈의 흐름 혹은 틈새 205

열정 | 잉여, 열정과 삽질 사이에서

삽질, 잉여들의 열정 215 | 열정이 무력화되다 224
열정을 착취하는 자본주의 229

조금 긴 결론 | 다시 교실에서

개념과 사유의 힘 243 | 집단지성, 그들의 삶 속에 이미 있다 248
교과서는 힘이 세다 254 | 도덕에 맞서다 257 | 다시 교실에서 261

들어가는 글

너흰
괜찮아

이 책의 초고를 끝내고 지은을 다시 만났다. 지은은 내가 2009년 덕성여대에서 강의했던 '사회와 문화' 수업에서 만난 학생이다. 수업에도 주도적으로 참여했고, 특히 이 책의 한 꼭지인 〈이것은, 왜 또 사랑이 아니란 말인가〉의 첫머리에 나오는 글을 쓰기도 한, 사회복지학을 전공한 상당히 활달한 학생이다. 그동안 졸업을 하고 이미 사회생활을 하고 있었다. 사랑에 대한 원고를 보충할 만한 이야기를 듣고자 만났지만 지은은 그보다는 오히려 내가 왜 이 책을 쓰려고 하는지를 다시금 되새기게 하는 이야기를 들려주었다.

"저야말로 대세가 시키는 대로 아무런 생각 없이 살아온 셈이죠."
지은은 자신이 사회복지학과에 들어간 것도 그것이 대세였기 때문이란다. 사회복지학이 뭐하는 학문인지, 전공하면 어떤 미래가 열리는지에 대해서는 아는 것이 별로 없었다. 다만 부모님과 주변 사람들이 미래에 사회복지학이 뜨는 학문이 될 것이라고 하는 말을 듣고 선택하였다.

"웃기지도 않죠. 그때 지는 학문이라고 말했던 게 정치외교학이었

이것은 왜 청춘이 아니란 말인가
너흰 괜찮아

어요. 근데 지금은 사회과학대학에서 가장 인기 있는 전공 중 하나가 됐어요."

지은의 말대로다. 지은이 대학에 들어올 때 많은 대학에서 구조조정을 벌이고 있었다. 문사철을 중심으로 하는 인문학이나 순수 자연과학을 전공하는 학과는 비전이 없다는 이유로 규모가 축소되는 분위기였다. 정치외교학도 그중의 하나였다. 그런데 반기문 씨가 유엔 사무총장이 되고 한비야 씨를 중심으로 해서 국제봉사, 국제 NGO 등이 뜨자 정치외교학이 인기 학과로 다시 부상하였다. 그러자 지은이 다니는 학교에서도 최근 들어 다시 정치외교학과를 어떻게 전략적으로 키울 것인지를 논의하고 있다고 한다. 반면 사학과는 지난해에 교수를 충원하느냐 마느냐를 놓고 학내에서 격렬한 갈등이 벌어졌다고도 한다.

지은은 대학을 다니면서도 별 열정이 없었다고 했다. 전공과목이 재미가 없었던 것은 아니지만 그렇다고 흥미가 있었던 것도 아니다. 그저 그랬다는 말이 가장 적당했다. 자기관리가 아주 치열하지도 않았다. 김포에서 통학을 한 탓에 출석 상태도 좋지 못해서 성적도 가히 좋은 편이 아니었다. 아무 생각 없이 학교와 집을 오가고 시험을 치고 하는 사이에 시간이 물 흐르듯이 흘러갔다. 어느새 3학년이 되고 4학년이 되었다. 대학에 들어와서 지금껏 내가 해놓은 게 뭐 있나 하는 후회와 다급함이 몰려왔다.

불운은 계속되었다. 4학년을 마칠 때쯤 자격시험을 준비하고 있었는데 그만 사고가 나고 말았다. 지은이 병원에 입원하여 치료를 하는 동안에 친구들은 하나둘씩 사회에 편입했다. 공부를 가장 잘하던 친구는 일본으로 유학을 떠났다. 세상이 바라는 대로 사는 것이 중요하다고 일찌감치 깨달은 다른 친구는 경영학을 부전공하여 하나하나 착실히 스펙을 준비하더니 여의도 증권가의 잘나가는 회사에 입성하였다. 자주 만나던 고등학교 때의 절친도 인천공항의 모 센터에 취직하였다. 자기만 뒤처졌다.

"잉여죠."

지은이 자신의 처지를 설명하는 데 별다른 표현이 필요 없었다.

사람들과의 관계도, 자신의 감정도 바닥을 쳤다. 지은의 표현대로라면 바닥의 바닥을 쳤다. 우울증은 극에 달했다. 자신이 속할 곳은 그 어디에도 없다는 생각을 했다. 어디를 가나 낯선 곳이었고 여기에 내가 있어도 되는가 하는 불안이 엄습했다. 결국 집에만 처박혔다. 그나마 다행은 부모님이었다. 백수 딸 무엇을 믿어주시는지는 몰라도 부모님은 별다른 말씀을 하지 않으셨다. 오히려 아버지는 아침에 출근하실 때마다 "우리 딸 파이팅!"이라는 문자를 보내주셨다고 했다.

그런 시간이 조금 더 흐르고 나서 지은은 자신의 처지가 한심하다는 것, 그것을 그냥 인정하기로 하였다. 한심한 건 한심한 거다. 그걸 애써 부정하고 그것 때문에 우울해할 필요가 없다고 생각하였다. "그래서 그냥 1년 정도는 한심하게 살기로 했어요. 남들 눈에는 한심해 보이더라도 저한테 한 1년의 시간을 주려고요. 이 기간 동안에 공부도 좀 하고 여행도 다니고 할 생각이에요."

마침 정부에서 주관하는 복지 프로그램이 있었다. 빈곤층 자녀들을 대상으로 공부를 가르치는 일이었다. 청년들에게는 실업대책의 일환이고 가난한 사람들에게는 복지 차원에서 진행하는 사업이었다. 일주일에 몇 번밖에 나가지 않는 일이기는 하지만 수업을 정성껏 준비하고 있다고 했다. 나머지 시간에는 학교에 가서 영어 공부를 하고 있다. 마침 친구가 일본에 살고 있으니 일본을 시작으로 해외여행을 하기 위해 돈도 모으고 있다. 공교롭게도 이 와중에 꽤 괜찮은 직장의 인턴 자리를 소개받았다. 솔깃했다. 망설이기도 했다. 그러나 지은은 끝내 그 자리를 포기하고 자신이 마음먹은 대로 '한심한 1년'을 보내기로 했다.

"한심하죠?"

성장에 대한 강요

"아니, 전혀 한심하지 않아." 지은의 이야기를 들으면서 비로소 내가 이 책을 쓰게 된 이유를 깨달았다. 바로 이 말을 하고 싶었기 때문이다. "그 정도면 너흰 괜찮아."

지은을 비롯하여 나와 수업을 함께했던 친구들에게 이 말을 해야겠다고 생각했기 때문이다. 그리고 이 말은 지난 2년 동안 대학에서 시간강사를 하면서 학생들에게 전하고 싶은 메시지였다.

"세상이 너희를 한심하다고 이야기하더라도 우리 스스로 우리를 한심하다고 생각하지 말자. 대신 되돌려서 물어보자. 누가 너희더러 한심하다고 이야기하는지. 그리고 어떤 이유와 논리로 너희를 한심하다고 하는지. 어떤 언어로 너희를 한심하다고 말하는지를 되물어 보자." 그 언어의 이데올로기를 되짚어보며 우리 사회가 20대들, 대학생들을 '포획'하는 방식을 살펴보는 것이 내가 학생들과 함께 강의실에서 하고자 한 작업이었다.

그 '포획'의 중심에는 '성장'에 대한 신화 혹은 강요가 자리 잡고 있다. "사람은 성장해야 한다." "사람이 살아가면서 교육을 받고 사람을 만나고 자기 일을 하는 이유는 성장하기 위해서이다." 우리는 한 치의 의심도 없이 이렇게 말한다. 그리고 성장하지 않는 삶을 비난한다. 그 비난은 대학생, 20대들에게 쏟아진다. 우리 사회에서 대학생이 된다는 것은 곧 성인이 된다는 것을 의미한다. 성인은 자립하여 삶을 살아가는 사람이다. 미래를 위해 현재를 참고, 즉각적인 욕망을 억누르며 자기 인생을 기획하고 계획하는 삶이 바로 성장하는 삶이다. 그런데 우리 사회는 지금의 대학생들은 그렇지 못하다고 비난하는 것이다. 이들이 여전히 유아적이고 의존적이며 주체적이지 못하다고 말한다. 좌와 우를 가리지 않고 모두가, '성장'에 대한 이야기에 기대어 현재의 대학생들을 비난하고 있다.

우파들은 경제적인 이유를 든다. 이들은 청년들이 높은 보수만 바라고 험한 일은 하기 싫어한다고 타박을 놓는다. 젊은이들이 도전 정신이 없어서 공무원과 같은 철 밥그릇만 찾는 것이 문제라고 이야기하기도 한다. 그래서 청년실업 문제에 이들이 내놓는 대책이란 고작 젊은이들보고 눈높이를 낮추라는 것이다. 이명박 대통령은 2009년 11월 16일의 라디오 연설을 통해서 "청년들도 이제 평생직장의 시대가 가고 인생 삼모작 시대에 산다는 것을 빨리 인정하고, 안정된 직장만을 찾을 것이 아니라 변화하는 현실에 맞추어 자신의 능력도 새롭게 개발해나가야 한다"며 "청년 취업 문제는 아무리 토론하고 고민해도 우리 청년들이 패기를 갖고 벤처기업을 창업하고 중소기업과 해외 일자리에 더 많이 도전하는 것이 해법"이라고 호소했다. 이를 이어받아 정운찬 총리는 2010년 6월 16일 국회에서 "아시다시피 경제 문제 해결에 획기적인 특단의 대책이 없듯 실업문제, 청년실업 문제를 획기적으로 해결하는 대책은 많지 않다"고 말했다. 어린애들처럼 좋은 것만 먹고 싶다고 칭얼거리지 말고 현실을 인정하고 그 현실에 자신을 맞추며 살라는 말이다. 이것이 우파가 이야기하는 '성장'이다.

반면 좌파들은 정치적인 이유로 지금의 청년들을 비난한다. 이들은 청년들이 소비주의에 물들어 자기만 생각하고 물질적인 욕망과 풍요에만 신경을 쓰지 도통 사회적 존재로서 책임을 지지 않는다고 비난한다. 특히 386들은 자신들은 '조국과 민중', 민주주의와 인권 같은 대의를 위해 청춘을 불태웠는데 지금의 청년들은 완전히 죽어버렸다고 한탄한다. "20대는 세상과 불화해야 하는 시기인데 너무 적응을 잘해서 잘 지내기만 한다." "혼자 살겠다고 자기계발서에 매몰되어 있다." "겁에 잔뜩 질려서 세상의 불의를 향해 짱돌을 들 배짱도 힘도 없는 것이 지금의 20대들이다." 이들이 보기에 지금의 대학생들은 한마디로 비겁하다. 세상과 불화하고, 이를 통해 진정한 존재가 되기를 갈망하는 것이 성장의 과정이라고 한다면 이들이 보기에 지금의 대학생들은 성장하지 않은 혹은 못한 존재, 즉 어리광이나 부리는 '애새끼'들이다.

도덕적 비난이 된 성장

그러나 좌나 우나 우리 모두 묻지 않는 것이 있다. 20대가 성장하지 않았다고 이야기할 때 이들이 인간이라면 당연히 해야 한다고 말하는 그 '성장'이 과연 무엇인지에 대해서는 전혀 묻지 않는다. 또한 그 성장이 어떠한 조건에서 가능한 것인지에 대해서도 역시 묻지 않는다. 성장은 다만 모든 도덕적 판단의 전제조건일 뿐이다. 그렇기 때문에 이들은 자신들이 당연하다고 생각하는 성장의 방식이나 방향대로 성장하지 못한 20대들이 세상을 어떻게 보고 어떻게 경험하는지에 대해서는 지레짐작으로 재단할 뿐이다. 20대들이 어떤 언어로 세상을 읽고 세상에 어떻게 개입하고 있는지에 대해서는 도통 관심이 없다.

우리는 20대들이 유아 상태에 머문 채로 성장하지 않았다고 미리 가정한다. 성장하지 않았기 때문에 언어가 없으며 언어가 없으므로 세상을 읽지도, 세상에 개입하지도 않는다고 생각해버리고 만다. 위에서 이야기한 "힘든 일은 하기 싫어한다"는 말이나 "완전히 탈정치화되었다"는 진단처럼 말이다(언어란 이처럼 중요하다. 언어는 성장의 지표이다. 어릴 때는 앵무새처럼 배운 말을 곧이곧대로 반복하지만 어른이 된다는 것은, 즉 성장한다는 것은 자기만의 언어를 가지게 된다는 의미이기 때문이다. 자기만의 언어를 가질 때 비로소 인간은 자기만의 시선으로 세상

이것은 왜 청춘이 아니란 말인가
너흰 괜찮아

을 읽고, 그 세상에 개입할 수 있다).

그러나 따져보자. 누가 힘든 일을 하기 싫어하는가? 이 책의 알바와 돈에 대한 대학생들의 경험을 다룬 장에서 보다 자세하게 이야기하겠지만 학생들은 몹시도 어려운 일들을 많이 하고 있다. 등록금을 마련하고 데이트 비용을 마련하느라 방학이면 방학, 학기 중이면 학기 중에 별별 일들을 다 하고 있다. 노가다를 뛰는 학생들도 있고, 초중고교나 대학교의 졸업식이면 화원에서 꽃을 떼다가 파는 아르바이트를 하는 학생들도 있다. 또 어떤 학생들은 월급 20만 원을 받으면서도 하고 싶었던 일을 하기 위해 이른 아침부터 늦은 밤까지 열정을 불태우기도 한다. 따라서 오히려 우리가 물어봐야 하는 것은 누가 힘든 일을 하지 않고서도 대학을 다닐 수 있는가이다. 그것은 과외만으로도 꽤 큰돈을 벌 수 있는 일부의 대학생들이거나 혹은 부모를 잘 만난 몇몇 학생들이 아닌가? 오히려 우리가 질문해야 하는 것은 "요즘 학생들은 힘든 일을 싫어한다"는 말로 누가 누구의 삶을 무례하게도 삭제해버리는가이다.

탈정치화되었다는 비난 역시 마찬가지이다. 탈정치화라는 말은 정치적 주체가 되어야 하는 사람들이 정치에 관심을 가지지 않고 정치가 얼마나 중요한가를 모른다는 의미이다. 탈정치화된 존재는 정치에 대한 언어가 없다. 언어는 정치의 전제조건이기 때문이다. 그러나 이들은 정치에 대해 이미 말을 하고 있지 않는가? "나는 정치에 대해 관심이 없다"고. 그리고 이것은 아이러니하게도 이들의 정치적 무관심이 이미 정치적 관심 안에서 형성된 무관심이라는 것을 의미한다.

그것이 한마디에 불과할지라도 이미 이들은 정치에 대해 말을 한 셈이다. 정치에 대한 그들의 발언을 이해하는 것은 그들이 어떤 언어로 정치를 읽고 있는가를 상대방이 성찰해야 가능한 일이다. 그러나 좌와 우를 막론하고 대다수의 사람들은 지금의 대학생들을 성장하지 않은 존재, 즉 언어가 없는 존재라고 전제해버리고 있다.

'성장'과 마찬가지로 '정치'에 대해 이야기하기 위해 우리가 물어야 하는 것은 우리의 '정치'가 누구에게만 '정치'이며 왜 다른 사람에게는 '정치'가 되지 못하는가이다. 그런데 누구도 우리의 일상에 개입하여 통제하는 그 '정치'라는 것이 무엇인가에 대해서는 묻지 않는다. 그 정치가 당신들의 삶을 괴롭히고 열받게 할 수 있겠지만 다른 사람들의 삶에는 아무런 의미가 없을 수도 있다. 누군가에게는 서울광장에서 집회를 열지 못하게 하는 것이 표현의 자유를 몹시 심각하게 훼손하는 처사라고 여겨지겠지만 누군가에게는 전혀 중요하지 않은 사건일 수도 있는 것이다. 이러한 반응에 대해 "아니, 어떻게 그렇게 생각할 수 있지?"라고 말하는 순간 정치는 끝난다. 다만 도덕적 비난이 시작될 수 있을 뿐이다.

도덕적 비난. 정치적인 이유에서 비롯하였든 경제적인 이유에서 비롯하였든 대학생들을 향한 지금의 비난이 도착한 종착점이 바로 도덕적 비난이다. 결국 우리는 우리 식의 성장만을 이들에게 잣대로 들이대며 그것을 충족시키지 못한다고 비판할 뿐 이들이 다른 방식으로 성장했다는 것을 전혀 인정하지 않는다.

이것은 왜 청춘이 아니란 말인가
너흰 괜찮아

뒷문으로 성장하다

이것이 내가 이 책을 쓰게 된 이유이다. 아니, 더 정확하게 말하면 이 책은 그러한 이유로 덕성여대와 연세대학교 원주캠퍼스에서 학생들과 함께 쓰고 토론하고 강의한 내용이다. 이 작업을 위해 나는 지난 2년간 학생들과 그들이 세상을 어떻게 경험하고 판단하고 있는지에 대해서 많은 이야기를 나누었다. 정치와 경제에 대해 이야기를 나눈 것은 물론이다. 사랑과 연애, 가족과 소비와 같은 일상사에 대해서도 이야기를 나누었다. 때로는 생명이란 무엇인가에 대한 철학적인 질문도 나누었다. 학생들은 매주 이러한 주제에 대해 자신이 세상을 어떻게 경험하는지에 대한 글을 썼고, 나는 그 글을 읽으면서 학생들과 함께 그들이 어떤 언어로 세상을 경험하는지를 분석하고 토론하였다. 그렇게 쌓인 리포트가 A4 용지로 5천 장이 넘는다. 이 책은 그 리포트 더미에서 추려내고 정리한 학생들의 이야기이자 그들과 나의 대화이고 내가 그들에게, 그들이 나에게 던진 질문들의 덩어리이다.

이런 점에서 이 책은 세대론에 대한 책이 아니다. 지금까지 이야기한 것처럼 이 책은 애초부터 20대들, 그중에서도 대학생들이 다른 세대와 어떻게 다른지를 강조하기 위해 쓴 것이 아니다. 세대론이 되기 위해서는 비교가 선행되거나 전제되어야 하는데 이 책은 다른 세대와의 비교를 염두에 두고 지금 20대의 특징을 밝히려고 한 것이 아니기 때문이다. 더구나 이 책은 내용도 형식도 20대들에 '대해서' 이야기하고 있지 않다. 그렇다고 20대들'에게' 이야기하는 것도 아니다.

그렇기 때문에 이 책은 20대들에 대한 어떤 '정보'를 주는 책이 아닙니다. 우리는 늘 문제가 되는 것은 정보라고 생각한다. 우리에게 제대로 된 정보만 있으면 어떤 일을 충분히 통제하면서 잘 헤쳐 나갈 수 있다고 생각한다. 여행을 예로 들어보자. 여행을 떠나기 전에 우리는 엄청난 양의 정보를 모은다. 숙소와 교통, 반드시 방문해야 하는 곳과 꼭 봐야 하는 것에 대해서 많은 정보를 모은다. 이런 정보로 우리는 효율적인 여행을 다닐 수 있다. 길거리에서 낭비하는 시간을 줄이면서 알차게 움직일 수 있다. 그러나 이런 '효율성'은 내가 가서 보는 것이 무엇이고 그것을 어떻게 보아야 하는지에 대해서는 말해주지 않는다. 그것은 정보의 문제가 아니라 지식의 문제이다. 아무리 효율적으로 움직이면 뭐하는가? 유럽에 처음 가보면 눈에 보이는 모든 교회가 다 엄청나다. 하지만 열흘만 지나보라. 그 건물이 그 건물이다. 모든 건물이 다 그저 돌덩이일 뿐이라고 느껴진다. 그러나 지식 또한 전부가 아니다. 작품을 어떻게 바라보고 무엇을 느낄 것인가? 그것은 정보의 문제도 지식의 문제도 아니고 나 자신에 대한 성찰의 문제이다. 여행지에서 작품을 마주하며 우리는 자신의 미적 감수성과 기호를 구체적으로 성찰하고 발견할 수 있다. 내가 무엇을 보고 감탄하고 무엇을 보고 실망하며 왜 그러한지를 끊임없이 성찰하지 않는다면 여행이 나에게 남겨주는 것은 아무것도 없을 것이다.

마찬가지로 우리는 우리가 20대들을, 대학생들을 잘 모른다고 생각한다. 그래서 이들이 어떻게 생각하고 살아가는지에 대해 제대로 된 정보만 있으면 이들을 잘 이해할 수 있을 거라고 생각한다. 대다

이것은 왜 청춘이 아니란 말인가
너흰 괜찮아

수의 부모와 선생이 이런 착각에 빠져 있다. 그러나 '제대로 된 정보'만 있으면 된다는 생각은 지배와 통제에 대한 욕심이지 이해에 대한 갈망이 아니다. 이해란 통제와는 달리 내가 그들과 무엇을, 어떻게, 함께할 수 있는지 돌아보는 작업이다. 때문에 이해를 위해 필요한 것은 정보를 넘어 그들의 삶의 조건에 대한 지식이며, 그들의 감수성과 나의 감수성 사이의 거리와 차이에 대한 성찰이다. 그런데도 많은 교육의 현장에서 교사와 부모들은 자신들의 학생과 자식이 누구인지에 대해서는 그토록 궁금해하면서 그들을 대하는 스스로에 대해서는 전혀 궁금해하지 않는다. 그들의 감수성과 코드는 읽고 싶어 하면서 자신의 감수성과 코드는 성찰하지 않는다. 당연히 그들과 무엇을 함께할 수 있는지에 대한 언어와 기획이 나타날 수 없다. 내가 굳이 이렇게 정보-지식-성찰의 차이를 강조하는 이유는 20대들에 대한, 대학생들에 대한 많은 토론과 글에서 오만한 지배와 통제의 욕망을 보기 때문이다. 좌파든 우파든 20대가 문제라고 하는 이야기, 혹은 우리 사회가 20대에 대한 대책을 마련하지 못한다며 그들의 처지를 걱정하는 이야기 안에서 20대들을 대하는 자기 자신은 누구인가, 자신은 무엇을 함께할 수 있고 무엇을 함께할 수 없는가에 대한 성찰은 거의 찾아볼 수가 없다. 20대와 함께 자신이 우리 시대에 대해서 어떤 새로운 언어와 앎, 그리고 기획을 생산했는지에 대한 이야기 또한 거의 찾아볼 수 없다. 20대는 이들에게 기획의 대상이지 파트너가 아닌 것이다.

이런 점에서 이 책은 내가 지난 2년간 대학에서 학생들이 어떤 언어로 세상을 보고 있는지에 대해서 그들과 함께 나누었던 지적 대화의 기록이다. 형식적으로는 이들에 대한 이야기처럼 보이겠지만, 내용을 보자면 이들과 함께 이야기하며 내가 깨닫게 된 우리가 살아가는 시대에 대한 이야기이다. 나는 이들과의 대화와 토론을 통해 오히려 그들과 내가 어떤 시대를 살아가고 있는지에 대한 이해와 앎에 도달할 수 있었다. 사실 사람에 대한 앎과 시대에 대한 앎은 다르지 않다. 사람을 안다는 것은 곧 그 사람들이 왜 그렇게 생각하고 살아가는지, 그 시대의 조건과 방향을 이해하는 일이기도 하다. 따라서 이것은 그들에 대한 이야기일 뿐 아니라 그들과 함께 나도 살아가고 있는 이 시대에 대한 이야기이다. 영어로 말한다면 이 책이 20대들과 연결되는 전치사는 'about/on'도 'to'도 아니고 'with'이다. 그들은 내 앎의 대상이 아니라 시대에 대한 앎의 지적 파트너였다. 굳이 '지적 대화'라고 말하는 이유는 우리가 같이 한 글쓰기와 대화는 신세한탄이나 사랑방 좌담에 그치지 않았기 때문이다.

  우리는 우리가 삶에 어떤 질문을 던지고 있는지를 이해하려고 하였다. 그 질문은 어디서 만들어진 것이고, 그런 질문을 던짐으로써 우리는 우리의 삶을 무엇이라고 이해하고 있고 그것은 어떤 가치가 있는지에 대해 성찰하였다. 우리는 대학생들이 어떤 언어로 세상을 바라보고 있는지, 그들의 시선을 드러내는 것에 만족하지 않고 그 시선과 언어는 어디로부터 온 것인지 우리의 언어 자체를 돌아보았다. 그 언어를 대상으로 하는 모든 인간의 활동은 지적이라고 해야 하지 않겠는가?

이것은 왜 청춘이 아니란 말인가
너흰 괜찮아

내가 'with'를 강조하는 이유는 단지 공동 작업을 하였다는 뜻만이 아니다. 나만 학생들에게 질문을 던진 것이 아니었다는 뜻이다. 학생들은 매주 써내는 리포트를 통하여 나에게 끊임없이 질문을 던졌다. 그들이 세상을 읽고 해석하는 언어를 어떻게 해석해야 하는지, 그리고 그 언어는 어디에서 비롯된 것인지, 가장 궁극적으로는 그들이 판단하는 우리 사회의 언어가 무엇이 잘못되고 어디서 어긋났는지에 대해 수없이 많은 질문을 던졌다. 이런 점에서 이 책은 내가 그들에게 던졌던 질문과 언어만이 아니라 그들이 나에게 던졌고, 내가 그들의 글을 보면서 던졌던 질문들의 기록이기도 하다. 또한 우리가 함께 공유할 수 있는 질문이 무엇인가를 탐색하는 과정이기도 하다.

어떤 이들은 여기 담긴 이야기가 그저 몇몇 학생들의 사례에 불과한 것 아니냐고 말할지 모르겠다. 나는 그런 이야기를 들을 때마다 한국의 학문하는 풍토가 갑갑하다. 한국의 식민화된 학문 풍토에서는 보편적인 것은 추상적인 것이라는 이상한 관념이 있는 것 같다. 그래서 사례를 발굴하고 연구하는 것을 폄훼하는 경향마저 있다. 그러나 'sample'과 'example'은 아주 다른 것이다. 'sample'이 무작위로 뽑아내는 어떤 사례라고 한다면 'example'은 그 자체가 보편성을 지니고 있기 때문에 사례로 사용될 수 있는 구체적인 이야기이다. 그래서 구체적 보편성, 즉 구체적이기 때문에 보편적이라는 말이 성립하는 것이다. 학문이란 'sample'에서 보편성을 지니고 있는 구체적인 이야기인 'example'을 뽑아내는 과정이다. 이 과정 자체가 분석이라고 나는 믿는다. 어떤 'sample'이 왜 'example'이 될 수 있는지를 연구하고 논증하고 규명하는 것이 중요하지 그 사례에 지저분하게 추상적인 이야기를 갖다 붙이는 것이 분석이라고 생각하지 않는다. 그것은 군더더기일 뿐이다.

그렇기 때문에 구체적 보편성이 있는 이야기는 일반적인 이야기, 즉 누구나 다 말할 수 있는 이야기가 아니다. 그것은 아무도 생각하지 못한 것을 누군가가 발설하였을 때 다수의 사람들이 자기도 생각하지 못한 자신을 발견할 수 있는 그런 언어들이다. 예를 들어 이 책의 한 장에서 설명하고 있는 것처럼 일반적으로는 돈이 행복을 가져다준다고 생각하지만 한 학생이 "돈은 행복을 가져다주지 않는다. 다만 돈은 우리를 자유롭게 한다"고 말을 했을 때 모두가 "오!" 하고 돈에 대해 새롭게 생각하고 자신의 경험을 돌아보며 돈에 대한 새로운 이야기를 하게 된 것처럼 말이다. 이런 이야기가 사유를 촉발시키며 이 학생의 경험이 바로 돈에 대한 구체적 보편성이 있는 이야기가 된다고 생각한다.

물론 수업은 결코 쉽지 않았다. 학생들은 매주 리포트를 제출해야 했고 나는 그 리포트에 짧게라도 가급적 코멘트를 달려고 하였다. 무엇보다 수업 자체가 학생들이 리포트에 사용한 언어를 성찰하는 과정이었다. 그런 언어로 세상을 읽었을 때 세상은 어떻게 구성되고 경험되는가를 분석하고 드러내는 데 집중하였다. 한 학생의 표현대로라면 "교양 3학점짜리 수업 주제에 전공 9학점짜리보다 더 많은 시간을 할애할 것을 요구"하였지만 학생들은 열성적으로 잘 따라주었다. 오히려 수업 분위기가 지나치게 과열되어 중간고사를 앞두고는

이것은 왜 청춘이 아니란 말인가
너흰 괜찮아

다른 시험에 방해될까 봐 내가 리포트를 없애야 할 정도였다. 그것은 학생들이 현재의 대학 교육에 환멸을 느끼고 대학다운 공부에 목말라 있다는 뜻이었다. 학기 초에 학생들에게 대학에 와서 실망한 사람 손들어 보라고 하면 대부분이 손을 드는 것이 지금 대학 교육의 현실이다.

역설적이게도 이런 과정이 우리, 학생들뿐만 아니라 나 또한 성장시켰기에 수사학적 의미가 아니라 실체적인 의미에서 '우리'를 '성장'시켰다. 인간은 자신의 언어를 돌아봄으로써 세계와 자신이 어떻게 매개되어 있는지를 돌아보게 된다. 자신의 언어라고 생각했던 것이 사회에서 학습된 언어, 주어진 언어라는 사실을 깨달으며 자신의 언어에 대해 긴장하고 거리를 두게 된다. 이 거리만큼 주어지는 '빈' 공간, 그것이 바로 자유의 공간이며, 주체란 이 거리 사이에서 탄생하는 존재가 아니던가? 그리고 여기에 반전이 있었다. '성장'이 도덕적 비난이 되어 이들을 언어 밖으로 내칠 때에 이들은 그 '성장'이 말하는 '성장'을 경험할 수는 없었지만 우리가 어떻게 성장할 수 없었는지를, 그리고 어떻게 다르게 '성장'해왔는지를 언어화함으로써 오히려 그들이 말하는 '성장'에 도달할 수 있었다.

성장이 무엇인지 되물어야 한다

그렇기 때문에 지금 대학생들이 성장하지 않았다고 비난하는 목소리들은 그들에 대한 도덕적 판단을 멈추고 오히려 자신을 돌아보아야 한다. 첫 번째로 이들은 자신이 말하는 성장이라는 것이 무엇이고 그것이 어떤 조건에서만 가능한지 성찰해보아야 한다. 두 번째로는 지금의 시대가 과연 그러한 성장을 가능하게 하는 시대인지를 살펴보아야 한다. 마지막으로 만일 이 시대가 그런 성장이 가능하지 않은 시대라고 한다면, 우리에게 이들이 어떠한 방식으로 성장하고 있는지를 물으며 이들에게 다가설 수 있는 언어와 페다고지가 있는지를 돌아보아야 한다. 우리가 무엇보다 먼저 고백해야 하는 것은 우리에게는 이 세 가지 질문 모두에 언어가 없다는 사실이다.

첫 번째로 우리는 우리가 전제하고 있는 그 '성장'이 어떠한 조건에서만 가능한 것인지에 대해서 입을 다물었다. 성장을 조건과 상관없이 모든 인간이 추구해야 하는 것으로 전제하고 그 성장을 추구해왔고, 자신이 성장하였다고 주장할 수 있는 사람들이 누구인가의 문제는 커튼 뒤로 감춰버렸다. 예를 들면 386들이 지금의 대학생들을 두고 비겁하다고 하는 비난이 그렇다. 그들은 자신들이 그토록 '용감'하고 '순수'하게 학생운동에 용왕매진할 수 있었던 조건을 드러내지 않는다. 단적으로 말해 80년대까지 대학생들이 사회문제의 전면에 나설 수 있었던 이유는 그들이 사회적으로 엘리트라고 인정받을 수 있었기 때문이다. 고등학교 졸업생의 30퍼센트만이 대학에 갈 수 있었던 시대적 조건 때문에 그들은 대부분 학교와 상관없이 사회에 대해 책임을 지는 '엘리트'라는 정체성을 가질 수 있었다. 그들에게는 대학생이 됨과 동시에 대단히 많은 사회적/문화적 자본이 주어졌다.

이것은 왜 청춘이 아니란 말인가
너흰 괜찮아

과연 그 당시에 이 조건이 없었더라도 대학생들이 '진정성'이라는 자기 부정의 정신을 가지고 사회운동의 전면에 나설 수 있었을까?

두 번째로 우리 시대가 과연 이런 성장을 계속해서 가능하게 하고 있는가에 대한 성찰 또한 부재하다. 80년대는 정치적으로든 경제적으로든 '내일이 오늘보다 나을 것이다'라는 굳센 희망을 품고 살아가던 시대였다. 비록 오늘이 암흑이라고 하더라도 역사는 발전한다고 생각했고, 실제로 그 생각은 진일보한 민주주의 또는 경제 성장의 형태로 우리 앞에 가시적으로 나타났다. 그러나 지금은 조건이 전혀 다르다. 우리는 세대를 가리지 않고 내일이 오늘보다 나빠지지 않으면 다행이라고 생각하는 시대를 살아가고 있다. 실업이 아니라 취업이 삶에서 예외적인 일이 되었고 가족 해체가 일상다반사이다. 삶은 더 이상 예측가능하지 않다. 인생은 기획한 대로 흘러가지 않는다. 삶은 필연이 아니라 우연에 맡겨지고 있다. 즉 우리는 그동안 성장이라고 생각하던 모든 전제가 다 무너진 시대를 살아가고 있는 것이다.

시대의 변화에 더하여 대학생들의 지위도 한없이 추락하였다. 본문에서 더 자세하게 살펴보겠지만 지금 대학생들은 누가 자신을 지식인 또는 지성인이라고 부르면 누구보다도 자신들이 먼저 '손발이 오그라든다'고 말한다. 사회 내에서 대학생의 위치는 고등학생과 그리 다르지 않다. 대학생이 된다고 하여 특별한 사회적/문화적 자본이 주어지지도 않는다. 위치가 분명하지 않은데 그 안에서 어떤 사명 의식이 만들어질 수는 없다. 따라서 이들이 어떤 조건에 있는지 살펴보지 않고 이들에게 '우리 식'으로 성장하지 않았다고 비난하는 것은 단순한 폭력 그 이상도 이하도 아니다.

마지막으로 지금 20대들의 성장을 이해할 언어가 우리에게 있는가 하는 문제이다. 우리는 이들이 정치적으로 참여하지 않고 경제적으로 감수하지 않는다고 비판한다. 그러한 시각에서 본다면 대학생들은 대단히 지체된 존재일 뿐이다. 당연히 한심해 보일 수밖에 없다. 하지만 그것은 우리의 입장에서 바라보고 재구성한 삶일 뿐이다. 다른 시각에서 살펴본다면 이들은 자신에게 주어진 조건에서 새로운 용기를 내고 새로운 삶을 시작하고 새로운 사회를 만들어나가고 있다. 그것이 다만 우리의 눈에 보이지 않고 우리의 귀에 들리지 않을 뿐이다. 우리가 이해해야 하는 것은 우리의 입장과 이들의 입장이 같지 않다는 것, 같을 수 없다는 것이다.

입장이 같다는 말은 단지 삶과 사회를 바라보는 시각이나 이해가 같다는 뜻이 아니다. 이것은 입장에 대한 대단한 착각이다. 우리는 입장이 같다는 말을 할 때마다 늘 생각이 같다거나 시각이 같은 상태를 즉각적으로 떠올린다. 즉, 해답이 같다는 것을 입장이 같다고 생각한다. 그러나 입장이 같다는 말은 같은 위치에서 같은 질문을 던진다는 뜻이기도 하다. 그러므로 입장이 다르다는 말은 삶에 대해 던지는 질문이 서로 다르다는 뜻이 된다. 따라서 누군가를 이해하기 위해서는 그들이 자신의 삶에 대해 어떤 질문을 던지고 있는지를 먼저 이해해야 한다. 그리고 우리는 인생에 대해 어떤 질문을 던졌는지, 그 질문은 그들과 어떻게 같고 어떻게 다른지를 견주어보아야 한다. 누군가가 스스로에게 던지는 질문을 이해하지 못하면서 그들이 내놓는

이것은 왜 청춘이 아니란 말인가
너흰 괜찮아

답을 가지고 왈가왈부한다면 그것은 삶에 대한 모독이다.

아무도, 다른 이의 삶을 모독할 권리 따위는 없다. 각자의 삶이란 각자가 던지는 질문 속에서 만들어지는 것이기 때문이다. 그럼에도 우리는 다른 사람들이 그들 각자의 삶에 어떤 질문을 던지는지는 이해하려고 하지 않은 채 그 답만을 가지고 도덕적으로 판단한다. 다시 한 번 강조하지만 '탈정치화'라든가 '소비주의적'이라든가 '개인주의적'이라는 것이 바로 그러한 도덕적 판단의 언어이다. 무엇보다 이것이 우리가 그만두어야 하는 일이다. 질문을 공유하지 않으면서 그들과 소통할 수 있는 언어나 페다고지가 나오리라고 기대할 수는 없다. 그곳에는 다만 날것의 폭력과 존재에 대한 모독만이 있을 뿐이다.

나는 나 스스로를 질문을 던지는 사람이라고 생각한다. 나는 대안 따위는 만들 엄두도 내지 못하는 사람이다. 다만 내가 잘하고, 할 수 있는 일은 학생들이 자신의 삶에 대한 질문을 던지는 과정에서 좀 더 명확한 언어로 자신을 들여다볼 수 있도록 북돋워주는 일이다. 삶과 세상에 대해, 해답이 아니라 더 많은 질문을 가질 수 있도록 자극하는 일이다. 나는 인간은 삶에 대해 새로운 질문이 많아질수록 세상을 새롭게 살아갈 용기가 더 많아지는 존재라고 믿는다. 질문과 함께, 질문에서 인간은 새로운 것을 시작할 수 있다. 새롭게 시작할 용기만 있다면 인간은 새로운 사회와 세상을 만들 수 있다. 그것이 내가 학생들과 함께 나눈 위로이자 희망이며 격려이다. 이 서문을 읽고 지은이 보내준 답장으로 글을 맺으려고 한다.

책에 내 글이 실린다는 이야기를 듣고 나는 한동안 지상에서 5cm 정도 떠서 걸어 다녔던 것 같다. 이렇다 할 일도 없이 올해는 어느새 6개월이 훌쩍 지나가버렸고 나는 25.5세가 되었고, (올해 겨울이 길었던 탓도 있겠지만) 정신을 차리고 보니 여름 한가운데 서 있게 되었다. 앞에서 말했던 것처럼, 지금의 한심한 나는 '진짜 한심함이 뭔지 보여주겠다고 결심하고 사는 사람'이지만, 그래도 시간이 흐르고 나이를 먹는 것에 대한 두려움은 있는 사람이다. 그런 와중에 들린 이 소식은 꽤 괜찮은 자신감을 심어주었다. 그러나 막상 교수님과의 만남에서 이야기를 나누고, 이야기를 나누는 과정에서 내 과거와 현재를 다시 되짚어보게 되고(이상하게도 이야기는 내 한심함에 초점이 맞춰졌다. 고해성사 시간이 아니었을 텐데), 책에 실릴 부분을 다시 보고 나니 달라질 것은 없다는 현실의 느낌이 무겁게 다가왔다. 그리고 책에 실릴 부분을 보면서 내 개인적인 이야기가 종이라는 물질에 인쇄되어 누구나 꺼내볼 수 있는 부분이 되었다는 사실이 못지않게 불편했다. 프루스트가 말했던 것처럼 '우리들 각자의 이야기가 누군가의 오락거리로 변형되어 카페오레 몇 모금과 대단히 잘 어울리는 형태가 된 것'에 대해. 내 인생에는 단단히 박혀 있는 이야기가 누군가에게는 가벼운 우울감과 동시에 자신을 위한 위로를 주는 정도의 일—혹은 그 정도의 관심거리도 되지 않을 수 있는—이 될 것이라는 느낌은 생각보다 외로운 느낌이다.

앞에서 이야기했던 것처럼 나는 소위 말하는 '대세'라는 것의 희생양이 된 세대일지도 모른다. 많이 복잡했고, 많이 다급했고, 많은 것

이것은 왜 청춘이 아니란 말인가
너흰 괜찮아

을 모르는 채로 시간이 하염없이 흘렀다. 애초부터 시작이 틀렸다는 생각을 한 적도 많았지만, 나는 이제 아니라고 말할 수 있다. 나는 많이 어렸고, 많이 몰랐고, 서투르고 느린 아이였지만 그렇게 멀리 돌고 돌아온 덕분에 행복할 수 있었다. 그렇기 때문에 나는 지금까지 살아왔던 것처럼 당분간 한심하게 살아볼 작정이다.

나는, 혹은 우리는 인생의 모범답안을 끊임없이 목격하고 있는 사람들이다. 사회에서 제시하는 이상적인 삶이라는 모범답안. 그 '꿈이 있고, 꿈을 좇는 에너지가 있고, 그것만이 인생'이라는 모범답안이 우리 스스로 가져야 할 인생의 이상을 대신 이야기해주고 있다. 그렇게 모범답안에 매료된 우리는 공부를 잘하고, 꽤 멋진 꿈이 있고, 연애도 잘하는, 그 외에 인간이 가질 수 있는 건설적인 욕망은 다 이뤄야만 하는 사람이 되었다. (능력으로 인정받는) 능력주의 체제에서는 스스로를 증명하지 않으면 남는 것은 바닥을 치는 자존감이기 때문이다. 그렇게 될지도 모른다는 불안감이 우리를, 나를 이렇게 몰아세워왔다.

그러나 이제 이 책에서, 그리고 또 다른 곳에서 누군가가 조금씩 이야기하고 있는 것이 들린다. 그렇게 많은 것을 다 하려고 노력하지 않아도 괜찮다고, 하고 싶은 것이 없어도 좋고, 꿈이 없어도 좋고, 못하는 것이 많아도 좋다고. 우리가 우리 자신에게 솔직하기만 하다면, 우리의 본질은 언제나 꽤 괜찮은 것이라고. 그러니 이 글을 읽는 모두, 내 인생에 대해 좀 더 상상하고 좀 더 관심 갖되, 날 동정하진 마세요! _지은

나는 인터넷에서 종종 '원세대'라 불리는 연세대학교 원주캠퍼스에 다니고 있다. 말만 연세대학교지 톡톡 던지는 댓글의 점층으로 인해 거의 '지잡대(지방 잡 대학)'로 분류되고 있는 연세대학교 원주캠퍼스는 입학 결과로만 본다면 대체로 2~4등급 정도의 학생들이 다니는 학교가 되시겠다. '최소' 상위 1%라는 신촌 연세대학교와는 '급'을 달리 하는 학교다. 특히 고려대학교 세종캠퍼스, 동국대학교 경주캠퍼스 등등과 더불어 실력은 안 되는데 '수도권 대학의 타이틀'을 사칭하고 싶은 속물들이나 가는 학교로 오해받는 것이 특징이다. 만약 이런 내가 우리 학교 정문이나 학생회관에다가 "우리나라의 대학 현실과 사회 현실을 경멸하며 그러므로 대학을 거부한다"며 대자보를 붙인다면 여러분들은 주목해주시겠는가? 기자님들께서는 취재를 해주시겠는지? 물론 학내 신문, 학교 커뮤니티 게시판 정도에 실리며 파장을 일으킬 수는 있겠지만, 사회적으로는 고작해야 블로그에 올라가는 정도, 혹은 취재된다고 해도 수많은 기사 속에 묻히며 몇몇 분들이 선심 쓰듯 던져주는 '옛다 관심~' 정도가 아닐지?

1부

어쨌거나 고군분투

우리를 위한 자리는 없다

나는 08년도 연세대학교 원주캠퍼스 입학생으로, 당시 입학 성적의 평균은 수능을 기준으로 2.3등급이었다. 이 정도면 어느 정도 이름 있는 서울권 대학을 지원할 수 있는 성적이다. 상당히 높은 성적의 학생들이 원주캠퍼스에 입학하기 시작한 것은 2005년도부터 시작된 소속 변경 제도 때문이다. 소속 변경의 표면적인 의도는 학생들이 원주캠퍼스 내에서 선택할 수 있는 학과에는 한계가 있기 때문에, 학생들의 다양성을 인정하고 선택권의 폭을 넓히기 위해 신촌 캠퍼스에 소속된 학과로의 소속 변경도 허용한다는 것이었다.

그러나 숨겨진 의도는 달랐다. 학교 측은 이것으로 신촌 입성을 노리고 입학하려는 고득점 학생들을 끌어들이려 했고, 그 결과 학생들의 질이 높아졌다며 기뻐했다.

나 역시 소속 변경을 위해 입학했고, 나의 많은 동기들이 이것을 꿈꾸고 있다. 그러나 이 제도는 학생들의 삶의 질에 그리 많이 기여하는 것 같지는 않다. 오히려 학생들에게 정신병적 기질을 선물해줬다고 할 수 있겠다. 소속 변경을 목적으로 하는 학생들은 원주캠퍼스에 소속감이 없다. 그냥 이곳은 거쳐 지나가는 곳일 뿐이다. 이들은 소속 변경 경쟁에서 승리하여 신촌으로 뽑혀가기 위해 미친 듯이

이것은 왜 청춘이 아니란 말인가
우리를 위한 자리는 없다

공부하고 교수님께 아부한다. 동아리나 소모임에 가입하는 등, 대학생으로서 누릴 수 있는 권리들을 가볍게 포기하기도 한다. 공부에 방해되기 때문이다. 사실 이것은 내 얘기이기도 하다. 소속 변경을 향한 열정은 나를 더욱 '부끄럽게' 만들곤 했다. 작년 여름 일일 알바로 호텔에서 서빙을 한 적이 있다. 지배인은 날 가혹하게 부려먹다 쉬는 시간에 학교가 어디냐고 물었다. 그래서 연세대학교라고 대답했는데, 갑작스레 태도가 달라지며 자기 자식을 어떻게 공부시켜야 하느냐고 친절하게 묻는 것이었다. 그 사람은 신촌 연대로 알아들은 것이기에, 그를 실망시키기가 두려워 원주캠퍼스라고 뒤늦게 말할 수 없었다. 택시를 타거나 미용실에 가거나 밖에서 사람들과 대화할 기회가 생기면 처음 묻는 것이 학교의 소속이다. 나는 그때마다 한없이 부끄러워지고 혼란스럽다. 나는 분명 연세대학교 학생이 맞는데도 불구하고 그렇게 말할 때면 얼굴이 뜨거워진다. 난 거짓말한 것이 아닌데. 하루 빨리 원주를 벗어나 신촌으로 가고 싶을 뿐이다. 그래야 떳떳해질 수 있을 것 같은 느낌이 들었다.

선배들조차도 모교인 원주캠퍼스를 원하지 않는다. 홈커밍데이에 학과 행사에 방문해달라고 전화했더니 가족들이 자신이 원주캠퍼스 출신이라는 것을 모른다며 다신 전화하지 말라고 끊는 사례도 있었다. 그들이 소속 변경을 위해 입학한 것은 아니었지만 분교 학생으로서의 서러움과 부끄러움은 그때도 존재했을 것이고 그들은 사회에 나가서 소속을 숨기는 데 문제가 없었다. 원주캠퍼스 출신이라고 졸업장에 찍히지 않기 때문이다(이것은 원주캠퍼스 입학 설명회 때, 장점으로 부각되기도 했다). 오늘날 소속 변경 제도는 원주와 신촌의 괴리를 부각시키는 등 원주를 완벽한 부끄러움의 대상으로 만드는 데 성공했다. 가면 갈수록 학생들에게 어디에도 속하지 않는 다는 '무소속감'이 강화되고 있는 실정이다. 이는 내가 연고전에 가고 싶지 않았던 이유이기도 하다. 신촌 도서관에 들어서면 느낄 수 있는 감정과 비슷한데, 파란 티를 입고 운동장에 들어서는 것 자체가 나에게는 큰 고문이다. 나는 죄짓는 느낌이 들면서도 뻔뻔해지자고 스스로 세뇌시킨다. 그 시간을 즐기려면 어쩔 수 없기 때문이다 (가고 싶지 않았지만 어떤 사정으로 인해 가게 되었다). 어느새 세뇌가 끝나면 나는 처음부터 흠 없는 신촌 학생인 양 파란 티 속에 내 소속을 감춘다. 기차놀이를 할 때도 마찬가지이다. 마치 이곳이 내 학교 뒷골목이라도 되는 것처럼 이 가게, 저 가게를 돌아다니며 응원을 하고 음식을 얻어먹으며 묘한 감정을 느끼게 되는 것이다.

소속 변경을 할 것이라는 확신에 찼던 내 모습은 많이 변했다. 어디에도 소속감을 갖지 못하고 방황하는 내가 너무 안쓰러웠고, '과연 그것이 진정으로 무엇을 위한 것인가?'에 대한 질문을 수도 없이 스스로에게 던졌다. 아직도 고민은 끝나지 않았지만, 한 가지 분명한 것은 소속을 가지고 싶다는 것이다. 대학생으로서 모교에 대한 소속감을 갖는다는 것, 당연한 권리 아닐까? 연세대학교 원주캠퍼스의 주체성이 뚜렷해야 학생들의 소속도 뚜렷해질 것이라는 생각이 든다. 그러기 위해선 소속 변경 제도가 없어지는 것이 우선되어야 할 것이다. 씁쓸하다. _자영

이것은 왜 청춘이 아니란 말인가
우리를 위한 자리는 없다

아침에 연세대학교 원주캠퍼스에 들어서면 연세대학교의 교가가 울려 퍼진다. "관악산 바라보며 무악에 둘러 유유히 굽이치는 한강을 안고……." 그러나 이 캠퍼스에서 관악산은 보이지 않고 무악산도 없다. 분명 연세대학교이지만 연세대학교 교가에 나오는 그 어떤 자연지형도 없는 이 학교를 항간에서는 '원세대'라고 부른다. 원주와 연세대를 합친 말이다(마찬가지로 고려대학교 조치원캠퍼스는 '조려대'라고 불린다). 그러나 이 말은 원주캠퍼스가 연세대가 아님을 강조한다. 한마디로 짝퉁이라는 말이다. '명문' 연세대이기도 하고 아니기도 한 이 어정쩡한 캠퍼스에서 학생들은 끊임없이 자신이 짝퉁임을 확인한다. 자영이 경험한 것처럼 어디서 알바를 할 때도 이들은 자기들이 연세대를 다닌다고 말하기가 남의 옷을 입은 것만큼이나 부담스럽다. 그것이 굴욕스러워서 아예 학교를 때려치우는 학생들도 있다. 이들은 졸업을 한 후에도 될 수 있으면 자신이 원주캠퍼스 출신임을 가족에게조차 숨기려고 한다.

서울에 가야 한다

그래서 이들 원세대 학생들의 최대 소망은 위에서 자영이 이야기한 것처럼 자신의 소속을 '신촌'으로 변경하는 것이다. 이들과 마찬가지로 지방대생들은 이 사회에서 살아남기 위해 자신의 소속을 부정해야 한다. 이른바 '지잡대' 출신들은 무슨 일이 있어도 기를 쓰고 편입에 성공하여 최소한 서울 인근 학교로라도 올라와야 한다. 또한 서울 근처에 있는 지방 캠퍼스 학생들은 소속 변경이나 복수전공을 통해서 서울 안에 있는 캠퍼스로 올라와야 한다. 그렇기 때문에 이들은 자신이 소속되어 있는 공간과 자기 존재를 끊임없이 부정해야만 한다. 내가 속한 곳이 아니라 내가 속하고 싶은 곳만을 바라보고 사는 이들은 물에 뜬 기름처럼 캠퍼스를 부유한다. 자영의 글이 얼음알처럼 투명하게 드러내는 것처럼 이들에게 존재의 자기긍정이란 없다. 자신의 소속은 끊임없이 감추고 지우고 부정해야만 하는 무엇이다. 이 부정을 통해서만 비로소 자기긍정에 이를 수 있다.

   그 소속을 부정할 수 없을 때, 부정하고 싶은 자신의 소속이 더 이상 부정할 수 없는 사실로 느껴질 때, 그래서 도저히 자기긍정에 이르지 못할 때 원주캠퍼스의 학생들은 병을 앓는다. 학생들은 이 병을 '매지병'이라고 부른다. 학교가 매지리라는 동네에 있고 학교 옆에 매지호라는 호수가 있는데 그 이름을 따서 붙인 병이다. 원주캠퍼스에 입학한 후 기숙사나 근처 자취집으로 보따리를 싸서 내려온 1학년 학생들은 5월이 되면 무척이나 당황하게 된다. 원주캠퍼스는 에코 캠퍼스라고 불릴 정도로 산 좋고 물 좋은 '슬프도록 아름다운' 곳에 자리 잡고 있다. 문제는 '아무것도 없는' 자연 한가운데 학교가 덩그러니 놓여 있다는 점이다. 자취집과 학교에서 사람들이 모여 할 수 있는 것이라고는 술 마시는 일밖에 없다. 특히 서울에서 온 학생들은 자신들이 서울에 남는 데 실패하고 원주로 유배를 왔다는 열패감에 시달린다. 그래서 학생들은 매지병이라는 우울증을 앓게 된다. 심할

이것은 왜 청춘이 아니란 말인가
우리를 위한 자리는 없다

경우 매지병을 이겨내지 못하고 자살하는 학생도 있다.

지금은 원주를 서울보다 더 좋아하고 서울에 가면 오히려 답답하다고 하는 4학년 성관도 1학년 때 심하게 매지병을 앓았다고 했다. 일주일도 안 되어서 학교에서 가볼 만한 곳은 다 가보았다. 수업이 끝나면 말 그대로 갈 곳이 없었다. '문화생활'이 가능한 원주 시내로 나가는 데는 버스로 40분이 넘게 걸린다. 대학에서 기대한 자유는커녕 답답증만 더 커져갔고 자신이 '깡촌'에 유폐되어 있다는 사실을 깨달았다. 수업을 빠지는 날이 점점 더 많아졌고 생활비의 대부분은 술을 마시거나 서울로 '탈출'하는 데 쓰였다. 성관은 자신의 생활이 '박쥐'처럼 서울과 원주를 날아다녔다고 한다. 그 어디에도 자신의 공간은 없었다. 그러던 어느 날 원주에서 술을 마시고 완전히 취했는데 다음 날 눈을 떠보니 서울에 있는 집이었다고 한다. 귀소본능처럼 자신도 모르게 만취 상태에서 원주를 탈출하여 서울로 올라온 것이다. 걱정이 하늘을 찔렀던 부모님은 원주에서 지내는 것이 그렇게 답답하다면 차라리 통학을 하는 것이 어떻겠느냐고 제안하셨다. 그러나 통학을 한다고 해결되는 문제가 아니었다. 학교생활에 대한 답답함과 짜증은 곧 분노가 되었다. 매지병을 앓았던 1학년 때를 성관은 악몽의 시간이라고 부른다.

통학을 하는 학생들이라고 해서 매지리에 사는 학생들에 비해 사정이 나은 것이 아니다. 입학 이후 지금까지 3년째 현택은 계속해서 통학을 하고 있다. 서울에서 원주까지 통학하는 데 한 달이면 교통비로만 30만 원이 든다. 돈도 돈이지만 새벽에 서울을 떠났다가 저녁에

다시 돌아오면서 하루에 거의 네 시간을 길바닥 위에 뿌리면서 산다. 그렇게 새벽잠을 설쳐가며 버스에 올라 막상 학교에 도착했는데 휴강이라도 하면 완전히 공치는 날이다. 하루는 모든 수업이 휴강되고 달랑 채플(한 시간짜리 예배 시간)만 참가한 적도 있다. 독실한 기독교 신자이긴 하지만 예배 보러 서울에서 원주까지 새벽잠을 설치고 나온 셈이다. 이렇게 학교에 왔지만 수업은 없고 다시 서울 올라가는 버스를 기다리고 있노라면 자신이 뭘 하고 있나 하는 자괴감이 생긴다고 한다. 통학생에게 동아리 활동이나 과에서 하는 모임, 혹은 친구들과의 저녁은 정말 쉽지 않은 일이다. 저녁이면 다시 서울로 올라와야 하기 때문이다. 졸업을 앞둔 학생들은 학점에 여유가 있기 때문에 굳이 원주에 내려와 살지 않아도 된다. 신촌캠퍼스의 수업을 듣는 학생들도 통학을 한다. 매일 네 시간 넘게 버스를 타고 서울과 원주를 오가며 수업을 듣는 것이다. 현택의 말대로 하면 이들은 강철 같은 체력을 가진 '독한 것들'이다.

그런 독한 친구들도 나도 아침 5시를 넘긴 새벽에 일어나 씻고 7시까지 삼성역 무역센터 앞에 도착한다. 삼성역에 가면 모두 말없이 앞을 바라보거나 벤치에서 담배를 피운다. 매일 만나는 사람들이다. 그러나 아무도 인사하지 않는다. 모두 말이 없다. 간혹 전화를 하는 학우들은 통학생이 아니거나 늦게 오는 다른 통학하는 친구를 찾는다. 무역센터의 널따란 인도를 가로지르는 이상한 줄은 구두와 정장 차림 직장인들의 출근길을 방해할 뿐이다. 간혹 가다 호텔에서 나왔

이것은 왜 청춘이 아니란 말인가
우리를 위한 자리는 없다

을 법한 조깅하는 외국인들도 우리를 가로질러 간다. 빌딩숲에서 나무숲으로 가는 버스를 기다리는 마음은 어둡다. '내가 여기 취직하고 만다, 아오.'_현택

새벽이면 강남역이나 삼성역에는 경기도 인근에 있는 지방 캠퍼스로 학생들을 나르는 통학버스들이 장사진을 이룬다. 현택은 서울에서 원주로 내려오는 통학버스를 타기 위해 삼성역에서 줄을 서 있을 때마다 굴욕감 같은 것을 느낀다고 한다. 부지런한 회사원들이 출근을 한다고 바쁘게 움직이는 시간이다. 저들은 서울에 남고 나는 서울에서 튕겨난다. 저들은 나를 어떻게 볼까. 서울 '공화국'에서 자신은 서울에 남는 데 실패한 존재라는 것을 매일 아침마다 확인하는 셈이다. 이들은 학교를 오가는 길이 전혀 즐겁지 않다. 다만 이 차를 놓치면 조조할인 영화 시간보다 더 일찍 일어났음에도 허망하게 하루를 완전히 공치게 된다는 걱정뿐이다. 이들 사이에는 새벽의 활기 따위는 느껴지지 않는다. 오히려 간밤의 찌든 피로감이 낮게 깔려 있을 뿐이다. 그래서 서로 아무런 인사도 나누지 않는다. 누군가는 옆자리에 앉아본 적이 있을 것임에 틀림없는, 매일 같은 버스를 타고 산 넘고 물 건너 같은 학교로 가는 사이이면서도 말이다. 서울로 돌아오는 버스라고 해서 다르지 않다. 비라도 오는 날이면 한 시간씩 통학버스를 기다리고 서 있는 자신이 정말이지 비루한 존재라고 느껴진다. 신발 안으로 빗물이 스며들어와 양말에 척척한 기운이 느껴지면 편입이라도 해서 이곳을 탈출하고 싶다는 생각에 울컥하게 된다. 그래서

현택은 서울에서도 원주에서도 자신은 이방인이라고 말한다. 이 생고생을 왜들 하는가? 여러 가지 이유가 있다.

자영과 성관, 그리고 현택의 이야기에서 우리는 이들이 하루하루 경험하는 것이 자기부정이라는 것을 알 수 있다. 원주에서 이들은 자신들이 잊힌 존재라는 사실을 절망적으로 깨닫는다. 그래서 무슨 수를 써서라도 자기의 소속을 부정하고 감추고 사회에서 인정받을 수 있는 소속, 즉 서울로 자신의 소속을 탈바꿈해야만 비로소 이 사회에서 사람으로 대접받을 수 있게 된다. 그래서 이들은 하루에 네 시간이 넘게 버스를 타고 신촌과 원주를 오가며 소속 변경을 꿈꾼다. 이들에게 편입과 소속 변경은 잊힌 존재가 되지 않기 위한 필사적인 노력이다. 무엇이 이들을 편입이나 소속 변경을 꿈꾸게 하는가? 술에 취해 저도 모르는 사이에 기를 쓰고 서울로 올라오게 하는가? 대학 서열 체제다.

대학 서열이라는 체제

인터넷 공간에서 대학생들이 벌이는 가장 뜨거운 논쟁은 자신이 다니는 학교가 어떤 범주에 묶여야 하는가를 두고 싸우는 대학 서열 '배틀'이다. 연세대와 고려대 학생들이 어느 학교가 더 좋은 학교인가를 놓고 벌이는 논쟁은 그나마 점잖은 편에 속한다. '태정태세문단세……'처럼 매년 수능 결과를 놓고 '서연고/서성한/중경외시……'로 시작하는 서열 논쟁이 시작된다.

이것은 왜 청춘이 아니란 말인가
우리를 위한 자리는 없다

대학생들은 훌리건 천국과 같은 인터넷 카페를 필두로 하여 다른 대학을 '까'고 전략적으로 '적의 적'을 옹호하는 '배틀'을 수행한다. 특히 비슷비슷한 성적대의 학교 학생들끼리 어느 학교가 더 나은지를 놓고 다투는 배틀은 남들이 보면 유치하기 짝이 없다. 그러나 이 유치한 논쟁이야말로 학생들이 우리 사회에서 자신이 어디에 위치해 있는가를 가늠하고, 그 위치로 인해 어떤 취급을 받게 될지를 적나라하게 확인하는 일이기에 절대 양보할 수 없는 전쟁이다.

위에서 이야기한 '서연고/서성한/중경외시'는 수능 성적 상위권 10개 대학의 서열로, 서울대-연세대-고려대-서강대-성균관대-한양대/중앙대-경희대-외국어대-(서울)시립대의 앞머리 글자이다. 여기서 중요한 것은 '/'의 의미이다. 이 '/'는 대학집단 간의 결코 넘어설 수 없는 절대적인 질적 차이를 의미한다. 예를 들어 서울대-연세대-고려대는 절대지존 명문대이다. 서강대-성균관대-한양대는 '준' 명문대이다. 그러나 이 둘 사이의 구분은 절대적이다. 신라시대의 골품제도와 비슷한 것이다. 얼마 전 큰 인기를 끌었던 드라마 〈선덕여왕〉에서 미실이 덕만공주의 손을 잡자 덕만이 미실에게 한 말이 유행한 적이 있었다. "어디 성골의 몸에 감히 손을 대는가!" 이 '/' 좌우에는 그런 절대적 차이가 있다. 그래서 대학 서열 배틀에서 가장 중요한 것은 자신의 학교가 비슷한 성적의 다른 대학과 묶여 어떤 이름으로 불리는가이다.

'/'로 서열을 나눌 때 서울에 소재한 대학인가 아닌가가 결정적인 영향을 끼친다. 이를테면 '광명상가'는 서울에 있는 대학에서 마지노에 걸쳐 있는 대학이다. 겨우 'in 서울'에 성공한 대학으로 광운대-명지대-상명대-가톨릭대를 가리킨다. 반대로 한성대-서경대-삼육대를 지칭하는 '한서삼'은 서울에 있지만 서자 취급을 받고 있는 최하위 3인방 대학이다. 그리고 이 서열의 마지막에는 대학 이름조차 거명되지 않는 '이하잡'이 있다. 이처럼 대학의 서열이란 철저하게 소재가 어디인지, 그리고 그 소재에서 그들의 위치가 어디인지를 중심으로 위계화되어 있다. 그리고 '서연고', '서성한' 정도의 몇 개 대학을 제외하고는 대부분 그 이름은 조롱과 멸시의 언어로 불린다. 대학생들의 정체성이란 이처럼 대학의 안과 밖에서 발생하는 것이 아니라 대학 서열 체제 '안'에서 내가 다니는 대학이 어떻게 분류되는가에 따라 형성된다. 대학 서열이 인생에서 대부분의 차이와 차별을 결정하는 현재의 체제에서 자신은 어떻게 분류되고 있는가가 내가 누구인지보다 훨씬 더 현실적인 정체성으로 여겨지는 것이다.

학생들이 서열에 목매고 분류에 나서는 것은 사회 전체가 대학을 분류하고 있기 때문이다. 어느 대학을 나왔는가는 곧 그 사람 인생 전체의 운명이 된다. 따라서 자신을 분류표에서 한 단계라도 더 위로 올리기 위해 갖은 수를 다 쓴다. 영국의 신문사나 국내 언론사가 대학 순위라는 것을 발표할 때마다 대학들도 학생들 못지않게 신경이 곤두선다. 자신들의 순위가 경쟁 대학보다 밀린다고 생각하면 반박 자료까지 내놓는 형편이다. 그러다 보니 별 해프닝이 다 벌어진다. 김연아 선수가 고려대학교에 입학하고 나서 한 달 후 세계선수권대회에서 1위를 하자 고려대는 '고대정신'의 결과라고 낯 뜨거운 선전

이것은 왜 청춘이 아니란 말인가
우리를 위한 자리는 없다

을 하다가 뭇매를 맞았다. 비난은 받았을지언정 고려대는 손해 보는 것이 별로 없다. 학교를 선전할 수 있었기 때문이다. 대학마다 건물 벽에는 온갖 선전물이 넘쳐난다. "대학평가 ○위!"라는 구호에서부터 "고시 ○○명 합격", "취업률 ○위"라는 자랑이 대부분이다.

불황이 계속될수록 대학들도 자신들의 업적을 크게 선전해야 한다. 자신들이 얼마나 '친'시장적인가를 드러내야 한다. 여기에는 명문대고 뭐고 예외가 없다. 그러려면 돈이 엄청 필요하다. 대학마다 기업의 돈을 유치하기 위해 혈안이 되었다. 자신들이야말로 기업이 필요로 하는 인재를 개발하고 있다고 앞다퉈 내세웠다. 어윤대 고려대 전 총장은 '수요자 중심 교육을 위한 기업·대학 공동포럼'을 열어 교육 과정을 바꾸었고 그 결과 '삼성의 말레이시아 현지 전략'과 같은 과목도 탄생하였다. 고려대뿐일까? 대학마다 '글로벌'을 표방한다며 영어 강의가 의무화되었다. 영어 강의를 늘리면 글로벌 수준이 높아진다고 착각하는 듯했다. 강사와 교수들도 쩔쩔매고 학생들은 강의실에서 입을 닫았다. 몇몇 학교는 영어 강의는 절대평가를 할 수 있게 하였다. 그러자 외국에서 살다가 온 친구들만 좋은 학점을 받을 수 있다고 살판이 났다.

기업이 대학을 인수하기도 한다. 분규에 휩싸여 있는 중앙대가 대표적이다. 학생들은 중앙대를 '두산대'라고 부른다. 두산이 중앙대를 인수하고 박용성 전 회장이 이사장이 되자마자 기업식 구조조정을 단행하였다. 기업에 필요한 인재를 뽑기 위해서 단과대와 학과를 대폭 줄이고 경영학과를 수천 명까지 뽑겠다고 기염을 토했다. 전교생

교양필수 과목에 회계학이 등장하였다. 왜 배우는지도 모르는 미적분을 하는 시대를 넘어 모든 학생이 회계를 해야 하는 시대가 온 것이다. 여기에 반대하는 사람들은 무자비하게 탄압하였다. 중앙대는 신입생 새터(신입생 오리엔테이션)를 방해하는가 하면 총장을 비판하는 기사를 쓴 교지는 전량 압수했다. 학교의 구조조정에 항의하던 학생은 퇴학 처분에 더해 손해배상 소송까지 당했다. 이 모든 것이 대학의 서열을 높이기 위해서이다. 박용성 이사장은 중앙대를 삼성이 인수한 성균관대보다 더 나은 대학으로 만들겠다고 공약하였다.

학생부터 대학, 기업까지 우리 사회는 모두가 대학 서열 놀이에 빠져 있다. 우리 사회는 어느 대학에 입학하는가가 평생을 두고 그 사람의 운명을 결정한다. 자신이 나온 대학이 어떤 범주로 묶이는가에 따라 그 사람의 신분이 결정된다. 그 붙기 어렵다는 사법고시에 합격해도 서울대 출신이냐, 아니면 지방대 출신이냐에 따라 상당 부분 자신의 미래가 결정된다고 한다. 앞에서 끌어주고 뒤에서 밀어줄 동문들이 없기 때문이다. 따라서 대학생들은 과거처럼 자신들이 대학생이라는 이름만으로 동류의식을 갖게 되지 않는다. 얼마 전 있었던 고려대 학생 김예슬 씨의 〈대학 거부 선언〉에 386세대의 뜨거운 지지와는 달리 현재 대학생들은 그리 열렬한 반응을 보이지 않은 이유도 바로 이 때문이다. 이들이 '명문대생' 김예슬에게 '대학생'이라는 동류의식을 가지기에는 명문대와 지방대 사이의 간극은 지나치게 크다.

나는 인터넷에서 종종 '원세대'라 불리는 연세대학교 원주캠퍼스에 다니고 있다. 말만 연세대학교지 툭툭 던지는 댓글의 점층으로 인해 거의 '지잡대(지방 잡 대학)'로 분류되고 있는 연세대학교 원주캠퍼스는 입학 결과로만 본다면 대체로 2~4등급 정도의 학생들이 다니는 학교가 되시겠다. '최소' 상위 1퍼센트라는 신촌 연세대학교와는 '급'을 달리하는 학교다. 특히 고려대학교 세종캠퍼스, 동국대학교 경주캠퍼스 등등과 더불어 실력은 안 되는데 '수도권 대학의 타이틀'을 사칭하고 싶은 속물들이나 가는 학교로 오해받는 것이 특징이다. 만약 이런 내가 우리 학교 정문이나 학생회관에다가 "우리나라의 대학 현실과 사회 현실을 경멸하며 그러므로 대학을 거부한다"며 대자보를 붙인다면 여러분들은 주목해주시겠는가? 기자님들께서는 취재를 해주시겠는지? 물론 학내 신문, 학교 커뮤니티 게시판 정도에 실리며 파장을 일으킬 수는 있겠지만, 사회적으로는 고작해야 블로그에 올라가는 정도, 혹은 취재된다고 해도 수많은 기사 속에 묻히며 몇몇 분들이 선심 쓰듯 던져주는 '옛다 관심~' 정도가 아닐지? _혜교, 〈오마이뉴스〉 기고 글에서

혜교가 이 글을 〈오마이뉴스〉에 기고하게 된 것은 김예슬에게 딴지를 걸기 위해서가 아니었다. 그는 이 기고문에서 '김예슬'이 아니라 '당신들'의 행동에 훼방을 놓고 싶다고 이야기한다. 그는 김예슬 이전에도 이미 다양한 방식으로 대학을 거부하고 대안적 삶을 살아가고 있는 친구들이 있음을 상기시켰다. 하지만 그동안 그들의 대학 거부에 대해서 누가 관심을 보였던가를 되묻는다. 아무도 주목하지

않았다. 그런데 왜 갑자기 이 난리인가. 대학 거부에도 명문대생이라는 '흥행 보증수표'가 필요한 것이다. 그러면서 만약 '지잡대'로 분류되는 자신이 대학 거부를 선언하더라도 이 정도의 관심을 보여줄 것이냐고 묻고 있다. 우리 모두는 다 알고 있다. 그러지 않으리라는 것을.

그러나 대학 서열 체제는 명문대와 지방대라는 이분법을 넘어 보다 더 촘촘하게 움직이며 사슬 안에 들어와 있는 모든 이에게 열패감을 안겨준다. 몇 년 전에 친하게 지내던 연세대 신촌캠퍼스의 한 후배는 기어이 서울대에 가겠다고 시험을 다시 봤다. 영어뿐만이 아니라 아시아 3개국의 언어를 유창하게 구사할 줄 아는 친구였다. 서울대에 가겠다면 대학원으로 바로 들어간다고 하더라도 전혀 문제될 것이 없는, 아니 오히려 그쪽에서 쌍수를 들고 환영할 만한 친구였다. 그런데도 굳이 서울대 학부에 들어가겠다고 수능 준비를 하였다. 자기 인생에서 가장 큰 패배이자 콤플렉스가 서울대를 들어가지 못한 것이라고 하였다. 이 친구뿐만이 아니다. 연·고대를 다니면서도 서울대 근처만 지나가도 '꿀린다'는 학생들이 허다하다. 서울대는 연·고대와도 다르다고 말한다. '서연고' 사이에도 '/'가 있는, '서/연고'인 셈이다. 서울대 '안'이라고 해서 다르지 않다. 서울대를 다니면서도 '법대'와 '의대'를 제외하면 또 다른 열패감이 있다. 이것이 그 수많은 서울대생들이 다 고시 공부를 하는 이유이기도 하다. 꼭대기의 딱 한 자리, 그 자리를 제외하고는 모두가 다 패자이다. 우리 사회는 이 대학 서열 체제의 덫에 단단히 빠져 있다. 다음 장에서는 김예

이것은 왜 청춘이 아니란 말인가
우리를 위한 자리는 없다

슬 선언을 둘러싼 이야기들을 통하여 이 대학 서열 체제가 어떻게 우리 사회를 동물원으로 만들고 있는지를 좀 더 자세하게 살펴보자.

우린 아직 인간이 아니다

김예슬 선언을 처음 읽었을 때, 솔직하게 들었던 생각은 사실 '어쩌라고'였다. 뒤에 가서 이것저것 곱씹어보며 생각을 수정하긴 하였지만, 그렇게나 나는 심사가 뒤틀려 있었다. 나는 너와 다르게 순응적이 될 수밖에 없는 이곳에서 힘들어도 내가 정말 하고 싶었던 패션을 공부하며 하루하루 배움의 즐거움을 듬뿍 누리며 살고 있다. 패션 노예로 살지라도, 스펙을 쌓기 위해 영어 공부를 할지라도, 트랙 내에서 경쟁자들을 밀쳐내고 적들과 피 튀는 싸움을 할지라도, 나는 트랙 내에서 착실히 마땅히 옳고 바르고 성공적인 길을 걷고 있는데, 체제 순응자로서 나는 한 번도 나 자신이 한심해 보인 적이 없기 때문에, 그녀의 대자보는 상당히 나를 불쾌하게 만들었다. 취업 학교로서의 위용을 자랑하고 있는 대학교라지만, 난 이곳에서 가슴이 벅차오를 정도로 사랑하는 의상을 공부하고 있고, 나날이 나의 지식이 쌓여가는 것을 느끼고 있기에 비판적이고 구조적인 시각만으로 대학 자체에 회의감을 갖는다는 것에 내가 계속 곱씹었던 말은 '어쩌라고.' 누구는 힘들지 않아서 버티는 게 아니지 않는가, 인력에 대한 정당한 대가가 주어지지 않는 패션 산업에서 그래도 나는 성공하기 위해 꽤나 승자의 길을 걸어오고 있지 않은가. 힘들다고 징징

이것은 왜 청춘이 아니란 말인가
우린 아직 인간이 아니다

거리는 것보다 그 시간을 나를 더 단련하는 데 충실하게 쏟아 붓고 있는 나에 대한 무례가 아닌가.

내가 왜 '불편'해하고 있는가를 곰곰이 곱씹어보기 시작했다. 나는 내 이러한 감정 자체가 '전제'가 잘못되어 나온 느낌이라는 생각이 들었다. 그녀의 용기는 분명히 칭찬할 만하다고 생각한다. 그런데 내가 24년 동안 배워온 이분법적인 사고로는 그녀를 칭찬하는 것은 동시에 그녀의 주장 전체가 옳은 것이고, 그렇다면 그 트랙을 달리고 있는 나를 부정하는 것으로 귀결된다는 결론이 나오게 된다. 그녀가 옳다면? 경력이 모든 것을 말해주고, 아무리 스펙을 쌓아도 머리에는 일류가 아닌 이류라는 딱지가 붙어 있다. 그런데도 나는 바보같이 그런 절망적인 상황에 불나방처럼 모든 것을 던지는 어리석은 인간이 되는 것이다. 이것이 나의 불쾌감의 진짜 원인이라고 생각한다. 그녀가 옳다면? 트랙 안의 사람들은 부정적인 존재와 같음이 아닌가. 그래서 글을 쓰는 내내 불쾌함과 용기에 대한 박수가 끊임없이 충돌한다. 잘못했다간 내가 부정당하는 기분이 들 수도 있기 때문에. _지혜

김예슬 선언은 사회적으로 큰 파장을 불러일으키며 곳곳에서 대학이란 과연 무엇이고 어떠해야 하는가에 대해 많은 토론과 논쟁을 이끌어내었다. 그러나 이 토론과 논쟁에 열심히 뛰어든 사람들에게 가장 당혹스러웠던 것은 대학생들의 반응이었다. 많은 대학생들은 김예슬 선언에 무관심하거나 냉소적이거나, 혹은 "글은 참 잘 쓰더라"

와 같은 전혀 엉뚱한 소리를 하였다. 사회적 문제에 비교적 관심이 있는 혜교 같은 학생조차도 김예슬이라는 '행위자'에게 초점을 맞추기보다는 그가 '고려대학교 학생'이라는 점에 더 많은 의미를 부여하였다. 그가 고대생이 아니었더라도 이렇게 사회적인 문제가 되었을까 하는 의문에서부터 생각보다 너무 일찍 책을 낸 것에 대한 냉소까지. 이들은 개인의 행동을 개인적인 결단으로 '순수하게' 바라보기에는 이미 사회가 철저하게 권력관계로 이루어져 있음을 너무 일찍 간파해버렸다. 다음 두 학생의 이야기를 들어보자.

> 김예슬. 나도 고대 다녔으면 너처럼 할 수 있겠다 하고 생각했어요.
> 덕성여대 〈길혜미 선언문〉, 아무도 관심 안 가져줬을 것 같아요.
> 김예슬 명문대 중퇴가 길혜미 보통대 졸업보다 훨씬 사회적으로 인정받는다고 생각하니
> 그냥 문득…… 한국에서 대학교가 얼마나 중요한지……
> 그리고 공부는 고등학교 때 제일 열심히 해야 하는 거구나 생각했음…….
> 하하. _혜미

> 누군가는 김예슬의 자퇴를 숭고하다고 말했습니다. 저는 그런 말을 하는 사람을 향해 "과연 네가 같은 행동을 했다면 이만큼 사람들의 입에 오르내렸겠느냐?"라고 물었습니다. 그러자 "그건 바라보는 사람의 입장이구요, 그 행동만큼은 숭고하잖아요"라고 대답했습니다.

> 이것은 왜 청춘이 아니란 말인가
> 우린 아직 인간이 아니다

숭고한 것일까요? 삐딱하게 보는 사람들은 그의 글쓰는 능력을 부러워하는 것이라고 했습니다. 글쎄요……. 그런 사람도 있겠지만, 전 능력이 부러워서 그런 것은 아닙니다. 단지, 현실을 말한 것뿐입니다. 소위 사람들이 말하는 **하늘** 학교입니다. 그런 학교의 학생이 꼬집은 현실이 별 볼 일 없는 학생이 말하는 현실과 같다고 사람들은 생각했을까요? 그보다 어린 고등학생이 바라보는 현실과 같다고 했을까요? 전 별로 그렇게 생각하지 않습니다. 사람들은 **하늘**의 현실과 아둥바둥거리는 그저 그런 대학을 다니고 있는 학생의 현실이 같다고 생각하지 않는 것 같습니다. 오히려 그저 그런 대학을 다니는 학생에게 "니가 얼마나 노력을 했다고 그런 말을 하느냐? 니가 **하늘**을 가봐라" 이러지요. 현실은 그렇습니다. 그저 그런 학생이 말하는 것은 투정이요, **하늘**이 말하는 것은 현실이라구요. _진아

그래서 "대학은 벌거벗었다" 하고 용기 있게 외친 김예슬 선언은 우화 '벌거벗은 임금님'과는 달리 해피엔딩으로 끝나지 않았다. 우화에서 '임금님은 벌거벗었다' 하고 아이가 외치자 임금님과 모든 사람은 자신들이 보고도 외면하던 진실을 순순히 받아들인다. 임금님은 자신이 어리석었음을 인정하고 용기 있게 진실을 외친 아이는 큰 포상을 받는다. 그런데 현실의 벌거벗은 임금님인 대학은 김예슬의 선언에 대해 미동도 하지 않았다. 우화 속 임금님과 달리 조금도 흔들리지 않고 자신의 행진을 계속하고 있다. 모른 체하는 것이 최선임을 너무 잘 알기 때문이다. 그런데 정작 웅성거린 것은 대학 자체도, 대

학 안의 학생들도 아니었다. 대학 언저리에 몰린 사람들이었다. 대학이 죽었다고 말하는 저 아이는 누구인가? 사람들은 각자의 위치와 기억으로 김예슬에 대해, 대학생에 대해, 대학에 대해 이야기하기 시작하였다.

청춘은 찬란, 했다, 옛날에는

김예슬 선언에 대한 대학생들의 냉소적인 반응에 누구보다 당혹해하면서도 가장 열성적으로 김예슬을 응원하고 나선 이들은 386이다. 이들의 시선에는 현재의 대다수 대학생들에 대한 불신 혹은 무시와 자신들의 삶이 타락하였다는 사실에 대한 씁쓸한 회고가 교차한다. 이들에게는 김예슬 선언이 현재의 무력하고 탈정치화되어 희망을 잃어버린 대학 사회에 내린 단비이다. 또한 김예슬을 보면서 과거 기득권을 부정하고 정의를 추구하던 자신의 모습을 떠올리며 이제는 세상과 타협하고 아이에게 학원이다 과외다 하면서 서울대 가기를 강요하는 스스로를 반성하기도 한다. 그러면서 비록 자신들은 이처럼 타락하였지만 김예슬이 꿋꿋하게 버텨주기를 바라며 그를 응원한다. 이들에게 김예슬은 386의 진정한 후배로 받아들여진다.

이 386들에게 대학생이란 청춘의 상징이다. 대학생은 대학 밖으로 한 걸음만 걸어 나가면 결코 그 누구도 누리지 못하던 특권, 자유를 가지고 있었다. 그들은 자신들만이 가진 이 특권이 괴로웠다. 그래서

이것은 왜 청춘이 아니란 말인가
우린 아직 인간이 아니다

그들은 자신의 특권을 부정하여야 했다. 그래서 사회만 부정하는 것이 아니라 존재 자체가 기득권인 자기 자신을 끊임없이 부정함으로써만 스스로를 윤리적으로 정당화할 수 있었다. 사사로움을 추구하는 것이 아니라 역사에 남기 위해 자신의 존재를 버리는 것, 그것만이 진정한 삶이었다. 덕분에 대학은 국가의 공권력마저도 멈추어 서는 '진리'의 상아탑으로 신성시되는 신화를 스스로 만들어내었다.

그래서 청춘은 찬란했다. 청춘은 그 뜨거움으로 지금 이 자리에 존재하는 모든 것을 부정하고 파괴하는 정열이고 미지의 미래를 열어젖히는 창조의 에너지였다. 청춘만이 이상을 꿈꾸고 새로운 사회를 건설할 수 있는 힘이었다. 그래서 우리는 현대사의 곳곳에서 청춘의 얼굴을 만난다. 서구의 68혁명에서부터 이란의 이슬람혁명, 그리고 한국의 4·19혁명과 80년대의 민주화운동까지. 근대 세계사의 모든 장면에는 청춘의 피와 땀이 배어 있다. "누가 조국의 미래를 묻거든 눈을 들어 청년을 보라"는 말처럼 청년은 곧 사회의 미래이고 희망이었다.

그래서 80년대를 '인간이 빛나던 위대한 시대'라고 추억하는 386들은 현재의 대학생들이 자기부정의 윤리는커녕 자기 이익에만 사로잡힌 보수적이고 이기적인 존재라고 한없이 비난한다. 어떻게 청춘이 이렇게 보잘것없을 수 있느냐고 비판한다. 한국뿐만이 아니다. 프랑스의 68세대들은 현재의 세대들이 사회로부터 과감하게 탈주하려고 하기보다는 사회에서 빵부스러기라도 얻어먹으려고 기를 쓰는 한심한 종자들이라고 비난한다. 중국과 홍콩에서는 부모 등이나 처먹는 이기적이고 소비지상주의적인 이들을 '80년 후 세대'라고 이름

붙여 사회 문제로 여기며 질타하고 있다. 이러한 추억, 이러한 논리, 이러한 언어로 너희도 김예슬처럼 작은 기득권에 연연하지 말고 당당히 자리를 박차고 일어나라고 외친다. 김예슬의 용기에 대한 예찬은 곧 다른 대학생들의 비겁함에 대한 질타이기도 하다.

그래서 지혜는 고깝다. 자신이 고까운 것이 김예슬인지 아니면 김예슬을 예찬하는 사람들인지는 확실하지 않다. 하지만 지혜는 지금의 이 상황이 자신에게 대단히 무례하다는 것만은 확실하게 느끼고 있다. 사실 지혜도 김예슬이 용기 있는 행동을 했다고 생각한다. 대단한 일임에 틀림없다. 그의 문제의식 또한 틀리지 않았다. 대학은 확실히 직업양성소가 되었고 이전에 대학이라고 부르던 그 대학은 죽었다. 그의 말에 백번 동의하더라도 여전히 고깝고 불편하고 불쾌하다. 그를 긍정하는 순간 자신은 부정당해야 하기 때문이다. 용기 있는 한 친구는 자신의 기득권을 버리고 과감하게 대학을 박차고 나갔다. 그런데 그보다 더 못한 기득권을 가지고서도 자신은 바들바들 떨면서 그 자리에 남아 있다. 그리고 자신의 손에 들린 떡은 형편없이 작다. 그런데도 바보같이 그걸 움켜쥐고 살아남아보겠다고 불나방처럼 뛰어들고 있으니 어리석기 그지없다. 자신은 비겁자인 동시에 바보인 것이다. 그래서 지혜는 진짜 불쾌하다. 왜 지금까지 자기가 살아온 것을 한순간에 부끄러워해야 하는가? 이것은 이제껏 피땀 흘리며 살아온 자신의 삶에 대한 모독이다. 아무도 이렇게 일방적으로 타인의 삶을 재단하고 평가할 권리 따위는 없다.

김예슬 선언을 보면서 다른 대학생들에게 너희는 왜 움직이지 않

이것은 왜 청춘이 아니란 말인가
우린 아직 인간이 아니다

느냐고 질타하는 사람들은 다른, 보통의, 많은 대학생들이 어떻게 고군분투하면서 살아가고 있는가를 전혀 이해하지 못한다. 우리 사회의 맨 꼭대기만 살아남는 구조에서 한 번도 제대로 셈이 되어본 적이 없는 이들이 있다는 사실을 알지 못한다. 지금까지 이들이 우리 사회의 계산에 포함되어 본 적이 없다는 사실은 생각하지 않고 갑자기 너희는 왜 이 셈법에 항의하지 않느냐고 질타한다. 이들은 지금까지 자기들도 셈에 넣어달라고 필사적으로 노력해왔는데 말이다. 졸지에 자신들이 하던 모든 노력은 비겁하고 바보 같은 짓이 되고 만다. 바보같이 편입하려고 기를 쓸 것이 아니라 멋있게 탈주를 꿈꾸라고 한다. 그런데 이들에게는 이 체제로부터 '탈주'할 바깥이 없다. 이들은 이미 바깥으로 내쳐진 존재들이기 때문이다. 이들은 '착취당할 권리'조차 박탈당했다. 그래서 이들은 바깥이 아니라 안으로의 편입을 위해 목숨을 걸고 노력한다. 그렇지 않으면 이들은 착취조차 당하지 못하고 완전히 잊힌 존재가 되어 한번 쓰이지도 못한 채 용도 폐기될지도 모른다. 이들은 자신이 잉여가 될지 모른다는 공포를 넘어 이미 하루하루의 삶에서 자신들이 잉여로 만들어지고 있음을 경험하며 자학하게 된다.

잉여가 된 '지성인'

대학생이 스스로를 잉여라고 생각하게 된 데에는 더 이상 사람의 노동력을 필요로 하지 않는 경제구조의 변화가 가장 큰 영향을 끼쳤다. 하지만 대학생 인플레이션도 한몫 단단히 하였다. 1990년도만 하더라도 고등학교 졸업생들의 대학 진학률은 30퍼센트대였다. 하지만 2000년대에 들어와서 이 비율은 80퍼센트대를 넘나들고 있다. 이제 고등학교를 졸업하면 누구나 대학을 갈 수 있는 시대가 된 것이다. 그러니 학생들 말마따나 길바닥에 채이는 것이 대학생이다. 고뇌하는 엘리트나 지성인이라고 부르기에는 숫자가 너무 많아졌다.

스스로를 자학적으로 잉여라고 부르는 대학생들은 듣기 좋은 말로라도 자신들을 지성인이라고 부르는 데 심한 거부반응을 일으킨다. 한 학생은 우연히 라디오 방송을 듣다가 "대학생이란 높은 공부를 하는 지성인"이라는 말을 듣는 순간 '손발이 오그라드는 경험'을 했다고 한다. 아직도 저런 말을 천연덕스럽게 하는 사람이 있다니 신기하고 민망하였다고 한다. 대학생들이 '젊음과 패기와 열정으로 뭉친 꿈꾸는 존재'라는 말은 흘러간 옛말이다. 이들 스스로 자신들을 '마치 대학 1학년은 고등학교 4학년처럼' 되어 '성인이기는 하지만 아직도 어리기 그지없는 미숙한 존재'라고 인정한다. 이들이 경험하는 대학생이란 미성년으로서의 청소년기와 단절한 성숙한 성인과는 거리가 멀다. 지금 대학생들은 자기 의지와 생각을 가지고 세상을 주체적으로 살아가는 것이 아니라 여전히 남에게 의존해서 살아간다.

대학생은 **청소년**에게는 수능이라는 통과의례를 마친 **해방인**들이자 과거를 깨끗이 잊어버린 **배신자**들이다. **또래** **대학생**들에게는 군대,

이것은 왜 청춘이 아니란 말인가
우린 아직 인간이 아니다

연애, 취업, 어학공부, 동아리, 야구 등을 안주 삼아 같이 술 마실 수 있는 **답이 안 나오는 친구**들이다. 그들에게 형이자 누나이며 부모이기도 한 **중년인 당신들**이 보기엔 철이 없고, 공부에 관심이 없으며, 놀기 좋아하는 **망나니 혹은 천덕꾸러기**이다. **(혈연관계에 있는)** 장년에게는 **손자·손녀**로 노인정이나 종교 활동 등에서 다른 동년배의 손자·손녀보다 학벌이 좋거나 내세울 만한 사회적 성과(해외 봉사 활동 따위)가 있을 때만 예쁘고 자랑스러운, 데리고 다니면서 **자랑하고 싶은 존재**이다. 엄친아, 엄친딸로도 불린다(그러나 실체는 없다). 여기에 속하지 않는 경우에는 어른을 공경할 줄 아는 **그냥 착한 손자·손녀**가 된다. **대학생이 아닌 또래**(직장인)에게는 전화해서 술 사달라고 조르는 **밥버러지들**이나, 그치들이 곧 졸업하고 취업하고 나면 부러워질 것 같아 생각하면 **마냥 반갑지만은 않은 놈들**이다. 동시에 대학생이 되고 싶으나 아직도 수능을 보는 **장수생**에게는 대학생활에 대한 **부러움과 시기심**을 동시에 품게 한다. **졸업 후 백수, 백조들(청년 구직희망자들)**에게는 한창 좋을 때를 살고 있는 **돌아가고 싶은 이름**이다. 마지막으로 **(현역)** 군인에게는 **천국에 사는 주민들**이며, 왜 장학금을 못 받는지 이해가 안 되는 불가사의한 존재다. 그리고 개인적으로 대학생 중 남자의 경우 **군복무 전후 복학을 기준**으로 처우와 호칭이 달라짐을 느꼈다. **오빠**나 **형**에서 **아저씨**와 **형님**으로 호칭이 변한다. 그리고 복학 후 학교에서 혼자 다니는 것을 받아들이게 된다. 즉, 대학생은 무척 다양한 층위를 가진 존재이다. _현택

현택이 위트 넘치게 묘사하고 있는 것처럼 대학생들이 보는 대학생이란 과거처럼 독립적이고 주체적인 존재가 아니다. 다만 사적으로 맺어진 수많은 관계에서 상대방의 사적인 욕망과 이해에 따라 '배신자'에서 '밥버러지'까지 다양하게 불리는 타율적인 존재에 불과하다. 이 모든 호칭을 한마디로 정리하면 바로 성장이 정체된 '잉여'이다. 대학생에 대한 호칭은 '지성인'에서 '잉여'로 넘어갔다. 수업시간에 학생들은 잉여라는 말만 나와도 까르르 넘어간다. 그 웃음에는 자신들이 이 사회에서 어떤 처지에 놓여 있는지에 대한 서글픈 인식이 들어 있다. 잉여가 무엇인가? 남아도는 인생이란 뜻이다. 남아도는 인생이기에 이 사회에 필요한 그 무엇도 아니다. 한 학생의 말처럼 불필요한 존재이다.

자유가 잉여를 자학게 하리니

이런 상황에서 은선은 강의 시간표만 자기 손으로 짜고, 술이나 담배, 연애처럼 고등학교 같았으면 교무실에 끌려갔을 일을 자유롭게 할 수 있다는 것이 과연 무슨 의미가 있는가 하고 되묻는다. 대학에 들어온 다음 자신의 집에는 "자기 때문에 없던 빚이 늘어나고, 졸업 전까지 토익 9백 점을 못 넘으면 밥값도 못 하는 존재로 전락하고, 취업 못 하면 내 인생은 끝인 동시에 집안에서 애물단지라는 생각에 나란 존재가 한없이 추락해" 버리고 있는데 말이다. 그래서 대학은 자유로워 보이지만 결정적인 상황에서는 선택권이 아예 없는 공간이라고 은선은 일갈한다. 사회의 바깥으로 완전히 튕겨져 나가 잉여가 될 자유, 아니면 그 잉여가 되지 않기 위해서 발버둥칠 자유만이 있을 뿐이다.

> 대학이 만들어낸 '가상의 자유' 체제는 […] 제일 많은 것들을 경험해볼 수 있고, 아직 사회에 나가지 않은 채, 모든 청춘을 맛볼 수 있을 것 같이 대학생의 형상을 그려내면서도, 완벽하게 준비된, 즉 뚜렷한 목표, 열정, 책임감, 능력, 리더십을 다 가진, 미래를 철저히 준비한 혹은 준비하고 있는 대학생의 형상을 추구한다. 이를테면, 대학생 때에 책을 많이 읽어봐야 한다. 하지만 동시에 꽉 짜여 있는 스케줄러와 함께 바쁘게 스펙을 쌓으며 살아가기도 해야 한다. 대학생에게 거는 기대가 큰 현대 사회는 많은 것을 대학생에게 요구한다. 사회에 조언을 할 수 있는 지식인이 되기를 원하기도 하고 이미 자본주의적 사회에 나간 성인들이 그리워하는 젊음을 맘껏 즐기는 것을 원하기도 하며 동시에 사회의 경제적 부흥의 원천이 될 수 있는 자본주의적 사고를 지닌 사람이 되기를 원하기도 한다. _보연

보연은 대학에 가면 주어진다는 자유가 자신들에게 어떤 덫이 되는지를 정확하게 간파하였다. 자유의 이름으로 대학생들은 눈코 뜰 새 없이 바쁘다. 생각할 시간 따위는 없다. 대학생들이 관리해야 하는 목록은 점점 더 늘어간다. 학생들이 취업을 할 때 써야 하는 자기소개서를 살펴보면 쉽게 알 수 있다. 대다수 기업들이 제시하는 자기

소개서 양식을 채우려면 대학생들은 정말이지 가랑이 찢어지게 뛰어다녀야 한다. 학벌과 학점과 영어 시험에서 시작된 취업 스펙 3종 세트는 자격증과 해외 연수를 포함한 5종 세트로 발전하였다. 이제 외모 관리와 성형이 포함된 7종 세트의 시대라고까지 이야기한다. 문제는 요구하는 양이 많다는 것만이 아니다. 상충하는 것을 한꺼번에 요구한다는 것이 더 큰 문제이다. 대학생들은 자유로운 시간에 책도 많이 읽어야 하지만 동시에 전공 공부도 열심히 해야 한다. 사회적 네트워크도 넓혀야 하지만 동시에 스펙을 쌓기 위해 세상과 단절되기도 해야 한다. 여행을 통해 견문을 넓히기도 해야 하지만 학점 관리도 해야 한다. 한편에서 원칙적이어야 하면서 다른 한편에서는 유연해야 한다. 전문지식을 가지고 있으면서 동시에 교양도 가지고 있어야 하며, 목표지향적인 냉혈이어야 하면서 동시에 대인관계도 좋아야 한다. 그래서 학생들은 자기소개서를 '자기소설서'라고 부른다. 한국의 대기업이 원하는 것은 일을 할 줄 아는 인재가 아니라 소설가라고 비아냥거리면서 말이다.

    왜 자본은 애초부터 불가능한 것을 대학생들에게 요구할까? 현재 체제가 잉여를 해소하는 시스템이 아니라 잉여를 생산하는 시스템이기 때문이다. 애초부터 시장은 학생들의 스펙에 관심도 없었다. 왜냐하면 우리 사회에서 스펙을 요구하는 것은 자기를 계발하는 능력을 긍정하기 위해서가 아니기 때문이다. 인턴만 하더라도 대다수는 복사기나 돌리는 잔심부름이나 하는 것이 전부다. 생생한 직업 체험이나 경력 관리와는 애초부터 거리가 멀다. 솔직히 말해 스펙은 이 잉

이것은 왜 청춘이 아니란 말인가
우린 아직 인간이 아니다

여인간의 시대에 '자기관리'라는 도깨비 방망이로 탈락시킬 놈을 찾기 위해 강조되고 있다. 청년실업 문제를 해결할 의사도 능력도 없는 시장의 무능을 '자유'의 이름으로 개인의 무능으로 돌려버린 것이 바로 스펙의 실체이다.

그리고 이 전략은 성공하였다. 이 체제에서 시장이 정말 성공하였다면 그것은 모든 사람을 자기계발의 화신으로 만들었기 때문이 아니라 실패를 자신의 책임으로 돌릴 수 있게 하였기 때문이다. 상당수의 대학생들은 자신의 무능과 무기력과 줏대 없음과 나태함과 방탕함을 자신의 탓으로 돌린다. 현택이 말하는 '밥버러지'라는 말에도, 학생들이 키득거리며 말하는 '잉여'라는 말에도, 모든 것을 자신의 탓으로 돌리는 자학의 냄새가 짙게 배어 있다. 이 모든 문제는 게으르고 찌질한 자신의 탓이 되어버렸다. 체제는 완벽하게 승리하였다. 청춘을 자학하는 잉여로 만들어서 말이다. 자기를 계발하는 주체의 이면은 자학하는 주체이다.

그렇게 간절했던 대학에 와서 1년이 지난 지금 난 뭘 했는지 모르겠다. '스펙을 쌓아라, 영어 공부를 해라, 학점에 충실해라.' 왜 고등학교 때와 같이 나는 주변 환경에 밀려 또 나의 상품가치를 높이기 위한 물건 같은 행동을 해야 하는 것인가. 나는 숨을 쉬고 생각을 하는 인간이다. 내가 내 삶을 결정할 이유도 있고, 내가 원하는 대로 살 권리도 있다. 그렇지만 나는 내 인생이 무엇을 위해 살아가야 하며, 꿈이 무엇이며, 무엇이 옳은 것인지 알지 못한다. 결국 나는 대학이라는 울타리 안에서 사육되며, 그 손길이 닿지 않으면 불안해하는 가축일 뿐이었다. 야생으로 되돌려 보내지면 다시 울타리 안으로 돌아올 수밖에 없는 가축이 되어버린 것이다. _명성

덕성여대에서든 연세대 원주캠퍼스에서든 같이 수업을 한 대다수의 학생들은 자신이 대학에 들어와서 아무것도 한 일이 없다고 고백한다. 대학만 가면 뭐든지 할 수 있다는 말만 믿고 고등학교 때까지는 '우정이고 낭만이고 연애고 다 낭비라고 생각'하며 오로지 대학 입시 공부만 하였지만 막상 대학에 와서 손에 쥔 것은 아무것도 없다. 위에서 간단하게 살펴본 것처럼 스펙을 쌓는다고 가랑이 찢어지게 바삐 뛰어다니지만 공허하기만 하다. 무엇보다 이들이 대학에 와서 발견한 점은 대학이 공부하는 공간이 아니라는 사실이다. 그들이 생각했던 공부는 스펙 쌓기로 돌변해 있었고, 그들이 꿈꾸었던 '공부'는 캠퍼스 어디에서도 발견하기 힘든 곳이 바로 대학이다.

지은은 대안학교를 다녔다. 공교육에서는 느껴보지 못한 자유를 만끽하며 신나게 학교생활을 하였다. 매일 매일이 새로움의 연속이었고, 피 터지는 토론의 공간이었다고 한다. 그러다 고3이 되었을 때 문득 공부를 시작하였다. 대학에 가야겠다고 생각했기 때문이었다. 지은은 대학에 가겠다는 결심이 '불안' 때문이었을 것이라고 생각한다. 대학에 가지 않는다는 것은 곧바로 성인이 된다는 뜻이다. 그리고 그것은 그때부터 자기 삶을 스스로 책임져야 한다는 의미이기도 하다. 그 기간을 조금이라도 유예해보고 싶었다고 솔직히 고백한다.

이것은 왜 청춘이 아니란 말인가
우린 아직 인간이 아니다

무엇보다 대학에 가면 학생이라는 신분을 유지한 채 삶에 대한 책임감을 유예하는 특권을 누릴 수 있었기 때문이다.

지은이 대학에 들어온 다른 이유는 공부를 한번 제대로 해보고 싶다는 생각을 했기 때문이다. 교수와 언쟁도 하고, 잔디밭에서 술 마시면서 토론하다가 수업도 제치고, 밤새 친구의 자취방에서 헛소리도 하면서 조금씩 자기 생각을 단단하게 만들어가는 그런 공부 말이다. 지은의 말에 따르면 '망할' 〈논스톱〉에서 보았던, 또 대안학교를 다니면서 가지게 된 8, 90년대 대학문화에 대한 환상 때문에 대학에서 이런 공부가 가능할 줄 알았다고 한다. 그러나 이런 공부는 대학 어느 곳에도 없었다. 지은뿐 아니라 대다수 학생들은 대학에 들어와서 그들이 하는 '공부'라는 것에 엄청나게 실망한다. 극단적으로 고등학교보다 더 못하다고 한다. 백 명이 넘는 초대형 강의실에서 토론은 아예 불가능하다. 파워포인트로 진행되는 프레젠테이션만 일방적으로 눈알이 빠지게 쳐다보아야 한다. 심지어 초등학교 시험에나 나오던 '괄호 채우기'나 '연관된 것끼리 줄긋기' 같은 문제가 대학 시험에 버젓이 나오기도 한다. 그래서 지은에게 필요한 것은 '대학을 다닐 이유'가 아니라 '그만두지 않을 이유'이다.

지은은 이 이유를 만들기 위해 오늘도 '필사적'이다. 일부러 리포트가 많은 수업을 찾고, 토론이나 대화를 할 수 있는 수업을 듣는다. 마음에 들지 않는 교수한테는 대들기도 하면서 자기 나름대로 대학 안에서 '대안적인' 생활을 한다고 자위하는 것이다. 그러나 지은은 잘 알고 있다. 이런 자기 위로가 "너 지금 대학 왜 다녀?"라는 질문을 회피하기 위한 발버둥이라는 것을 말이다. 지은의 이야기처럼 대학을 다니기 위해서는 대학에 냉소적인 입장을 가지거나 그만두지 않을 이유를 찾아야만 한다. 우리 사회에는 대학을 아예 선택하지 않을 자유는 또 없기 때문이다. 다른 말로 하면 '대학의 바깥'은 없는 것이다. 왜 대학에 가야 하는가에 대해 대학생 그 누구도 이래서 대학을 들어와야 한다고 말하지는 못하지만, 그렇다고 대학에 가지 않겠다고 말하는 후배나 동생에게 그것이 옳은 선택이라고 말할 수 있는 사람은 또 없다. 대학도 대안이 아니지만 대학의 밖에도 대안은 없다.

고등학교 1년 후배가 여느 때와 같이 교실에서 코 박고 공부하던 내게 와서 대뜸 자퇴를 한다고 하며 했던 말과 똑같았다. "지금 여기에 있어봤자 아무런 이득도 없으니까 그만두는 거야." 그러곤 녀석은 결국 자퇴를 해버렸다. 나는 "그럼 검정고시라도 봐. 아님 나 너 정말 안 볼 거야"라고 말했고, 녀석은 "오케이"라고 답했지만 몇 개월 뒤 말을 번복해버렸다. "검정고시가 나한테 이득이 될 게 없으니까 안 볼래." 끝까지 내 말을 듣지 않았던 녀석에게 "너 평생 니가 하고 싶은 것만 하고 살 수 있을 거 같아?! 분명히 너 그 대가 제대로 치를 거다!" 하고 소리를 질러버렸고, 녀석은 나가는 내 뒤통수에 대고 두고 보라며 큰 소리를 쳐댔다. 그렇게 헤어지고는 몇 개월 뒤에 대뜸 녀석이 내게 연락을 해 술을 마시자고 했다. 아파트 단지 안에 있는 조그마한 정자에서 종이컵에 막걸리를 따르고 오징어를 안주 삼아 질겅질겅 서로의 삶에 대해 씹어댔다. 얼큰하게 취한 녀

이것은 왜 청춘이 아니란 말인가
우린 아직 인간이 아니다

석은 내 머리 위로 담배연기를 내뿜으며 말했다. "언니 말 들을 거 후회했어. 그냥 얼마 안 남은 학교 다닐걸……. 그냥 검정고시 볼 걸……. 이렇게 잉여스럽게 사는 나 자신이 요즘 참 그렇다. 언니가 말한 대로 나 대가를 치르고 있나 봐." 아무 말 없이 지켜보는 내게 조심스럽게 녀석이 덧붙였다. "나…… 대학 갈까?" 예전이었다면…… 만약 내가 대학을 가지 않은 상태였다면 나는 반사적으로 "응"이라고 대답해버렸을지도 모른다. 하지만, 고작 3개월 대학을 다닌 것뿐이었지만, 나는 녀석에게 단호하게 대답을 해줄 수 없다. 다만 나는 녀석에게 "니가 생각하는, 그리고 우리가 기대했던 대학은 아마 없을 거야. 적어도 이 땅에는." 그 말을 끝으로 우리는 말을 하지 않았고 술만 마셨다. 녀석은 아직까지 대학을 가지 않았다. 다만 내가 소개시켜준 스승님 밑으로 들어가 독서 세미나와 학회를 다니고 있다. 그리고 나는 지금도 대학을 다니고 있다. 녀석은 별로 행복해 보이지 않는다. 나도 그다지 행복하지 않다. _지은

대학에서 더 이상 성장은 가능하지 않다. 대학 자체가 이미 사람의 성장에 별로 관심이 없다. 대학의 가치는 오로지 얼마나 많은 학생을 생존시켰는가에 따라 결정될 뿐이다. 이전에는 고등학교 단계에서 대충 끝났던 경쟁이 이제는 대학교 단계까지 옮아갔다. 특히 학부제가 시작된 다음 대학생들은 취업에 유리한 경영학과 같은 인기학과에 가기 위해서는 1, 2학년 때부터 목숨 걸고 공부해야 한다. 주전공이 아니면 이중전공, 복수전공 혹은 부전공으로라도 경영학과에 발

을 걸쳐야 취업에 유리하다. 전공조차 공부가 아니라 취업을 위한 아이템이 된 것이다.

그러다 보니 이 아이템을 쟁취하기 위해 수강 신청을 거래하는 일까지 생겼다. 경영학과 과목이나 교양필수 같은 과목이 주요 타깃이다. 수업을 들을 수 있는 인원은 제한되어 있고 수강 신청을 하려는 학생들은 많다 보니 수강 신청 때만 되면 전쟁이 벌어진다. 간이 배 밖에 나온 사람 몇 명을 제외하고는 모두가 수강 신청을 기다리며 밤을 샌다. 셋, 둘 하나. 몇몇 과목은 수강 신청 개시 1분 안에 마감된다. 졸업을 앞두고 있거나 반드시 그 과목을 수강해야 하는 학생들은 발을 동동 구른다. 그러다 누군가 학교 게시판에 글을 올린다. 그 과목을 수강 신청한 사람에게 돈을 주고 수강 신청 권한을 사겠다는 내용이다. 수요자와 공급자가 정해지면 수강 신청 변경 기간 동안 둘이서 새벽 시간을 정해 동시에 수강 신청 사이트에 접속하여 돈을 받은 사람이 수강을 철회하면 돈을 준 사람이 그 자리에 잽싸게 들어가는 거래가 성사된다. 경영학과 과목 중에서는 30만 원에 거래되는 경우도 있다고 한다.

인간이 되기는 쉽지 않겠다

따라서 이들에게 가치의 척도는 상품화이다. 우리 사회에서 팔릴 만한 상품이 되기 위해 수많은 아이템으로 무장해야 한다. 그래서 이들에게 김예슬은 '대학을 거

이것은 왜 청춘이 아니란 말인가
우린 아직 인간이 아니다

부한 젊은이'가 아니라 '글을 참 잘 쓰는 부러운 또래'이다. 이들은 자신도 이 정도의 글 솜씨가 있다면 취직하기 위해 써야 하는 자기소개서를 잘 쓸 수 있을 것이고 취업도 할 수 있을 것이라고 말한다. 이들에게 중요한 것은 김예슬이 무엇에 대해 어떤 선언을 하였는지가 아니라 그가 소유한 '글쓰기 솜씨'라는 아이템이다. 이런 관점에서 김예슬 선언을 바라보는 학생들에게 그의 학벌과 글 솜씨는 유이의 '꿀벅지'와 다르지 않다. 글 솜씨든 꿀벅지든 이 사회에서 살아남기 위해 우리 모두가 탐해야 하는 아이템 중 하나이기 때문이다.

386들은 이런 대학생들을 속물이라고, '찌질이'라고 격렬히 비판한다. 그러나 우리가 속물주의의 이면에서 발견할 수 있는 것은 잉여로 내쳐진 자들의 살아남기 위한 처절한 노력이다. 역설적으로 속물이 되어야만 살아남을 수 있는 것이 우리가 살아가고 있는 시대이다. 우리는 누군가 자신의 허벅지를 음흉한 시선으로 바라보며 '꿀벅지'라고 불렀을 때 자신의 존엄이 침해되었다고 항의할 권리가 없다. 오히려 이런 호명은 자신이 이 사회에서 상품으로서의 가치를 인정받는 영광스러운 일이다. 상품으로 인정받지 못하면 그 사람은 사회에서 아무런 가치도 없는 쓰레기로 전락하기 때문이다. 나 스스로 나에게 어떤 가치가 있는지를 드러내고 상품으로 치장하여야 한다. 우리 모두는 본래 속물이 아니라 살아남기 위해서 속물이 되어야만 하는 존재이다.

살아남기 위해 자신이 가진 모든 것을 아이템으로 바꾸어야 하고 다른 사람이 가진 모든 것을 또한 아이템으로 바라보는 속물. 그런 속물을 동물이라고 부른다. 속물이 인간의 탈을 쓴 동물이라면 동물은 인간이기를 포기한 속물이라고 볼 수 있다. 속물들은 인간이 동물로 퇴행하였다고 개탄한다. 그러나 사실 동물은 인간의 퇴화가 아니라 속물의 진화이다. 속물이나 동물이나 내면이 없기는 매한가지이지만 동물은 속물이 형식적으로나마 필요로 하던 타자도 필요로 하지 않는다. 인간은 타자와의 만남을 통해서 윤리적 존재가 된다. 그래서 윤리적 존재임을 가장하는 속물에게는 타자가 알리바이로 반드시 필요하지만 동물은 아예 그런 알리바이도 필요 없다. 따라서 이 동물들의 눈에는 김예슬이라는 낯선 존재는 사라지고 다만 그가 손에 쥐고 있는 아이템만이 보일 뿐이다. 아니 어떤 의미에서 이들에게 김예슬은 전혀 낯선 존재가 아니다.

저도 김예슬 씨가 말한 것에 고개를 끄덕이면서 박수를 치면서 동의합니다. 저도 그런 생각을 가진 사람이니까요. 저도 끝이 없는 트랙을 달리고 있다고 생각합니다. 오히려 끝이 없는 트랙이 아니라 속도를 떨어뜨릴 수 없는 러닝머신 위에서 달리고 있고 주변의 그림 배경이 조금의 변화도 없이 둘러진 가운데서 뛰고 있다고 생각이 듭니다. 다람쥐의 쳇바퀴가 돌 듯이요. 학교를 3년째 다니면서 제가 왜 대학을 왔는지 다시 생각해봅니다. 제가 원한 것은 아닙니다. 원하지 않았지만, 가지 않으면 사람으로서 살지 못한다기에 왔지요. 하지만 사람으로서 살 수 있을 것 같지는 않습니다. 사람으로서 사는 법을 가르쳐주는 곳이 아니니까요. 대학을 나서면서 인간이

이것은 왜 청춘이 아니란 말인가
우린 아직 인간이 아니다

되겠다고 한 김예슬 씨에게 묻습니다. 대학은 인간으로서, 사람으로서 사는 방법을 가르쳐주지 않았습니다. 지금껏 단 한 번도, 어디에서도 배운 적이 없습니다. 그리고 대학은 작은 사회입니다. 그리고 당신은 (심하게 말하자면) 썩었다고 하는 작은 사회라는 대학을 나섰습니다. 거부했습니다. 당신은 썩어버린 작은 사회에서도 배우지 못한다고 인간으로 살지 못한다고 나왔습니다. 더 썩은, 작은 사회를 이렇게 만든 큰 사회에서도 인간으로서 살지 못한다면 어쩌시겠습니까? 궁금합니다. _진아

김예슬은 자신의 선언 후반부에서 대학 문밖으로 나오면서 자신은 '한 인간'으로 태어난다고 말한다. 그 '인간'은 아직 속물과 동물의 사이에 있다. 이 '사이'가 그 '인간'이 갇히는 감옥이 될지 또는 속물과 동물들의 탈출구가 될지는 아직 모를 일이다. 무엇보다 우리는 김예슬조차 아마 상투적인 의미에서 불쑥 사용한 것임에 틀림없을 이 '인간'이라는 것이 무엇인지를 아무도 모르고 있다. 그리고 이들에게 성장하라고 윽박질렀을 뿐 이들이 어디에서도 인간을 경험하고 배울 기회가 없었다는 것 또한 우리는 잘 알지 못한다. 우리는 겸허하게 이것부터 고백해야 한다. 이것을 주저 없이 안다고 말하면 속물이고 관심 없다고 말하면 동물이 된다. 그래서 우리는 이 인간이 무엇인지를 질문해야 한다. '인간'이 여전히 가능한 것인지, 그리고 가능하다면 그 인간은 무엇인지를 이들과 함께 물어야 한다. 우리는 이들과 어떤 질문을 공유하고 있는가.

우리가 원하는 자유란 무엇인가? 자유의 의미를 찾기 위해서는 여기서부터 들어가야지 싶다. 시대가 흘러오면서 자유에 대한 개념과 범위는 점점 달라졌을 것이다. 멀리 갈 필요도 없이 내 아버지와 나를 비교해봐도 그렇다. 아버지를 통해 본 아버지 세대의 자유란 민주주의와 직결된다. 민주화가 곧 자유라는 공식이 성립하던 그때에는 민주화가 되면 지금 누리지 못하는 모든 것을 누릴 수 있을 것이라는 '무제한적인 자유'가 자유의 의미였다. 그럼 나를 통해 보는 나의 시대의 자유는 어떠한가? 우리는 이미 민주화가 자유를 가져다 주지 않는다는 것을 안다. 어찌되었든 한국은 민주화가 되었지만 내가 자라오는 동안 자유는 없었다. 우리에게 자유란 정치적인 것이 아니라 경제적인 것이다. 부자인 아이들은 하루 종일 책상머리에만 앉아 있을 수 있으니 좋은 성적을 맞을 수 있다. 그들도 절약이라는 단어를 배우지만 '살 수 없는 것'이란 존재하지 않는다. 중산층의 아이들은 자신이 노력하면 어쩌면 삼성맨이 될 수 있다는 것을 알지만 삼성의 CEO가 되지 못한다는 것도 안다. 가난한 아이들은 대를 물려 내려온 가난함이 자신의 것이 되리라는 것을 안다. 우리 세대의 자유란 그리고 지금 통용되는 자유란 계층적, 경제적 차등에 따른 제한된 선택의 자유'라고 할 수 있다. 경제적으로 나뉘는 계층에 따라 선택할 수 있는 폭이 달라지는 것이다. 우리가 원하는 자유란 자신이 속한 계층이 무언가를 선택할 수 있는 경우의 수가 많아지는 것이다.

2부

뒷문으로
성장하다

혁명에 냉소한다

영화에서는 혁명의 완성이 엔딩이다. 나는 그 결말이 아쉬워 재미있는 시나리오를 덧붙여보려 한다. 그 내용은 '애프터 브이'.

1. 11월 5일 오전, 혁명의 완성으로 시민들은 환호한다. 뒤이어 정부의 항복, 대법관의 죽음 등이 알려진다. 세상은 축제.
2. 그러나 이비라는 여자가 TV방송에 출연해 브이와 자신의 로맨스, 브이의 정체, 브이의 계획, 그리고 브이의 죽음 등을 알리며 "정말 그리운 브이, 잊지 못할 거예요~!" 하며 눈물을 쏟는다.
3. 세상은 슬픔에 휩싸이고 브이의 시신을 찾기 위해 의사당 수색이 시작된다. 브이의 시신은 찾는 둥 마는 둥, 브이의 장례위원회가 설치되고 '국장'이나 '세계장'이 치러진다.
4. 한편, 혁명 후 며칠, 몇 주가 지나면서 독재정부 이후의 세상에 대한 갑론을박이 이어진다. 세상은 어느 때보다 시끄럽다. 하지만 독재정부를 대체할 정부 조직이나 권력을 준비한 사람은 아무도 없고, 독재정부가 지녔던 행정조직과 경찰력, 군대는 질서유지를 명목으로 근간이 보존되어 과도정부를 수립한다. 물론, 과도정부는 '민정이양'을 약속.
5. 이제 장난감 상점에 가도 브이 가면이 어린이들 사이에서 불티나

이것은 왜 청춘이 아니란 말인가
혁명에 냉소한다

게 팔리고, TV에서는 브이를 소재로 한 영화, 만화, 다큐멘터리, 드라마, 뉴스가 연일 계속된다. 한 급진주의자는 브이를 신성화하며 '브이교'를 만들어 신도 모집에 나서고, 브이의 이념을 정치적으로 계승했다고 주장하는 정당, 시민단체가 우후죽순 생겨나 이비 영입에 공을 들인다. 이비라는 여자는 자의든 타의든 어쩔 수 없이 정치계에 데뷔한다.

6. 국민들의 극심한 시위와 요구로 정국은 계속 혼란스럽고, 과도정부는 어쩔 줄 몰라 하는 가운데 시민들은 이전 시대의 분노를 경찰과 군대, 정부를 향해 폭발시킨다. 정부관료, 경찰, 군인들에 대한 린치와 감금, 폭행, 구타가 일상적으로 일어난다.

7. 이비를 위시한 브이파는 시민들에게 자제를 촉구하고, 개헌과 선거를 즉각 실시하라고 과도정부에 요구한다. 아무 힘 없는 과도정부는 이를 수용하고, 직접 민주적 요소를 강화한 헌법이 국민투표로 통과되고, 새롭게 실시된 총선에서 브이파가 전체의석의 90퍼센트 이상을 차지해 정부를 구성한다. 신임 총리로는 이비가 선출된다.

8. 신정부는 국민들의 절대적인 지지로 출발하지만 아마추어적인 정국 운영으로 국내 혼란을 잠식시키지 못한다. 신정부는 출범 몇 달 만에 지지율이 급격히 떨어지고, 혁명 이후 숨죽여 있던 '구 독재파' 출신 사람들은 브이와 이비, 신정부가 나라를 망쳐놓았다며 이전 '절대적인 질서' 아래의 시대가 그립다고 세력을 규합해 신정부를 규탄한다.

뭐 쥐어짜내면 더 쓸 수도 있지만 머리가 아프기 시작해서 더 쓰는 건 관둬야 할 것 같다.^^;; 내가 여기서 말하고 싶은 것은 '대안의 부재'이다. 우리도 역사에서 경험했다. 대안이 없는 혁명은 미완으로 그치고 만다. 4·19가 그랬고, 6월 혁명이 그랬다. 물론 혁명은 혁명 그 자체로 의미 있다. 그러나 나는 제작자에게 4.19 혁명 이후의 '박정희'를 아는가, 6월 혁명 이후의 '노태우'를 아는가 묻고 싶다.
_혜교, 〈브이 포 벤데타〉를 보고 나서

〈브이 포 벤데타〉는 독재와 민주주의, 그리고 혁명에 대한 영화이다. 한국의 오늘과 별로 다르지 않아 보이는 2040년 영국에 한 '영웅'이 나타난다. 국가는 사회를 철저하게 통제한다. 정부는 모든 시민의 일거수일투족을 감시한다. 언론은 권력의 통제를 받으며 계속해서 왜곡된 뉴스만을 쏟아내어 시민들은 거짓을 진실로 믿으면서 권력에 완전히 세뇌되었다. 정부에 반대하거나 피부색, 성적 취향 등이 다른 사람들은 소리 소문 없이 '정신집중 캠프'로 끌려간다. 이 캠프에서 당한 생체 실험의 결과인지는 알 수 없지만 초인적인 힘과 의지를 가지게 된 인물 브이가 캠프에서 탈출에 성공한다. 브이는 5백 년 전 가톨릭을 탄압하는 영국 정부에 맞서 국회의사당을 폭파시키려다 체포되어 처형된 '가이 포크스'의 가면을 쓰고 다니며 정부의 음모를 폭로하고 권력자들을 처단한다. 이 영화의 또 다른 주인공인 이비는 브이가 위기에서 구출해준 소녀이다. 이비는 브이의 과격하고 폭력적인 방식에 동의하지 않지만 점차 진실을 알아가며 브이의 활동에

이것은 왜 청춘이 아니란 말인가
혁명에 냉소한다

동참하게 된다. 이 영화의 백미는 정부에 의해 완전히 세뇌되어 아무런 정치적 의사가 없는 것처럼 보이던 시민들이 브이가 폭로한 진실을 알게 된 후, 모두가 브이의 가면을 쓰고 브이의 복장을 하고서 거리를 점령하고 정권을 전복하는 장면이다. 나는 이 영화를 통하여 민주주의가 위기에 빠져 있는데도 대학생들이 현실 참여를 하지 않는다는 말을 대학생들 스스로는 어떻게 생각하는지 함께 토론해보고 싶었다.

신성불가침한 민주주의

우리가 살아가고 있는 이 시대에 민주주의란 신성불가침의 언어이다. 이 시대에 "나는 반민주주의자다"라고 말하는 사람은 단 한 명도 없다. 독재자도, 포퓰리스트도, 스스로를 민주주의자라고 말한다. 얼마 전 태국의 소요사태에서도 탁신에 반대하는 '옐로셔츠'도 자신들을 민주주의를 수호하는 사람이라고 불렀으며, 현 정부에 반대하는 '레드셔츠'도 자신들이 피를 흘리는 이유를 민주주의를 위해서라고 말하였다. 이처럼 민주주의는 좌와 우, 제1세계와 제3세계를 가리지 않고 모두가 자신의 정당성을 위해서 주장해야 하는 절대적인 가치이다. 적어도 우리 시대에 민주주의의 바깥을 사유할 권리는 없는 것처럼 보인다.

때문에 기성세대들, 특히 젊은 시절 자신의 청춘을 민주주의를 위해 바쳤던 사람들은 지금의 대학생들이 탈정치화되었다고 비판한다.

민주주의라는 것이 얼마나 소중한 것인지를 대학생들이 모르고 있다고 개탄한다. "투표를 하러 가지 않는다", "촛불시위 같은 대규모 대중운동에 대학생들이 보이지 않는다", "고등학생들조차 자신의 '스타'를 지키기 위한 일에 길거리로 나서는 판에 대학생들은 고작 토익 점수나 학점에 연연해 정치를 외면한다". 대학생들에 대한 비판과 개탄과 비난은 넘치고 넘친다. 더구나 요즘 '88만 원 세대'라는 말이 상징하는 것처럼 이 세대 전체 혹은 절대 다수가 '잉여인간'이라는 운명 공동체가 되어버리지 않았는가? 그럼에도 집단행동을 통해 현실을 바꾸려 하기는커녕 혼자서만 잘 살아보겠다는 그들의 몸부림은 더욱 초라하고 비겁하다.

특히 외국과 비교해보면 한국 학생들의 초라함과 비겁함은 더욱 극명해진다. 현실 투쟁에서 젊은 세대가 물리적인 힘으로 세계 곳곳에 등장하고 있다. 2006년 프랑스에서는 청년들이 노동법 개악에 반대하는 시위를 주도하였다. 2008년 그리스에서 벌어진 반정부 시위에도 청년실업과 직결된 문제를 내걸고 청년들이 앞장섰다. 서구만이 아니라 아시아에서도 이러한 징후가 나타나고 있다. 얼마 전 홍콩에서는 중국 본토와 연결하는 초고속열차 건립 문제를 놓고 이로 인해 쫓겨나는 사람들과의 강력한 연대를 주장하는 시위가 벌어졌다. 이때 갑자기 거리에 나타나 비타협적인 시위를 주도한 것도 소위 '80년 후 세대'라고 불리던 청년들이었다. 사실 이들의 갑작스러운 출현에 당황하기는 서구와 홍콩의 기성세대들도 마찬가지였다. 이들 사회에서도 역시 예상치 못하게, 낯설게 등장한 이 청년들을 어떻게

이것은 왜 청춘이 아니란 말인가
혁명에 냉소한다

이해해야 하는지를 놓고 갑론을박을 벌이고 있다.

그런데 이들처럼 정치적 행동을 하건 안 하건, 선거 때 투표를 하건 안 하건 대다수 학생들은 한 치의 의심도 없이 민주주의와 그 가치를 믿는다. "국민이 정부를 두려워할 것이 아니라 정부가 국민을 두려워해야 한다"는 〈브이 포 벤데타〉의 명대사를 인용하며 정부가 국민들에게 자유와 권리를 보장해주기 위해서는 비판의 목소리를 들을 줄 알아야 하는데 "현 정부는 억압과 통제를 하며 국민의 의견을 적극적으로 수용하려고 하지 않는"다고 비판한다. 또한 학생들은 이 영화를 통해 참여하지 않으면서 쟁취할 수 있는 권리는 없다는 점을 알게 되었다고 말한다. 영화의 초반부에 브이가 방송국을 점거하여 내보낸 대국민 방송에서 거울을 보여주며 "그 속에 비친 자신들이 우울한 오늘을 만들었다"고 말하는 장면이 있다. 학생들은 이 장면을 떠올리면서 "독재자의 달콤한 약속 뒤에는 자신의 영혼과 같은 자유를 팔아먹은 대중"이 있다고 비판한다. 이를 통해 다수의 학생들은 "왜곡된 사실을 앎에도 이를 그대로 받아들이는 대중의 무지는 독재자의 행위만큼이나 비판당해 마땅"하며 "부조리한 사회를 보고서도 그것을 묵인한 대중의 수동적 태도는 반성의 대상"이 된다고 이야기한다. 모름지기 민주주의 시민의 가장 큰 의무 가운데 하나는 민주주의를 참여와 비판을 통해 지키는 것이어야 한다고 말하는 것이다.

과연 우리는 이 영화를 통해 무엇을 보아야 하는가? 지금이라도 당장 촛불 들고 밖에 나가 정권 퇴진을 외쳐야 하는 것일까? 아님 5·18

이나 6월 항쟁처럼 피의 전쟁을 벌여야 하는가? 영화는 이에 대해 다소 급진적인 모습을 보여주었다. 순식간에 정부 요직의 관리들을 처단함으로써 무정부상태를 만들어버린 것이다. 하지만 여기서 우리는 놓치지 말아야 할 것이 있다. 브이가 급진적으로 행동하게 된 동기, 그것은 대중의 무관심이다. 비판적이지 못하고 수동적 태도를 가지고 있는 대중의 행동이 브이라는 급진주의자를 만들게 된 것이다. 바로 여기에 이 영화에서 보여주려는 것이 있다. 언제나 자지 말고 깨어서 행동해야 하는 것이다. 아직까지 한국은 희망이 있다. 깨어 있는 자들이 있으니까. 하지만 선거 날을 휴가로 알며, 정부에서 시행하는 정책보다는 스포츠나 연예에 더 관심을 가지고, 방송 매체에서 하는 말들을 그저 앵무새처럼 무비판적으로 받아들이는 대중이 많아진다면, 모두가 잠을 자게 되며, 그 순간이 우리 사회가 죽어버리는 날이다. 다소 엉성해 보이는 영화의 전개에도 미친 듯이 몰입이 가능했던 것은 영화 속의 허구보다 현재의 정치가 더욱 부조리한 상황을 보여주기 때문일지도 모른다. 우리 모두 영화 속의 대사처럼 졸지 말고 기억해야 된다. 그리고 2012년 일어나서 행동해야 한다. _기도

기도는 얼마 전 왜 20대들이 투표를 하지 않거나 혹은 이명박을 지지하는지에 대해 묻자 자신은 투표했다면서 통렬한 '반성문'을 보내왔다. 이런 관점에서 우리의 현실과 자신의 처지를 돌아보고 비판하며 각성을 촉구하기도 한다. "10명 중의 2명도 제대로 투표에 참여하지 않는 현실"에 대해 비판하며 스스로들에게 "언제나 자지 말고 깨

이것은 왜 청춘이 아니란 말인가
혁명에 냉소한다

어 있어야" 한다고 촉구한다. 사회가 잘못되었다면 "개선해야 한다는 것을 알고 이를 개선하기 위해 스스로가 행동하는 것이야말로 우리가 갖추어야 할 민주시민의 자세"라고 말한다. 따라서 "선거 날을 휴가로 알며, 정부에서 시행하는 정책보다는 스포츠나 연예에 더 관심"을 가지는 현실을 비판하며 "방송 매체에서 하는 말을 무비판적으로 받아들이는 대중이 많아"진다면 "그 순간이 우리 사회가 죽어버리는 날"이라고 목소리를 높인다. 그래서 "2012년에 일어나서 행동해야" 한다고 주장한다. 이들은 민주주의가 중요하다는 것을 잘 안다. 또한 민주주의를 언어화함으로써 자신들이 정치적으로 정당화될 수 있다는 사실 또한 훤히 알고 있다.

이들이 민주주의를 대수롭지 않게 여긴다는 진단은 틀렸다.

세상을 왜 바꿔야 하나?

그렇다면 무엇이 문제인가? 이 글의 맨 앞에 인용한 혜교의 말로 돌아가보자. 사실 혜교는 운동권에 더 가까운 학생이다. 자본주의에 대해 가장 비판적이었고 여기저기 글도 열심히 쓰며 현실에 개입하는 학생이다. 수업시간에 뜬금없이 전태일을 이야기해서 다른 학생들을 깜짝 놀라게 하기도 하였다. 그래서 얼핏 생각하면 〈브이 포 벤데타〉 같은 영화에 가장 열광적으로 반응을 보일 거라 예상했던 학생이었다. 그러나 혜교는 촛불시위에도 많은 영감을 주었던 이 영화에 대해 가장 심한 냉소를 날렸다.

혜교의 시나리오에 따르면 세상은 '바꿔봤자'이다. 영웅이 나타나고 민중들이 피를 흘려 애써 정권을 바꿔봤자 세상은 어차피 제자리로 돌아간다. 혜교의 말은 역사에서 검증된 사실이다. 이승만 부패 정권은 4·19 혁명으로 이어졌으나 이후 심각한 혼란을 겪다가 결국은 5·16 군사 쿠데타를 맞았다. 전두환 군사 독재는 1987년 6월 항쟁으로 이어졌지만 노태우의 집권으로 끝났다. 김대중-노무현 민주 정부 10년은 이명박 정권으로 회귀하였다. 지금 한국의 역사는 2년 만에 최소 20년 전으로 퇴행하였다. 역사가 이럴진대 우리는 왜 싸워야 하는가? 영화는 항상 감동적인 승리와 함께 '끝'이 나지만 현실은 완전히 다르다. 그 엔딩 자막 '이후', 그것이 더 중요하다. 거기에 진짜 삶이 있다.

혜교에 따르면 민주주의와 혁명은 이를테면 민중을 강조하면 강조할수록 오히려 영웅만 도드라지는 아이러니한 정치적 서사이다. 돌아보자. 영웅이 등장하지 않는 혁명의 서사가 있는가? 민주주의 혁명의 서사에 영웅이 반드시 등장해야 한다면 민중은 무엇인가? 민주주의는 민중들의 자발성을 한껏 추켜세우지만 결과적으로 보면 민중들로 하여금 영웅에게 의존하게 하는 사기극이다. 민주주의 혁명에서 민중은 그 혁명의 주인공이지만 언제나 허약하다. 그들은 늘 누군가에 의해 지도되어야 한다. 그렇다면 이것이 무슨 민주주의인가?

현실에 이런 브이와 같은 영웅 따위는 없다. 게다가 이렇게 영웅이 등장하는 영화는 그 전개 방식에서 재미조차도 반감되는 경우가 많다. 영웅적 서사에서 경찰은 늘 나사가 빠진 것처럼 '뒷북이나 치고'

이것은 왜 청춘이 아니란 말인가
혁명에 냉소한다

있으며 브이는 천하무적이다. 다른 학생은 브이가 영화에서처럼 승리하기 위해서는 '어마어마한 자원'이 필요하다는 것을 지적하면서 브이는 '그 엄청난 자본을 어디서 끌어왔을까?'라며 영웅의 이야기에 흥미진진하게 빠져든 사람들을 현실로 확 끌어낸다. 혜교도 여기서 한 걸음 더 나아가 이 천하무적 브이가 생체 실험을 통해 그런 엄청난 힘을 가지게 된 것이라면 '이런 젠장, 나도 그런 생체 실험'을 당하고 싶다고 말을 한다. 힘에 의한 통치를 비판하지만 그 반대도 역시 '힘에 대한 예찬'에 의존하고 있으며 그 힘은 언제나 '일반인 이상'이라서 우리는 손가락 빨면서 '빰빰빠~' 하고 '영웅이 우리를 구원해주기만'을 기다려야 하기 때문이다.

이 영화에서도 시민들이 나중에 각성하여 민주주의를 위해 항거하지만 까놓고 보면 브이가 전부이다. 혜교는 '대법관도 브이가 죽였고 모든 계획도 브이가 꾸미고 실행'했으며 '국민들이 일어서게 만든 것도 브이'라면서 일이 이 지경이 되면 '브이는 이미 오남용되고 있는 상태'이기 때문에 '여기서는 브이가 죽든 죽지 않든 그건 중요하지' 않게 되어버린다고 지적한다. 브이가 모든 것이 되어버리는 흐름에서 보통사람들의 각성은 각성이 아닌 것이 된다. 이 영웅서사는 언제나 식상한 방식으로 엔딩 이후를 가리면서 서둘러 끝날 수밖에 없다. 사실은 그 엔딩 이후야말로 우리가 영웅 없이 본격적으로 풀어내야 하는 이야기일지도 모르는데 말이다. 그런데 우리는 한 번도 이 뒷이야기를 제대로 풀어본 적이 없다. 혜교는 민주주의라면서 영웅이 웬 말이냐고 묻는다. 그리고 영웅 이야기가 없는 민주주의 각본이 있기

나 한지 되묻는다. 없다. 그렇다면 그게 무슨 민주주의인가? 민주주의에서야말로 민중은 가장 어리석은 존재로 전락한다. 영웅 없이는 자신들이 주체도 되지 못하기 때문이다. 따라서 이런 영화에서 겉으로 보기에 혁명과 민주주의는 민중이 주인이라며 민중의 '가치'를 한껏 추켜세우지만 사실은 민중을 '선동'하는 언어에 불과하다. 아래 도영의 글은 이것을 예리하게 포착하였고 폭발적인 호응을 얻었다.

엄연히 말해 이 영화는 '18세 이상 관람 불가' 또는 '연소자(만) 관람가'로 눈높이를 다시 정확히 맞추어줄 필요가 있다. 혹자, 이 영화를 보고 주인공 '브이'에 대한 동경심과 따라하고픈 모방 욕구에, 실제로 따라하다 현행범으로 체포될 위험성을 내포하고 있기 때문이다. 농담으로 들릴지도 모르겠지만 결코 농담이 아니다. FTA 협상 원천 무효라는 구호로 시작된 장장 백 일 간의 지난 촛불집회는, 막판에 접어들면서 그 초심을 잃고 표류하다 그만 갈피를 못 잡고 넘어지는 듯 보였다. 촛불이라는 도구가 사라지고 쇠파이프라는 무기가 등장하더니, 마치 영화 속 브이와 같은 마스크가 등장했다. 그러더니 FTA 협상 반대 운동에서 MB 퇴진 운동으로 몰아가다 결국 광화문 사거리에서 청와대 점령을 위한 공성전까지 펼치게 되는 등 울지도 못할, 그렇다 해서 웃지도 못할 사이비 민주항쟁을 결국 연출하고야 말았다. 애초부터 국민의 원성을 힘으로만 제압하려는 정부의 우매함이 원초적 문제지만, 결과적으로 그 페이스에 말려든 국민들도 전혀 문제가 없는 것은 아니다. 나는 불행히도 우리나라 청년

이것은 왜 청춘이 아니란 말인가
혁명에 냉소한다

들의 정치의식이나 수준을 그리 높게 평가하진 않는다. 앞서 말한 바, 국가 주요 현안에 대해 막무가내식으로 '이성'보다는 '감성'에 휩쓸려 대처하려는 아마추어리즘은 그 시기에는 충분히 그럴 수 있다(또는 충분히 그래야만 한다) 치지만, 정작 그들에게 주어지는 투표라는 참정권을 행사하는 사람은 10명 중에 2명도 채 되지 않는 현 상황을 과연 어떻게 이해하고 설명해야 할까? 아직 우리나라는 법적으로 만 18세 미만에게 사회의 보호를 받는 특권을 헌법이 보장한다면, 18세 이상의 혈기왕성한 감성을 주체하지 못한 젊은이들에게는 분명 정치 선동의 영화가 될 위험성이 크기 때문에 이 영화의 심의규정은 다시 신중히 재검토되어야 한다고 생각한다. _도영

촛불시위를 긍정적으로 판단하는 사람의 입장에서는 거북해 보이고 무슨 대학생이 이렇게 보수적이냐고 느낄 수 있겠지만 도영의 글은 그렇게 해석될 수 없다. 오히려 도영의 글에서는 정치에 대한 단단한 불신이 느껴진다. 그리고 도영은 민주주의가 가치가 아니라 선동에 불과하다는 점을 꿰뚫어보고 있다. 따라서 도영은 자신의 글을 읽고 "너는 보수적이야"라고 말하는 바로 그러한 판단과 정치를 비웃는다. 도영의 언어에 따르면 그러한 언어는 이미 무엇을 성찰하여 판단하는 것이 아니라 일차원적으로 자신의 틀에 단순히 대입하는 것에 불과하다. 그러한 단순 대입이란 이미 선동당한 것이고 세상에 대한 사리를 분별할 줄 아는 힘을 잃은 태도이다. 그래서 도영은 자신은 그 누구에게도 선동당하지 않겠다는 굳은 결심을 드러낸다.

도영이 간파한 것처럼 우리는 쇼가 정치가 되고 정치가 쇼가 된 세상을 살아가고 있다. 지난 몇 년간 서울시의 '행정'을 보라. 드라마 〈아이리스〉를 찍는다고 네거리를 봉쇄한 것에서부터 스노우잼 행사에 이르기까지 광화문에서는 1년 내내 요란뻑적지근한 스펙터클 쇼가 벌어졌다. 스스로가 무슨 연예기획사라고 착각하는 듯하다. 여기에 시민들의 자리는 없다. 서울 시민들은 그 쇼에 단지 '고객' 혹은 구경꾼, 더 나아가서 엑스트라로만 초대될 뿐이다. 쇼가 정치를 대체한 것이다.

다른 한편 정치는 점점 더 쇼가 되어가고 있다. 단적인 예가 G20 정상회의이다. 이명박 정부는 G20을 '성공적인' 쇼로 만들기 위해서 이미 국민들에 대한 단속과 엄포를 시작했다. 이 정부 들어서는 '단군 이래 최대'가 참으로 많은데 어쨌건 G20도 단군 이래 최대의 국제행사. 최초로 선진국 바깥에서 개최하고, 우리나라가 의장국이 되었기 때문에 그 역사적 의미가 지대하다는 것이다. 그러니 온 국민이 합심하여 이 행사를 잘 치러 국운융성의 기회로 삼자고 한다. 그래서 불법파업은 안 되고 거리시위도 안 된다고 한다. 만약 그런 행위를 한다면 군대까지 동원하는 법을 만들었다고 한다. 쇼가 정치가 되는 동안 '민주주의'의 주인이라는 국민은 연도에 서서 손이나 흔들어대는 장식품으로 밀려난다.

이것은 왜 청춘이 아니란 말인가
혁명에 냉소한다

뭘 해도 내 삶은 달라지지 않는다

도영과 혜교는 정치적으로 정반대되는 입장을 가지고 있는 것 같지만 사실은 거의 같은 입장이다. 어떤 가치를 내세우더라도 이미 정치는 쇼이고 선동이라는 점이다. 이는 정치의 본질에 대한 불신과 냉소이다. 이들은 정치가 우리의 삶을 구원하지 못할 것이라는 사실을 너무 잘 알고 있다. 그래서 희망을 약속하는 그 모든 정치적 언어를 불신한다. 이들은 정치가 어떻게 돌아가는 것인지를 너무 잘 알고 있다. 이들의 이야기에서 만난 것은 탈정치화가 아니라 정치에 대한 지나친 계몽이다. 이 세대는 정치를 모르는 것이 아니다. 너무 많이 안다. 너무 잘 안다. 너무 많이 알고 너무 잘 알아서 정치에 냉소한다. 이들은 정치에 대해 아무런 환상이 없다. 그래서 혜교는 위의 시나리오를 썼다. 도영은 그러한 환상이 얼마나 위험한지를 직시한다. 그리하여 세상에 대한 정반대의 언어를 가지고 있는 두 친구가 동시에 정치가 어떤 실체적인 변화를 이끌어낸다는 것에 대해 냉소하였다.

그러나 우리는 여기서 두 개의 전혀 다른 냉소주의가 있다는 것을 기억해야 한다. 혜교와 도영의 냉소주의는 아직은 가치에 대한 믿음을 버리지 않은, 다만 가치가 배반당한 현실에 던지는 냉소주의이다. 이들은 민주주의라는 가치 자체만큼은 여전히 의미가 있다고 생각한다. 도영이 민주주의 체제에 요구하는 것은 합리적인 판단과 의사참여이다. 그렇기 때문에 '정치라는 것이 그렇지 뭐'라고 간단하게 냉소하는 다른 청년들의 냉소주의에 대해서도 그는 냉소한다. 오히려 자신을 "너무 잘 알아서 투표를 하지 않는다고 떠드는 잘 알지도 못하는 삼류들과 똑같이 믹스하여 갈아(정의해)버리는 것"에 대해 분개한다. 따라서 "다 똑같아서 어느 누구도 선택하지 않는 것"과 아예 "투표를 하지 않는 것"에는 엄청난 차이가 있다고 주장한다.

도영의 말은 냉소주의가 지배하는 세상에서 이데올로기가 어떻게 작동하는가에 대한 슬로베니아의 철학자 지젝의 말과 상통하는 부분이 있다. 지젝은 모두가 모든 것의 본질을 알아버렸다고 생각하는 시대에 이데올로기는 더 이상 '앎'의 영역에서 작동하는 것이 아니라 '실천'의 영역에서 작동한다고 말한다. 그렇기 때문에 비판과 분석이 초점을 맞춰야 하는 것은 사람들이 무엇을 알고 있고 무엇을 알지 못하고 있는가가 아니라, 그래서 무엇을 하고 있는가여야 한다고 주장한다. 도영 역시 바로 이 차이를 정확하게 간파하고 있다. 냉소주의는 앎이 아니라 실천을 통해서 작동한다. 정치의 본질을 알고 있다고 하지만 '그래서 아무것도 하지 않는다'와 '그럼에도 불구하고/그래서 투표를 한다'의 차이가 보다 중요하다는 것이다.

혜교는 정치에 참여하고 있는 사람들이 끊임없이 새로운 알리바이로 자신을 정당화하는 상황을 냉소한다. 20대들이 투표를 해서 세상을 바꿔야 한다고 주장하는데 도대체 무슨 근거로 20대들이 자동적으로 진보적인 사람에게 투표할 것이라고 생각하는지 황당하다고 한다. 또 투표를 해서 만일 20대들의 진보에 대한 지지율이 그들이 예상했던 것보다 높지 않으면 '저것 봐라, 역시 20대들은 보수화되었고 아무 생각이 없다'고 말하지 않겠는가? 그러나 혜교가 보기에 이

이것은 왜 청춘이 아니란 말인가
혁명에 냉소한다

명박 정권을 태동시킨 것이 바로 그 이른바 '민주화 세력'이라는 사실을 그들이 망각하고 있는 것 같다. 그들이 지키려고 하는 바로 그 민주주의가 촛불시위도 만들었다. 하지만 동시에 바로 그 민주주의에 의해서 강남 아줌마들의 부동산 투기도 가능했다는 사실을 이들은 전혀 인정하지 않는다. 바로 이것이 혜교가 민주주의건 인권이건 어떤 가치를 절대적인 가치로 제시하는 사람들을 믿지 않고 냉소하는 이유이다.

기성세대는 20대에게 아무것도 제대로 가르쳐준 적 없다. 사유하는 방식도, 혹은 '혁명 그 너머'의 실패에 대한 이야기도. 맹목적이게도 자신들의 '뜨거웠던 추억'만을 알려주고 그것이 민주주의의 모든 것인 듯 이야기할 뿐이다. 우리는 진작에 '반감'을 가지고 있는데, 우리의 의문에 주목하지도 않고 왜 주저하느냐고 힐난할 뿐이다. 오히려 우리가 지금 가지고 있는 회의에서 충실하게 이야기를 진행시켜 함께 생각을 나눈다면 보다 발전적인 성찰을 이끌어낼 수 있는데도 여전히 20대는 '투표 안 하고 놀고먹는 방탕아'들일 뿐이다. 그러나 정작 20대들을 아무 생각 없다고 말하는 그들의 모습은 어떠한가? 착각은 정치적, 경제적인 이해관계의 대척점에 있는 상대방을 '반민주'로 치환해버리며 스스로의 입장을 절대 가치화시킨다. 진보진영에서는 "노무현=민주, 이명박=반민주(수구꼴통)"를, 보수진영에서는 "한나라당=자유민주, 친북좌파=반자유민주(좌빨빨갱이)"를 표방한다. 이 구도에서 진보진영은 자신들이 '민주주의 최후의 보루'라고 주장한다. 보수진영 또한 마찬가지다. 그들은 자신들을 '자유민주주의 대한민국의 수호세력'이라고 생각한다. 그래서 촛불시위도, 시청 앞 태극기 시위도 '민주주의를 침탈하고 대한민국을 붕괴시키려는 세력'이라며 격분해 쇠파이프와 대나무죽창, 가스통을 꺼낸다. _혜교

혜교는 많은 대학생들이 시위만으로는 세상을 바꿀 수 없다는 걸 잘 알고 있다고 말한다. 문제라면 기성세대가 대안이라고 내놓는 것마저도 이들이 의심의 눈초리로 바라보고 있다는 점이다. 대학생들을 '철딱서니' 없다고 말하지만 혜교가 보기에 오히려 그들이 돌아봐야 하는 것은 그들 스스로의 '꼬락서니'이다. 대학생들을 탈정치화되었다고 말하는 그들의 '정치화'된 '꼬락서니' 말이다. 우파들은 걸핏하면 가스통을 들고 설치고 좌파들은 '나이 육십이 넘으면 투표권을 정지시켜야 한다'고 공공연히 말한다. 우파의 가스통이야 그렇다고 치더라도 좌파들이 민주주의라고 외치면서 생각이 있는 사람들만 투표를 해야 한다고 하는 것은 또 얼마나 반민주적인가? 어디에도 민주주의는 없다. 아니, 혜교가 보기에 이게 바로 민주주의다. 진보니 보수니 싸우는 사람들은 자신들이 대단히 큰 차이를 가진 듯 말하지만 보는 사람 입장에서는 그놈이 그놈이고, 어느 놈이 되더라도 내 삶이 별로 달라지지 않을 것이라는 통찰이다.

여기서 혜교와 맞닿아 있지만 질적으로 다른 종류의 냉소주의를 만나게 된다. 그것은 믿음이 없는 냉소주의, 일체의 모든 것에 대한

냉소이다. 얼마 전 만난 한 대학생은 이렇게 말했다. "저는 이명박과 박근혜와 한명숙과 강기갑의 차이를 잘 모릅니다. 그들이 무슨 말을 하는지도 귀 기울여 들어본 적이 별로 없습니다. 그러나 저는 한 가지 확실하게 알고 있는 것이 있습니다. 그들 모두가 사기꾼이라는 것만큼은 너무 잘 알고 있습니다." 정치의 속성(사기)을 너무 잘 알아서 정치에 무감각해져버렸고 정치가 주창하는 모든 가치에 냉소적이 되었다는 말이다. 이들은 자세히는 모르지만 '본질'이 무엇인지에 대해서는 이미 알고 있다고 말한다. 본질을 알기 때문에 자세한 것들을 시시콜콜하게 알아볼 필요도 없다. 진정한 냉소주의이다. 이들의 냉소주의는 투표를 하지 않는 것도, 그냥 그대로 이 세상을 견디고 받아들이는 것도 한순간에 정당화해주는 알리바이다.

냉소적 주체들은 절대적 가치란 존재하지 않으며 모든 새로운 가치들이 단명한다는 점을 잘 알고 있다. 냉소적 태도로 세상을 바라보면 존재하는 모든 것은 다 속물이 되고 모든 가치는 속물의 언어가 된다. 사랑이니 혁명이니 열심히 떠들지만 알고 보면 그것들은 다 자기 이해의 위장된 이름에 지나지 않는다. 가치를 믿지 않는 사람, 가치의 이면에는 항상 추악한 자기 이익 추구가 있다고 믿는 사람, 그래서 남이라면 누구도 믿지 않는 이 사람들을 우리는 속물이라고 부른다.

그러나 이들에겐 냉소주의만이 현실에 대처할 수 있는 유일무이한 기본 장비이다. 그렇지 않으면 도저히 맨 정신으로 살아갈 수가 없다. 사실 이들이 말하는 본질이 틀린 것이 아니지 않은가? 그렇다면 기성세대가 말했어야 하는 것은 '그러면'이라는 막연한 희망의 언어가 아니라 '그럼에도 불구하고'라는 실천의 언어였어야 한다. 이렇게 저렇게 하면 세상이 잘될 것이라는 근거 없는 희망의 말이 아니라 정치란 본질적으로 부패하고, 민주주의란 그 자체로 양날의 검이자 혼돈이라는 사실을 알려주며 '그럼에도 불구하고' 우리가 행동해야 한다는 것을 이야기했어야 한다. 아래 무성의 이야기는 왜 이 냉소의 시대에 민주주의에 대한 이야기가 '그래서'가 아니라 '그럼에도 불구하고'가 되어야 하는지를 잘 말해준다.

재작년 대통령 선거, 나는 주사위 굴리기를 통해서 한 표를 행사하였다. 군대에 있었던 시절이라 전 백마사단장 출신인 전관 씨를 뽑을 것이냐, '본좌' 허경영을 뽑느냐를 두고 걱정을 할 만큼 후보들의 수준이 땅에 떨어졌고, '이게 대통령 선거가 맞나……'라는 생각을 할 정도로 자괴감에 휩싸여 있었다. 결국 나는 주사위를 굴려서 그 번호에 나오는 사람을 찍었다. 이게 바로 '냉소주의의 한계'였다. 보통 냉소를 떠올릴 때 사람들이 가장 먼저 생각하는 문구는 '그저 웃지요'이다. 여기에 무서운 것 하나가 있다. '그저'이다. 객관적이라고 여겨질 수 있는 것이 '그저 바라본 후 지긋이 웃고 마는' 그것에 머무른다면 그건 진정한 냉소가 아닌 '실소'일 따름이다. 각 개인의 힘으로는 사회를 바꿀 수 없을 때 모이는 연대는 힘의 생산이며, 이 근거는 사회를 비웃으면서도 그대로 두지 않는 진정한 '냉소'이다. 냉소의 진정한 힘은 상황에 반응하여 이를 해석한 다음 거기에 적절

이것은 왜 청춘이 아니란 말인가
혁명에 냉소한다

한 '실천'까지 가지 않으면 안 되는 것이다……. 난 아마도 '지랄 같은 세상'이라 말하면서 '바뀌지 않을 거야'라고 체념하고 말았을 것이다. 대선은 2년 남았지만 아직 지방선거든 하다못해 학교 회장선거든 내가 사용할 권리들이 존재할 것이다. 그때는 나의 권리를 방치하지 않고, 비웃음에 얼음 같은 차가움을 붙여 나를 둘러싼 여기를 바라보겠다. _무성

무성의 이야기는 냉소에 대해 '그래서는 안 된다'는 식의 도덕적 비난으로 20대를 비판하면서 이들에게 움직이라고 추동하는 것이 얼마나 무력하고 어리석은 것인지를 잘 보여준다. 오히려 무성은 냉소가 가진 힘을 잘 알고 있다. 본질이 무엇인지를 잘 알기 때문에 사실은 더 차갑고 유연하게 행동할 수 있다는 것이다. '비웃음'에 얼음 같은 '차가움'을 붙인다는 것은 얼마나 무서운 이야기인가? 그 어떤 것도 해답이 될 수 없다는 것을 잘 알지만, 바로 그래서 다른 전략적인 행동을 취할 수 있다는 것이 바로 무성이 이야기하는 행동의 방식이다. 이런 방식을 이해하지 못하고 이들의 냉소주의를 도덕적인 비난으로 대한다면 이들의 마음에 도저히 다가설 수 없다. 오히려 냉소의 힘에 의지하여 냉소적이기 '때문에', 냉소적임에도 '불구하고' 그들이 움직일 수 있다는 것을 아는 것이 중요하다.

그렇다면 이들은 언제 정치적으로 움직이는가? 정치가 사기라는 것을 잘 아는 이들이 정치적으로 움직일 때는 정치가 오락이 되거나 혹은 정치가 오락을 방해할 때이다. 우리는 이것을 2010년에 있었던

지방선거에서 볼 수 있었다. 투표라고는 절대 안 할 것 같은 한 학생은 자신이 투표를 하러 달려간 이유가 이명박 정부의 꼰대스러움을 도저히 봐줄 수가 없어서라고 하였다. 웃자고 하는 일에 목숨 걸고 덤벼드는 모습을 보고 정말 '초딩'이랑 맞장을 뜨는 것 같았다고 한다. 웃자고 하는 합성 놀이나 리플에 법적으로 대응하는 것, 아이패드 같은 장난감을 허가하네 마네 하는 것, '개그콘서트'의 한 코너를 폐지해야 한다고 국회의원이 달려드는 꼴을 보고 도저히 참을 수가 없었다고 한다. 이들에게 찢고 까불고 노는 자유는 공기와 같다. 이런 오락을 방해하고 금지할 때 이들은 자신의 일상이 정치에 의해서 심각하게 방해받고 있다고 느끼고 정치적으로 움직인다.

두 번째는 정치가 오락이 될 때이다. 냉소에 냉소를 더하는 것은 일종의 게임이다. 정치 그 자체가 의미 있어서가 아니라 그것이 유희가 될 때 이들은 움직인다. 이번 선거에서 트위터가 혁명을 일으켰다고 말하지만, 사실 트위터가 정치의 새로운 도구가 되었다기보다는 트위터를 통하여 정치가 일종의 오락이 되었다고 해야 맞다. 인증샷을 찍어서 올리고 트위터로 개념놀이를 하는 것, 그것에 동참하는 것이 게임만큼이나 재미있기 때문에 이들은 움직인다. 이것을 가장 극명하게 보여준 장면이 개표가 진행 중이던 새벽녘의 '시뮬레이션 게임'이다. 트위터에서는 강남 3구의 개표율과 이 지역구들이 전체 투표에서 차지하는 비율을 산수로 계산하여 결과를 미리 예측하는 놀이가 줄을 이었다. 누구나 그 결과가 어떻게 될지 알고 있으면서도 밤을 새우면서 그 '시뮬레이션'이 맞는지 틀리는지를 검토하고 시시

이것은 왜 청춘이 아니란 말인가
혁명에 냉소한다

각각 새로운 계산 결과를 올렸다. 이것 자체가 게임이지 않은가?

  냉소에 맞서는 것은 진정성이 아니라 재미, 오락이다. 우리는 이들이 정치적으로 어떻게 움직이는지에 대해서, 나아가 이들이 살아가는 동기가 무엇인지에 대해서 다시 생각해야 한다. 리눅스를 만든 토발즈는 이미 리눅스의 법칙이라는 가설을 제시하였다. 그에 따르면 사람이 움직이는 동기는 첫 번째는 생존, 두 번째는 사회적 삶/인정, 마지막 세 번째 단계는 바로 오락이다. 토발즈는 이 세 단계는 진화적이지만 사실상 두 번째 단계와 세 번째 단계인 오락은 겹친다고 말한다. 트위터에 자신이 투표했다는 인증샷을 올릴 때 그것은 투표와 인증이 매우 재밌는 일이며 동시에 이를 남에게서 인정받고 공유하고 싶기 때문이다. 뒤의 소비에 대한 이야기에서 자세히 다루겠지만 사회적인 인정은 자기 자신을 전시하고 오락화하는 방식으로 이루어진다. 이런 관점에서 본다면 지난 지방선거는 그 자체로 하나의 전략 시뮬레이션 게임이었다. 이들은 시민으로서가 아니라 게이머로서 정치에 참여한다.

도덕이 된 민주주의가 문제다

                    그런데도 정치에 참여하라고 독려하는 우리의 언어는 여전히 '생존'의 차원에 머물거나 엄숙한 '사회적 인정'에 대한 요구에 머물러 있다. 20대들은 민주주의가 우리를 구원해주리라는 믿음 '때문에' 움직이는 것이 아니다. 민주주의가 우리를 구원해주지 '못함에도 불구하고', 그러리라는 것을 알면서도 그 자체가 오락이 될 때 움직인다. 이처럼 이들을 움직일 수 있는 힘은 '그럼에도 불구하고'임에도 불구하고 여전히 우리의 언어는 '그래서'이다. '그래서' 우리는 민주주의의 본질 자체가 불화이고 혼돈이기 때문에 그것을 감수하고 견뎌야 한다고만 했지, 그것이 오락이 될 수 있다고는 말하지 않았다. 다만 우리의 자의적인 기준에 의해서 우리가 하면 민주주의이고 저들이 하면 민주주의가 아니라고 말을 했을 뿐이다. 그리고 저들이 계속 집권하면 우리가 망할 것처럼 말했다. 생존에 호소하는 것이다. 전형적인 '내가 하면 로맨스, 네가 하면 불륜'인 셈이다. 나아가 저들이 불륜이라는 사실을 알려주기 위해서 우리는 민주주의를 지나치게 도덕적인 것으로 포장하였다. 저들에 대한 공격도 도덕적이었고, 우리에 대한 저들의 공격도 도덕의 이름으로 이루어졌다. 이렇게 민주주의를 정치의 문제가 아닌 생존에 대한 도덕의 문제로 전환해버렸다. 이는 게이머들에게 가장 재미없는 언어다. 그들에 대한 도덕적 비난이 우리에 대한 도덕적 족쇄로 되돌아온 셈이다.

  앞에서는 속물들이 가치를 믿지 않는다고 하다가 갑자기 여기서 왜 다시 이 속물들이 도덕의 언어로 말한다고 하는지 어리둥절할 수 있다. 그러나 속물이란 바로 그런 역설 위에서 만들어진 존재이다. 믿는다는 것, 그리고 그 언어로 말을 한다는 것은 전혀 다르다. 이 글의 맨 앞에서 이야기한 대로 대다수의 대학생들은 민주주의가 중요하다는 것을 잘 안다. 그러나 그것을 믿지는 않는다. 이 두 가지 전혀

이것은 왜 청춘이 아니란 말인가
혁명에 냉소한다

다른 태도의 접점이 바로 속물이다. 속물들은 도덕이 사기임을 잘 안다. 그러나 그들은 여전히 도덕이라는 외피를 필요로 한다. 도덕을 자기를 돌아보기 위한 윤리로서가 아니라 남을 공격하기 위한 정치적 무기로서 필요로 한다.

돌이켜보자. 지금처럼 도덕이 모든 사회적/정치적 현상들을 평가하고 사람을 단죄하는 강력한 무기로 사용된 적이 있던가? 노무현 대통령을 공개적으로 망신당하게 해 자살에까지 이르게 한 검찰의 조사는 그를 도덕적으로 파탄내기 위한 무기였다. 현재 '스폰서 검사'에 대한 비판도 역시 도덕의 이름으로 진행되고 있다. 이처럼 지금 우리는 속물들이 들끓는 사회에서 역설적으로 도덕이 모든 비판과 단죄의 잣대가 된 시대를 살아가고 있다. 이것은 속물들이야말로 진실로 도덕을 필요로 한다는 것을 말해준다.

민주주의 역시 마찬가지이다. 이들은 민주주의를 믿지는 않지만 민주주의를 통해서 이야기해야 한다는 것을 잘 알고 있다. 이것을 단적으로 보여주는 것이 독재에 대한 비판과 민주시민의 의무를 강조한 학생들이 하나같이 브이의 복수가 가진 '폭력성'을 지적했다는 점이다. 브이의 행동은 '살인이라는 비윤리적 행동을 통해 자신의 신념을 관철시키려 한다는 점에서 문제'가 있다는 것이 공통된 의견 중의 하나였다.

여기서 생긴 의문점은 브이가 자행한 여러 번의 살인에 대한 것이다. 브이는 자신의 이상을 실현하기 위해 정부의 주요 인사들을 하나둘씩 제거해 나간다. 그것도 무자비하게. 브이가 가지고 있던 정의는 무엇이었을까? 단지 독재정치를 타파하는 것 자체가 정의일까? 그러기 위해선 무자비한 폭력도 용인될 수 있다고 생각하는 것인가? 극중 사회현실을 보아 브이는 그렇게 극단적인 조치를 취하지 않고서는 사회가 변할 수 없다고 생각하고 있는 것이 분명했다. 그러나 안타깝게도 폭력은 어떤 이유에서든지 정당화될 수가 없다. 그리하여 브이도 인과응보를 받은 것처럼 마지막 정부 인사를 제거하려다 총상을 맞고 비참하게 죽고 만다. 총으로 흥한 자, 총으로 망하는 것처럼. _명선

명선의 말은 대단히 교과서적이다. 그는 폭력을 폭력으로 대하는 것은 절대 용서해서는 안 된다는 것에 대해서 추호의 의심도 없다. 독재정권을 타도하는 것 자체가 절대선일 수는 없으며, 과정까지도 옳을 경우에만 선으로 인식될 수 있다는 것이다. 다른 학생은 자신들이 교육을 받는 내내 '결과보다는 과정'이라고 배웠다고 솔직하게 말한다. 따라서 과정까지 아름답기 위해서는 '그 사회에 대항하는 행동의 동기가 좀 더 순수성'을 가지고 있었어야 한다고 주장한다. 민주주의는 목적이기만 한 것이 아니라 과정이어야 한다. 이런 점에서 이들에게 민주주의는 정치가 아니라 도덕의 문제가 된다.

결과적으로 민주주의는 법과 질서 중심의 사회로 치닫는다. 민주주의가 법치주의로 전환되면서 오히려 보수적인 무기가 되는 것이다. 한국의 진보 세력이 가장 실패하고 있는 부분이 바로 이 지점이

이것은 왜 청춘이 아니란 말인가
혁명에 냉소한다

다. 한국의 진보 세력은 민주주의가 정치적 언어에서 한쪽에서는 냉소주의로 다른 한쪽에서는 속물들의 윤리적 언어로 전환하였다는 것을 이해하지 못하고 있다. 이것은 흔히 이야기하는 것처럼 단순한 탈정치화가 아니다. 탈정치화 따위의 언어로는 이들을 이해할 수도 이들에게 다가갈 수도 없다. 오히려 우리는 민주주의를 지나치게 절대적인 가치로 고정해놓고 도덕적으로 사용하다가 정치가 도덕이 되어버리는 바람에 '도덕'을 전면에 내세운 보수주의자들에게 역습을 당했다는 것을 깨달아야 한다. 대학생들의 탈정치화가 아니라 우리가 일조한 정치의 도덕화가 문제이다.

북

학교라는 이름의 정글

아이들은 언젠가 'P짱'과 헤어져야 한다. 젊은 선생이 데리고 들어올 때 했던 약속, 그리고 곧 졸업해야 하는 아이들의 운명. 그러나 "지금 당장 P짱과 너무 행복한데, 어떻게 헤어져!" 외치는 아이들의 목소리가 들린다. 내가 살아 숨 쉬고 있는 세계의 거대한 축이 무너지는 것은 누구에게나 감당하기 힘든 일이다. 삶의 원동력과 이유가 되고 있는 것과의 이별, 그것은 아이들에게 자신의 존재 이유, 세계를 잃는 것이자 앞으로 그것을 무엇으로 대신해야 할지 방황해야 한다는 것을 뜻한다. 일단 균열의 징조가 보인다면, 그것으로 인한 붕괴가 불가피한 것이라면 "피할 수 없으면 즐겨라"라는 말처럼, 인정하고 받아들여야 한다. 젊은 선생님은 (물론 오랫동안 자신도 망설였지만 마지막에는) 그것을 너무나 잘 인정하고 있다. 그리고 갈피를 잡지 못하고 방황하는 아이들의 붕괴하는 세계를, 완전히 깨뜨리기 위해 망치를 꺼낸다. P짱은 영원히 떠난다. 젊은 선생은 3학년 아이들에게 P짱을 물려주지도, 스스로 맡아서 키우지도 않고, 붕괴하는 세계에 대한 일체의 연민을 접어두라고 아이들에게 가르친다. 지킬 수 없는 사랑이라면 깨끗이 지우라고 말하는 듯하다. 이제 무너진 세계는 사라지고, 아이들은 방황할 것이다. 그러나 이내 그 빈

이것은 왜 청춘이 아니란 말인가
학교라는 이름의 정글

마음속에 다른 무언가를 집어넣어 상처를 메우려 할 것이다. 그리고 그것과 함께 한 단계 넓은 새로운 세계를 건설할 것이다. 영화를 보면서 내 세계에 대해 생각을 했다. 그리고 'P짱'과 언젠가는 반드시 이별해야 했던 영화 속 아이들처럼, 내게도 언젠가는 반드시 내 세계와 이별해야 할 날이 올 것이라는 생각이 들었다. 이제 나는 나의 이별의 준비를 돌아다본다. 그리고 그 뒤에 올 내 방황을 생각한다. 영화 속 아이들이 나보다 좋은 점이 있다면 언제 세계와 이별해야 할지 스스로 정할 수 있었다는 것이다. 그러나 나는 언제인가조차 알 수 없다. 내일이 될 수도 있고, 요원한 미래일 수도 있다. 그러나 진정 태어나기 위해, 커나가기 위해 세계의 붕괴와 더 큰 세계로의 치환은 필수불가결한 것이라고 생각한다. 아이들이 그렇게 하면서 아픔 속에 커갔던 것처럼, 나도 그렇게 할 수 있기를 바란다. 부디 나의 건승을 빈다. _혜교

〈P짱은 내 친구〉는 일본의 한 초등학교에서 실제로 있었던 이야기를 바탕으로 만든 영화이다. 졸업을 앞둔 6학년 학급에서 담임교사가 우리의 먹을거리가 어떻게 만들어지는지를 알아보자는 뜻에서 아이들에게 교실에서 돼지를 같이 키워보자고 제안한다. 난감해하는 학교, 불편해하는 학부모를 앞에 두고 아이들은 일단 시작해보기로 결정한다. 아이들은 돼지에게 P짱이라는 이름을 붙여주고 정성껏 보살핀다. P짱은 곧 아이들의 가장 좋은 친구이자 가장 주요한 관심사가 된다. 아이들이 P짱에게 지나치게 밀착되자 학부모들의 항의가

시작된다. 아이들 몸에서 역겨운 냄새가 나고 아이들이 학교에 갔다 오면 온통 P짱 이야기만 한다는 것이다. 항의하는 학부모들에게 교장은 담임과 자신을 믿어달라고 이야기하며 담임에게 이 프로젝트를 끝까지 밀고 가보라고 격려한다.

어느새 졸업이 다가와 더 이상 P짱을 보살필 수 없게 되자 아이들은 P짱을 어떻게 처리할지를 놓고 격론을 벌인다. 어떤 아이들은 애초에 데리고 온 이유가 먹기 위해서였고 우리가 먹는 것도 P짱을 기억하는 한 방법이 될 수 있으니 죽여야 한다고 주장한다. P짱에게 정이 든 아이들은 P짱은 이미 돼지고기가 아니라며 절대 먹을 수 없다고 반대한다. 의견이 팽팽한 가운데 저학년 후배들에게 물려주자는 의견도 나왔지만 저학년들이 P짱을 다루는 것이 신통찮아서 좋은 대안이 되지 못한다. 동물원이나 농장에 보내자는 의견도 있었지만 마땅한 곳을 찾기가 쉽지 않다. 다시 학급회의가 소집되고 식육센터로 보내자는 의견과 살릴 수 있는 방법을 찾아야 한다는 의견 사이에 격론이 벌어져 투표로 결정하기로 했지만 결과는 딱 반으로 갈린다. 결정의 캐스팅보트를 쥔 담임교사는 결국 P짱을 식육센터로 보내자는 결론을 내린다. 영화는 아이들의 졸업식과 함께 막을 내린다.

상실, 성장을 위한 조건

너무 당연한 말이겠지만 교육이 존재하는 이유는 성장 때문이다. 우리는 아이들이 제대로 성장하도

이것은 왜 청춘이 아니란 말인가
학교라는 이름의 정글

록 도와주기 위해 일곱 살부터 서른 살이 다 되도록 아이들을 학교에 보낸다. 과거에는 성장을 위한 교육이 삶의 곳곳에서 이루어졌지만 우리가 살아가는 이 시대에 성장을 독점한 곳은 학교이다. 학교에서 아이들은 세상을 살아가기 위한 가장 기초적인 지식부터 교양, 사람을 사귀는 법, 권력관계에 이르기까지 많은 것들을 학습한다. 때로 이 공간에서 실패하기도 하고 절망하기도 하지만 우리는 누구나 학교가 교육의 공간이고 이 교육을 통해 우리 대다수가 사회의 구성원이자 자율적인 인간으로 성장해갈 수 있다는 것에 대해 의심하지 않는다.

교실에서 돼지를 키운다는 재밌는 발상에 근거한 영화 〈P짱은 내 친구〉는 성장에 대한 이야기다. 성장을 이해하기 위해 필요한 중요한 키워드가 영화의 중심에 흐르고 있기 때문이다. 그것은 바로 상실과 자기 세계의 붕괴이다. 우리는 끊임없이 낯선 존재와 부딪치면서 나의 존재와 세계가 붕괴하는 것을 경험한다. 익숙한 것, 관계를 맺고 있던 것과 이별하고 새로운 것, 낯선 것과 조우하면서 새로운 세계를 창조한다. 관계의 단절은 세계의 붕괴이며, 이 붕괴를 반복적으로 경험하면서 인간은 성장해나간다. 실패와 종말을 감당하며 이 세계가 완전하지 않음을 인정해가는 것이다. 상실이 없다면 성장도 없다. 붕괴가 없으면 창조가 없는 것과 마찬가지이다. 상실과 만남 사이, 붕괴와 창조 사이에서 우리는 끊임없이 생각하고 고민하며 새로운 삶을 살아갈 용기를 낸다. 그것이 성장 아닌가?

그러나 이 영화를 보면서 자신의 성장을 이야기한 사람은 혜교, 딱

한 사람이다. 다른 모든 학생들은 엉뚱하게도, 혹은 나의 예상과는 달리 이 영화에서 한국 교육의 폭력, 혹은 교육이라는 폭력에 대해 격렬한 감정을 표출하였다.

학교는 폭력과 억압으로 작동한다

사람들은 대개 성장에서 가장 핵심적인 것이 무엇인지, 그리고 교육은 그것을 어떻게 경험하게 할 수 있는지에 대해서는 관심이 없다. 한국의 교육은 학생들의 성장을 위해 마련된 공간이 아니라 대학에 가기 위한 도구적 공간이기 때문이다. 우리에게 중요한 교육은 대학 진학이지 결코 성장이 아니다. 심지어 지식이나 교양의 습득도 그 자체가 목적이 아니다. 사태가 이렇다 보니 성장 그 자체에 대한 관심은 아이러니하게도 학교에서 가장 멀고 관심 없는 질문이 되고 만다. 성장이 질문되고 관찰되고 기록되지 않는 곳, 그것이 한국의 학교이다.

그래서 대다수의 학생들에게 한국에서 고등학교까지의 교육은 악몽이다. 학교만 그런 것이 아니다. 부모에서부터 국가까지 모두가 교육의 이름으로 청소년들과 전쟁을 치른다. 부모는 부모대로 자식의 교육을 위해 모든 것을 다 희생하는데도 자식들이 알아주기는커녕 자기 마음대로만 한다고 속상해한다. 교사는 교사대로 부모들이 가면 갈수록 학교를 얕잡아보고 학생들은 말도 안 듣고 버르장머리가 없어진다고 진저리를 친다. 학생들은 말할 필요도 없다. 부모와 교사의

이것은 왜 청춘이 아니란 말인가
학교라는 이름의 정글

돌봄을 받으면 받는 대로, 못 받으면 못 받는 대로 폭력을 경험한다.

가끔은 듣는 척하는 좋은 엄마가 더 문제다. 이웃에 사는 고3학생의 이야기이다. 이 아이는 몸이 아파서 조퇴를 하는 문제로 학교뿐만이 아니라 엄마와도 늘 싸워야 했다. 학생이 몸이 좋지 않다고 할 때마다 엄마는 조금 더 견뎌보라고, 정 견디지 못하겠으면 전화를 하라고 하였다. 엄마 입장에서는 그 정도면 아이를 잘 이해하고 많이 배려해준다고 생각하였다. 아이의 생각은 달랐다. 아이는 자신이 조퇴해야 할 것 같다고 전화를 할 때는 이미 참지 못할 정도로 아픈 상태인데도 엄마가 자신을 믿지 않았다며 서러움에 펑펑 울었다. 몸뿐 아니라 마음도 다쳐왔던 것이다. 엄마는 그때야 깨달았다. 아이의 말을 진정으로 듣지 않은 것은 자기 자신이라는 것을 말이다. 자기는 듣는 척만 했을 뿐이다. '좋은' 어른들은 아이들이 그들의 말을 흘려듣는다고 비난하지만 사실은 어른들이 아이들의 말을 흘려듣고 있었던 것이다.

엄마도 이런데 학교는 말할 필요도 없다. 학교는 아이들을 믿지 않는다. 몸이 아프다고 하면 꾀병이라고 생각한다. 이 아이가 다니는 학교는 아직 보건교사가 없어 해열제나 두통약을 주고는 그냥 책상에 엎어져서 자라고 한단다. 죽어도 학교에서 죽어야 한단다. 대놓고 학교가 학생을 포기하겠다고 선언하기도 한다. 이 학교에서는 고3 학생이 보충수업을 하지 않겠다고 하면 바로 교사가 불러 '대입포기 각서'를 쓰라고 윽박지른다고 한다. 앞으로 학교는 너를 포기하고 자유를 줄 테니 대신 대입을 포기하라고 요구한다는 것이다. 어떤 학교에서는 보충수업에 빠지면 자기 반 학생으로 취급하지 않겠다는 막말을 하기도 한다. 조금씩 사정은 다르지만 전반적으로 학교에서는 보충수업이나 자율학습과 관련해서 온갖 위협이 난무한다. 그래서 어른들은 학교가 가장 안전한 곳이라고 하지만 학생들 입장에서는 학교가 가장 지겹고 위험한 곳이기도 하다.

그러나 학교에서의 폭력과 억압은 너무나 일상적이라서 저항할 생각조차 하지 못하게 한다. 저항하느니 그냥 구시렁거리면서 당하는 것이 낫다고 생각한다. 애초부터 문제 제기를 받아주는 곳도 아니고 문제 제기를 했다가 도리어 자기에게 더 손해가 올 수도 있다고 생각하기 때문이다. 교복 문제에서부터 조회, 그리고 종교재단이 만든 학교를 다닌 아이들은 종교행사에 대한 참여까지 학생들은 불만이 있어도 문제를 제기하지 않는다. 교사와 학생, 학생과 학생, 제도와 교사, 제도와 학생 사이에 폭력이 끊이지 않는 곳이 우리의 학교이다.

말하는 법조차 배우지 못했다

이 영화를 보고 학생들은 한국에서의 교육과 질적으로 다른 '교육'에 놀랐다고 했다. 다른 점이라면 가장 먼저 돼지를 키우자고 제안하는 담임교사의 실험정신이나 열린 자세를 꼽을 수 있다. 한 학생은 자신의 초등학교 시절을 떠올리면서 한국의 교실에서는 교사의 의견과 결정이 "수업시간뿐 아니라 그 외의 관계에서도 진리로 여겨졌고, 모든 생각과 행위의 기

<small>이것은 왜 청춘이 아니란 말인가
학교라는 이름의 정글</small>

준"이었다고 이야기한다. 따라서 교사는 아이들이 "자신과 어떤 문제를 같이 상의하고 해결해나가는" 파트너는 아니었다. 이에 반해 이 영화에 나오는 교사는 돼지를 키우자는 아이디어도 아이들의 동의를 구하는 과정부터 시작한다. 또한 P짱을 처리하는 과정에서도 "자신의 목적을 달성하기 위해 강요하지 않고, 돼지를 키운 주체인 학생들이 문제를 해결할 수 있도록 노력"한다. 이처럼 학생을 의견의 당사자로 존중해주는 교사는 한국에서는 거의 찾아보기 힘들다.

처음에는 이 젊은 담임의 결정에 우려를 표하지만 막상 학부모들의 걱정이 시작되고 항의가 이어지자 담임에게 끝까지 한번 프로젝트를 수행해보라고 하면서 자기가 책임을 지겠다고 말하는 교장 역시 대단히 인상적이다. 교사들이 저지르는 일에 책임을 지기는커녕 교사들이 어떤 창의적인 제안을 해도 말썽이 일어나면 책임을 지겠느냐고 윽박지르기만 하는 한국의 교장들과는 완전히 대비되기 때문이다. 한 학생은 "학부모들에게 휘둘리지 않고 이해관계를 따지지도 않으며, 부모들이 학생의 입장에서 생각할 수 있도록 해준 교장선생님의 태도가 상당히 인상적이면서 충격적"이었다고까지 이야기한다. 얼마 전 일제교사에 반대하는 교사의 자율권을 존중해주다가 장수중학교의 교장이 징계를 당했던 것을 떠올려보면 이 충격은 이해가 가고도 남는다.

더욱더 부러웠던 것은 선생님이 돼지와 동고동락하면서 아이들에게 생명의 존엄성이라는 것을 배울 수 있는 기회뿐만 아니라 요리

조리 생각해보고 자기의 의견과 타인의 의견을 조율하여 타협점을 찾아볼 수 있는 사고능력을 길러주는 모습이었다. 사실, 나는 이 영화를 보면서 이 방식이 우리나라 현재 교육 속에서도 실현될 수 있을지를 생각해보면서 내내 씁쓸한 생각이 들었다. 소위 우리나라의 교육 중심가라고 불리는 강남이라는 곳에서 초, 중, 고를 마친 나는 이것이 불가능한 것임을 몸소 느꼈기 때문이다. 내 개인적인 경험으로는 학교에서 내주는 자질구레한 숙제부터 중요한 수행평가 과제에 이르기까지 다른 대행업체에 맡기어 아이들은 오직 공부만 할 수 있도록 그렇게 학부모들은 아이들을 위해 쓸데없는 배려까지 하고 있었고 수업시간은 더 이상 새로운 내용을 배우는 장소가 아니었다. 학원에서 내준 숙제나 선행학습을 하는 장소로 전락했다. 더 충격적인 것은 학교 선생님들은 당연하기라도 한 듯이 그것을 보면서도 아이들을 수업으로 끌어들이려고 노력하시기는커녕 터치조차 하지 않았다는 것이다. 영화 속에서 열정적으로 수업하시는 선생님과 똘망똘망한 눈으로 적극적으로 수업에 임하는 아이들을 보면서 그 모습조차 그저 신기할 따름이었다. 대학생이 되어서까지 엄마의 치마에 둘러싸여 자신의 문제들을 스스로 해결하려고 노력조차 하지 않는 우리나라 학생들의 이야기를 듣자면 참 한탄스럽고 어이가 없다. _상림

영화 속 아이들의 토론 역시 수준급이다. 무엇보다 아이들은 자신의 의견을 동료들과 교사에게 전달하는 데 거리낌이 없다. 이제 겨우

이것은 왜 청춘이 아니란 말인가
학교라는 이름의 정글

초등학생이지만 '자신의 생각과 느낌을 자연스레 표현'한다. 더구나 대개의 영화들은 핵심적인 네댓 아이들의 이야기에만 집중하게 마련인데 이 영화는 아이들 스물여섯 명 모두에게 골고루 발언의 기회를 준다. 지나치게 똑똑한 아이도, 지나치게 멍청한 아이도 없이 고만고만한 아이들이 똑 부러지게 각자의 입장과 생각을 드러내어 말하는 장면이 '대학생'인 자신들과 비교가 되었다고 한다. 한 학생은 대학생이 된 지금도 여전히 무엇을 발표할 때 엄청나게 긴장한다고 고백하였다. 누가 자신의 발표에 토를 달지는 않을까, 자기가 발표하는 내용이 교수가 원하는 방향과 맞지 않는 것은 아닐까 하는 걱정을 한다고 말한다. 전공의 특성상 '보다 실험적이고 획기적'이어야 하지만 여전히 고등학교 때까지의 습관을 답습하고 있다고 고백한다. 이 학생의 말처럼 한국 교육에서는 자신의 생각을 말하는 것보다 나를 평가하는 사람의 눈치를 보는 것이 더욱 중요하다.

그러면서 한국의 교육은 '말하는 법'을 가르쳐주지 않았다고 비판한다. 한국의 교육이 가르쳐준 것은 단지 '언제나 완성된 형태로 잘 말해야 한다는 것뿐'이라는 것이다. 그러니 당연하게도 '잘 말하는 법을 모르는 아이들은 자신이 혹시 실수라도 해서 반 친구들에게 웃음거리가 되지 않을까, 혹시 말실수를 하지는 않을까 하는 두려움'에 늘 시달릴 수밖에 없다. 이에 반해 이 영화에서는 '교사의 권위를 바탕으로 한 일방적인 교육을 지양하고, 학생들이 직접적인 체험을 통해 스스로 생각하고, 문제를 해결함하게 하는 교육을 실천한다는 점'이 무엇보다 인상적이었다는 게 꽤 많은 학생들의 공통된 의견이었다.

열린 교육에 갇혀 자라다

만약 학생들의 이야기가 여기에서 그쳤다면 〈P짱은 내 친구〉는 열린 교육에 대한 좋은 사례를 제공하는 영화로 끝이 났을 것이다. 그런데 몇몇 학생들은 이 영화가 대단히 불순하다고 지적하고 불쾌감을 표시하였다. 오히려 이 학생들은 영화에서 교육이 얼마나 잔혹할 수 있는가를 볼 수 있다고 신랄하게 비판한다. 찬영은 만일 담임선생이 "학생들에게 생명의 존엄성을 가르치기 위해 돼지를 키우자고 했다면, 애초에 잘못 접근"한 것이라고 비판한다. 왜냐하면 생명의 소중함을 가르친다면서 "생명을 가둬 두고, 자신들의 통제하에 두며 이것을 먹을까 말까를 고민"하였기 때문이다. 다른 학생은 만일 이것이 음식의 소중함을 가르치기 위해서였다면 문제는 더욱 심각하다고 이야기한다. 애초부터 생명의 의미와 음식의 소중함은 전혀 다른 주제이다. 그런데 이 교사는 두 가지를 섞어버린 것이다. 결국 음식은 죽은 생명일 수밖에 없으니 음식의 소중함을 깨닫게 한다는 의도가 결국 생명의 소중함이 아니라 죽음의 소중함을 깨닫게 되는 이상야릇한 이해할 수 없는 과정이 되어버린 셈이다. 그래서 이 '열린 교육'은 실패한 교육이다. 이 영화에서 생명의 문제는 애완동물이 되어버린 돼지와의 친밀함이라는 문제로 축소되고 이에 따라 음식의 소중함에 대한 이야기는 완전히 빠져버렸다. 생명의 보편적 소중함에 대한 이야기도 없으며, 음식의 소중함에 대한 체험적 학습도 없다.

학생들의 이러한 뜻밖의 반응은 무엇보다 자신들의 경험에 바탕을 두고 있다. 이들은 이른바 '열린 교육'이라는 것을 받고 자란 세대이다. 그런데 학생들은 '열린 교육'이 한 번도 제대로 열린 적이 없다고 한다. 한쪽에서는 폭압적인 교육이 여전히 맹위를 떨치고 있지만 다른 한쪽에서는 '열린 교육'이라는 이름으로 혼돈이 가득한 교육이 아이들의 삶을 괴롭혔다. 학생들의 의사와 배움의 과정을 중요하게 여긴다고 하였지만 그 교육은 또 하나의 강요에 지나지 않았다. 그리고 가끔은 무책임하기까지 했다. '열린 교육'에서는 가만히 있을 시간이 없었다. 무조건 손을 들고 뭔가를 해야 했다. 역설적으로 이들이 경험한 '열린 교육'은 조용히 있을 자유, 혹은 혼자 생각할 수 있는 자유를 박탈하였다. 한 학생은 "스스로 수업에 적극적으로 참여하고 자신의 생각을 발표하는 수업"을 "자신들의 의지와는 상관없이 강요" 받았다고 말한다. 수업이 있는 날이면 부모들이 교실 뒤편에서 앉아 자신들이 수업하는 모습을 참관하는데, 자기 아이가 수업 내내 아무 말도 안 하기라도 하면 집으로 돌아오자마자 아이를 질타한다고 한다. "너는 왜 아무 말도 하지 않아?" 폭압적인 교육이 학생들에게 입 닫고 가만히 있을 의무를 강요했다면, 열린 교육은 무조건 말해야 하는 의무를 강요한 셈이다.

대안학교에서 열린 교육의 문제가 더욱 극명하게 드러나기도 한다. 얼마 전 방문한 대안학교에서 어떤 학생이 자기는 체험학습을 가기가 너무 싫다고 고백하였다. 노는 것을 좋아하는 학생임을 익히 알고 있던 터라 너는 나가서 돌아다니는 것을 좋아하지 않느냐고 물었더니 그렇다고 하였다. 그럼 무엇이 문제냐고 했더니 이 학교에서는

다 좋은데 뭘 체험하기만 하면 무조건 그것에 대해서 글을 쓰라고 해서 너무 괴롭다고 털어놓았다. 자기는 정말 "재밌었다!" 네 글자 말고는 아무 생각이 나지 않는데 억지로 이것저것을 쓰라고 하니 미치겠다는 하소연이었다. 그래서 글쓰기를 할 때마다 거의 매번 마음에도 없는 말을 그럴싸하게 포장해서 주절거린다고 한다. 대안학교에서는 공교육과 달리 학생들에게 사물을 꼼꼼하게 관찰하고 그것을 자기 언어로 표현하는 능력을 키워주기 위해서였겠지만, 학생들에게는 고통일 뿐이었다.

 열린 교육이 정답을 말하는 법이 아니라 질문을 만드는 법에 초점을 맞춘 교육이라면 체험형으로 보이는 영화 속 교육은 완전히 실패한 교육이라고 학생들은 지적한다. 학생들은 담임선생이 P짱을 교실에 데리고 오는 순간부터 이야기가 어떻게 전개될지는 정해져 있었다고 질타한다. 한마디로 이런 정황에서 '합리적 의사소통'은 가능할 수가 없다고 비판한다. 전혀 가능하지 않은 감정적 정황을 만들어놓고 아이들이 진지하게 토론하는 모습을 보는 것, 그리고 그것이 성숙이라고 이야기하는 담임선생이 더 엽기적이라고 말한다. 한 학생은 아이들이 P짱의 생명에 책임감을 느끼며 토론을 펼치는 동안 정작 이 사태를 불러일으킨 교사는 오히려 무책임하게 뒤로 물러난 상황을 신랄하게 비판한다. 결국 이 교육에서 가장 무책임한, 혹은 가장 무책임할 수 있는 위치를 선점한 사람은 담임선생이었다. 그래서 한 학생은 이 '자유분방'하고 '아이들을 믿으며', '민주주의적'이며, '열린 교육'을 지향하는 영화 속 교사에게 이렇게 묻는다.

이것은 왜 청춘이 아니란 말인가
학교라는 이름의 정글 당신이 행한 수업 방식은 참 마음에 들었습니다. 살아 있는 교육을 행하는 게 쉽지 않았을 텐데 말입니다. 그렇지만 난 참 그대가 마음에 들지 않았습니다. 특히나 졸업 3일 전에 아이들에게 '잔인한' 투표를 시킬 때는 더더욱 그랬습니다. 맨 처음 반 아이들에게 의견도 묻지 않고 돼지를 달랑 들고 온 그대가 아이들에게 마지막까지 책임을 져야 한다며 식육센터로 보낼지, 3학년 아이들에게 보낼지를 아이들에게 그냥 넘기다니. 교육자로서 당신의 책임에 관해 의심하지 않을 수 없게끔 만들더라 이겁니다! 그래요, 교과서에 '글자' 형식으로 되어 있는 부분을 오감(五感)을 통해 경험하게 해주고 생명의 소중함을 일깨워준다는 것, 그것만큼 제대로 된 교육은 없다고 생각합니다. 또 그렇게 실천적인 선생 또한 없죠. 처음에 당신이 돼지를 가져온 이유는 돼지를 길러서 나중에 같이 잡아먹고 생명의 소중함을 알고자 하기 위함이었지요. 그런데 당신은 아이들이 'P짱'이라는 돼지에게 의미를 부여하도록 놔뒀어요. 아이들이 'P짱'의 집을 아름답게 꾸미도록 놔뒀어요. 아이들이 'P짱'을 먹이기 위해 필요 이상으로 음식을 가져온 것을 놔뒀습니다. 더 잔인한 것은 P짱을 그린 아이들의 그림을 교실 뒤에 붙여놓은 것입니다. 아이들이 돼지를 새로운 친구로 만들게 놔뒀어요. 왜 그랬어요? _희찬

재인도 역시 이 교사가 애초에 돼지를 교실로 들여올 때 진지한 토론을 선행하지 않은 점이 가장 큰 잘못이라고 말한다. 끝이 어떻게 될 것인지 먼저 이야기했어야 하고, 그 관점에서 기를지 말지를 토론

하고 그 결정 이후에 생겨나는 상황들을 감수했어야 한다는 이야기이다. 자신들의 선택이 어떤 결론에 이르는지를 알지 못한다면 그 과정에서 자신들이 무엇을 감수해야 하는지도 알지 못한다. 그래서 아이들은 자신들의 선택을 감수하는 사람이 아니라 그릇된 선택의 피해자가 되었다. 겉으로 보기에 영화 속 교실은 교사도 아이들과 똑같이 한 표씩을 행사하는 대단히 민주적인 공간으로 묘사되지만 사실은 교사의 1인 독재 공간이다. 아이들은 그저 교사가 미리 정해놓은 정답에 동그라미 표시를 할 뿐이다. 만약 교사가 표시한 동그라미대로 일이 진행되지 않으면 결국은 교사가 판단을 하게 된다. 이러나저러나 교실에 민주주의는 없는 셈이다.

교실은 동등하지도, 평등하지도 않았다

나아가 한 학생은 이 영화가 가져다주는 불편함을 자신들이 경험하는 교실이라는 공간에서의 배제와 폭력의 문제로 짚어냈다. 이 영화 속 교실은 기이할 정도로 평화롭다. 왕따를 당하거나 폭력의 희생자로 등장하는 아이가 없다. 주인공쯤 되는 전학생인 하나가 친구 없는 아이로 묘사되기는 하지만 그렇다고 이지메의 대상이 되지도 않는다. 뚱뚱한 친구도 놀림을 받는 것 같지 않고, 이상한 말을 하는 친구도 없다. 다들 묘하게 서로에게 관심이 없는 듯도 보이고 서로를 잘 배려하는 것처럼도 보인다. 요컨대 이 영화가 교실에 대한 영화로서 가장 불편하게

이것은 왜 청춘이 아니란 말인가
학교라는 이름의 정글

읽힐 수밖에 없는 이유는 교실 안에서의 권력관계가 거의 완벽하게 제거되어 있기 때문이다. 그리고 이런 교실은 우리가 경험하는 현실의 교실이 아니기 때문이다.

우리는 학교가 교육의 공간이며 성장의 발판이라고 생각하면서 교실이 우정이 아니라 폭력이 난무하는 정글이라는 사실을 애써 외면한다. 교실에서의 권력관계는 무시하면서 그로 인해 발생하는 문제를 모두 학생들의 개인적 문제나 인성 문제라는 식으로 돌려버리곤 한다. 그러나 굳이 〈우리들의 일그러진 영웅〉이나 〈말죽거리 잔혹사〉를 거론하지 않더라도 학교는 아주 오래전부터 정글이었다. 힘이 세거나 돈이 많거나 공부 잘하는 아이들이 지배하고, 힘이 약하고 가난하고 공부를 못하거나 장애를 가진 아이들이 지배당하는 정글 말이다.

나만 하더라도 고등학교 2학년 때 친한 친구 중 한 명이 학교 폭력의 희생자였다. 당시 학급마다 한 명씩은 꼭 있던 깡패나 다름없는 급우에게 대들었다가 머리에 쓰레기통이 씌워진 채 피범벅이 되도록 얻어터졌다. 그 친구는 며칠 후 머리에 붕대를 칭칭 감고 나타나더니 혼자서 이상한 소리를 중얼거리며 히죽히죽 웃고 다녔다. 머리에 큰 상처를 입고 정신에 이상이 온 것이었다.

이런 이야기를 하면 사람들은 "예전부터 있어왔던 것이니 지금의 학교폭력을 그대로 놔둬도 괜찮다는 말이냐?" 하고 흥분한다. 전혀 괜찮지 않다. 다만 내가 지적하고 싶은 것은 학교 폭력이 이슈화되는 방식에 너무나 수상한 냄새가 많이 난다는 점이다. 무엇보다 학교 폭력의 문제를 그저 '폭력'의 문제로 치부하지 않는다. 학교 폭력을 다루는 언론들은 이 문제를 '형사' 문제가 아니라 어떻게 해서든 '도덕' 혹은 '인륜' 문제로 가져가기 위해 부단히 노력한다.

그러나 이렇게 도덕의 잣대를 들이대며 비분강개하면서도 절대 묻지 않는 것이 있다. 정말로 학교 안에서 인간관계는 우정에 기반을 둔 친구 관계인가? 학교에서 우정이 정상적이고 일반적이며, 폭력적이고 위계적인 인간관계가 예외적인가? 조금만 돌아보더라도 우리는 학교라는 공간이 우정의 공간이기는커녕 엄청나게 권력적인 공간이라는 것을 알 수 있다. 공부를 잘하고 못하고, 집이 잘살고 못살고, 힘이 세고 약하고에 따라 학교와 교실은 촘촘하게 위계화되어 있다. '우정'은 그 권력의 벽을 넘지 못한다. 우정이 아니라 권력의 공간으로 바라볼 때 과거와 현재의 학교 폭력의 차이가 무엇인지를 제대로 가늠할 수 있다. 과거에 학교에서 폭력을 휘두르거나 그 폭력으로부터 면제되었던 아이들은 누구인가? 그리고 현재에는 또 어떤 아이들이 폭력을 휘두르거나 희생자가 되고 또 그 폭력에서 면제되고 있는가?

1970년대 일본에서 어린이들을 사로잡았던 〈도라에몽〉과 네이버 웹툰에 연재되었던 〈3단 합체 김창남〉은 학교 폭력과 권력관계를 이해하고 그동안의 변화를 비교하는 실마리를 제공한다. 〈도라에몽〉도 교실 폭력에 대한 만화이다. 힘은 없지만 돈이 많은 집 아이 비실이와 공부는 못하지만 힘이 좋은 퉁퉁이가 연합하여 공부도 못하고 힘도 없는 진구를 괴롭힌다. 그런데 미래의 진구의 자손들이 고양이 로봇 도라에몽을 진구에게 보내 비실이와 퉁퉁이에 맞서 싸우도록 도와준다. 사실 이 만화에 등장하는 도라에몽의 '도구'들 대부분은 매

이것은 왜 청춘이 아니란 말인가
학교라는 이름의 정글

일 학교에서 얻어터지는 아이들이 자기를 괴롭히는 아이들에게 복수하기 위해 가졌으면 좋겠다고 생각하던 것들이다. 재미있는 점은 이 만화에 등장하는 공부 잘하는 아이들이다. 이들은 그 누구의 편도 들지 않으며 가끔씩 '정의의 편'에서 때리는 아이와 맞는 아이 사이를 중재한다. 흥미롭게도 공부 잘하는 아이가 중재하면 양쪽 모두 그 권위를 승인한다. 아무리 힘이 세더라도 공부 잘하는 아이를 건드리는 법은 없었다.

그러나 〈3단 합체 김창남〉에 등장하는 오늘날 학교 안의 권력관계는 판이하게 다르다. 공부 잘하는 아이는 정의의 편도 아니고 중재자도 아니다. 오히려 이 아이들이야말로 힘 센 아이들, 잘사는 아이들과 함께 삼위일체가 되어 반에서 가장 덜떨어진 아이를 괴롭힌다. 괴롭힘을 당하는 아이는 못살고, 공부 못하고, 못생기고, 무엇보다 덜떨어진 존재이다. 그리고 이들을 중재할 수 있는 사람은 교실에 존재하지 않는다.

급격한 변화이다. 괴롭힘을 당하는 아이가 약자가 아니라 덜떨어진 존재로 인식된다. 맞는 것에도 다 이유가 있는 법이라는 식으로 폭력은 정당화된다. 무엇보다 학교 안 권력자의 삼위일체가 말하는 것은 학교 폭력이 우정에 대한 도덕적 폭력이 아니라 경제/문화/육체 자본의 삼단 합체 속에서 벌어지는 계급적 폭력이라는 사실이다. 다만 이것이 '덜떨어진 존재'에 대한 폭력이라는 문화적 양상만이 전면에 부각될 뿐이다. 우리는 이처럼 학교라는 공간도 계급에 의해 권력화된 공간이라는 것을 망각하는 경우가 많다. 같은 학생이지만 생명은 동등하지도, 평등하지도 않다. 우리는 이것을 교실에서 일찌감치 경험한다.

폭력적이지 않은 교육이 가능한가

학생들에 따르면 이 동등하지도 평등하지도 않은 생명, 이 생명의 상징이 바로 P짱이다. 지금까지 살펴본 글에서도 느껴지듯이 묘하게도 학생들은 P짱에게 감정이입을 하고 있다. 어떤 학생은 P짱에게서 자신이 어렸을 때 키우던 병아리나 토끼 같은 동물이 어른들에 의해서 어떻게 희생되었는지를 떠올렸다. 다른 학생은 P짱이 이 교실 안에서 차지하는 위치와 자기 자신의 모습을 겹쳐 읽었다. 또 다른 학생은 P짱은 동료라고 불리지만 그 운명이 그를 '친구'라고 부르는 사람들에 의해서 일방적으로 결정된다는 점에서, 친구이자 학생이자 자식인 '인격적'인 존재로 대접받지만 정작 그 관계 어디에서도 자기 목소리를 내지 못하는 유령 같은 존재인 자신의 모습을 보았다. 친구라고 하지만 아무도 P짱에게 자신이 원하는 것이 무엇인지를 물어보지 않는다. P짱을 마치 돼지가 아닌 것처럼 특별하게 인격적으로 대함으로써 P짱이라는 존재는 오히려 묵살되었다. 자신을 학생이자 동료이자 자식이라고 생각하는 사람들이 자신의 의사를 존중하기는커녕 오히려 뭘 해야 하는지 그들이 더 잘 아니까 군말 말고 시키는 대로 하라고 말한다. 이처럼 교사나 학생이 아니라 P짱의 시선에서 영화를 읽다 보니 이 영

이것은 왜 청춘이 아니란 말인가
학교라는 이름의 정글

화는 뜻밖에 대단히 반교육적인 텍스트로 해석되었다.

이 학생이 간파한 것처럼 P짱과 아이들의 관계는 무엇보다 일방적인 관계이다. 다른 한 학생 또한 "P짱을 어떻게 처리할 것인가"라는 토론에 이미 "P짱의 미래는 우리가 결정한다"는 전제가 깔려 있다고 말한다. 동료라고 부르지만 한쪽만 언어를 가진 관계가 어떻게 동료가 될 수 있겠는가? 생명은 고귀하지만 스스로 삶을 선택할 수 없는 돼지는 처량하다. 이 때문에 한 학생은 "돼지여, 스스로의 권리를 주장하지 못하는 자신을 탓하라"고 이야기한다. 애초에 P짱과의 결속 자체가 아이들만의 일방적인 환상인 셈이다. 이 환상의 단절은 토론이라는 이상한 이성적 과정을 밟게 된다.

또한 아이들이 돼지를 P짱이라고 부르는 순간 생명은 위계화된다. 학생들이 간파해낸 것은 이런 '특별한' 인격적 관계의 형성은 반드시 생명의 위계화를 만들어낸다는 점이다. 한 학생은 "똑같은 생명이라도 자신과의 추억이 있는 동물과 그렇지 않은 동물은 다르다"는 생각이 얼마나 위험한지를 환기시켰다. 이 학생은 "그렇다면 인간도 자기와 상관없는 사람은 덜 소중하단 말"도 가능하지 않느냐고 되묻는다. 이런 점에서 이 영화는 "돼지를 통해서 생명의 소중함을 보여주려는 것"이었겠지만 오히려 "이러한 말에서 세계를 전쟁으로 몰아넣은 독재자의 대사와 비슷한 느낌"을 받았다고 이야기한다.

문화란 일종의 분류 체계이며 분류표이다. 같은 동물이라고 하더라도 어느 공간에 위치하는가에 따라 그에 대한 대접은 완전히 달라진다. 동물원에 있는 돼지와 농장에 있는 돼지, 자연보호구역에 있는 돼지는 같은 돼지이지만 완전히 다른 존재이다. 내가 어느 공간에 배치되는가에 따라 나는 식용동물일 수도 있고, 애완동물일 수도 있으며, 인류 전체가 혼신의 힘을 다해 보호해야 하는 야생동물일 수도 있다. P짱은 이 경계를 넘나들며 교실 속 아이들의 문화체계를 뒤흔들었다. 애초에 식용동물로 들어와서 애완동물, 혹은 반려동물이 되면서 P짱과 연루된 모든 이에게 자신들이 어떻게 행동해야 하는지에 대한 일대 혼란을 가져왔다.

 P짱이 분류되고 배치되는 방식을 보면서 몇몇 학생들은 자신이 우리 사회에서 어떻게 분류되고 어디에 배치되는지를 다시 상기하였다. 지은은 P짱이나 자신이나 똑같이 경계에 선 존재라고 말한다. P짱이 식용동물에서 애완동물로 옮겨가면서 교실에 일대 혼란을 가져온 존재라면, 자신은 연세대와 원주캠퍼스라는 경계에 서 있는 존재다. 그래서 어디에도 속하지 않은 존재이고 경계를 흩트리는 이질적인 존재이다. 자신의 위계를 결정하는 분류표는 이미 정해져 있으며, 이 분류표에서 어디에 배치되는가에 따라 운명이 결정된다는 점에서 P짱과 자기들이 다르지 않다고 말한다.

 그렇다면 P짱은 과연 무엇이었는가? 학생들에 따르면 그는 결국 식용동물도, 애완동물도 아닌 교육용 실험동물이었던 셈이다. 아니, 애완동물의 다른 이름이 실험동물이다. 아이들에게 음식의 소중함, 혹은 생명의 소중함을 가르쳐준다는 이름으로 어찌 보면 호사를 누렸지만 어찌 보면 가장 잔혹하게 다루어진 실험용 동물이다. 애초부터 P짱은 자신이 속한 공동체 내에서 자신의 몫을 주장할 목소리가

이것은 왜 청춘이 아니란 말인가
학교라는 이름의 정글

없는 '벌거벗은 삶'이었다. 그렇다면 자신이 누구인가를 고백해야 하는 것은 P짱이 아니다. 오히려 P짱을 둘러싼 모든 사람이 생명을 다루는 자신의 윤리를 고백해야 한다. 마찬가지로 자신이 누구인가를 고백해야 하는 것은 소속 변경과 편입을 시도해야 하는 학생들이 아니라 이들로 하여금 끊임없이 경계를 넘게 하는 이 사회의 작동 방식이 가진 윤리이다.

그렇기 때문에 이 영화는 생명의 소중함에 대한 영화가 아니라 교육이 생명을 얼마나 잔인하게 다루는가를 보여주는 영화이다. 이 영화를 보고 나서 가장 격렬하게 반응을 보인 사람은 기도였다. 기도는 교육이 생명의 소중함을 가르칠 때조차 가장 핵심적인 것을 어떻게 잊어버리고 얼마나 잔인해질 수 있는지를 극렬하게 드러내 보였다. 기도는 동물이건 사람이건 삶과 죽음을 인간이 인위적으로 교육하고 교육받을 수 있다는 생각 자체에 대해서 엄청난 경멸을 표시하였다. 죽음에 대해 인간이 깨달아야 하는 것은 그것이 먹을거리인지 애완동물인지 같은 말장난이 아니라 두려움이다. 두려움을 통하여 생명을 대하도록 가르치지 않는 교육은 교육이 아니다. 폭력이다.

그러나 우리가 교육이라는 이름으로 생명을 다루는 방식은 두려움이 아니라 잔인함이다. 가장 대표적인 사례가 2010년 노원구청이 연 〈호랑이해 특별 전시전〉이었다. 노원구청은 살아 있는 호랑이를 좁디좁은 유리관 속에 넣어서 전시하였다. "실제 호랑이를 가까운 거리에서 자세히 관찰할 수 있도록 조치"하여 "관람객에게 생동감 있는 교육을 제공"한다는 명목이었다. 교육의 이름으로 벌어진 일이었고,

교육의 이름으로 합리화되었다. 네티즌과 동물보호 운동가들이 항의하여 결국 중단되었지만 인터넷에는 노원구청에서 좋은 일을 한다면서 아이들을 위해서 노원구로 이사 가고 싶다고 말하는 '학부모'들의 글도 있었다. 교육의 이름으로 우리는 이렇게 잔인할 수 있다.

교육은 끊임없이 '본보기'를 만들어내 해야 할 것과 하지 말아야 할 것을 가려낸다. 본보기를 통하여 교육은 사람에게 힘을 행사한다. 노원구청의 호랑이도 본보기였으며, 고등학교 때 친구에게 맞아서 정신이상이 온 내 친구도 본보기였다. 상장도 일종의 본보기이다. 그렇게 교육이 폭력이 되는 가장 한가운데에 본보기가 있다.

사실 학생들의 글은 나에게 엄청난 충격이었다. 학생들이 학교라는 공간에서 폭력을 경험했을 것이라는 점은 쉽게 짐작할 수 있다. 그러나 이들이 불신을 드러내고 있는 것은 한국의 낙후한 교육이 아니라 교육 그 자체이다. 교육 자체의 정당성이 흔들리고 있다. 이들은 교육이 과연 폭력에서 벗어날 수 있는지에 대해서 대단히 회의적이다. 어찌 보면 학생들은 교육의 실체가 폭력이라고 교실에서 몸으로 깨달아버렸는지도 모른다. 교육이야말로 권력으로부터 가장 초월한 척하지만 권력의 속성을 가장 적나라하게 드러낸다. 학교라는 공간에서 교육의 목적은 지식의 전달만이 아니라 이 사회가 요구하는 몸과 마음을 만들어내는 훈육이기 때문이다. 훈육이란 말 자체가 폭력적이지 않은가? 그래서 학생들이 가장 믿지 않는 말은 이 모든 것은 너를 위한 교육이고 사랑이라는 말, 바로 그 거짓말이다.

나는 우리가 교육의 본성과 한계에 대해서 더 솔직해져야 한다는

이것은 왜 청춘이 아니란 말인가
학교라는 이름의 정글

것을 〈P짱은 내 친구〉에 대한 학생들의 말과 글 속에서 깨달았다. 훈육이 아닌 교육이 가능할까? 공교육이건 대안교육이건, 혹은 홈스쿨링이건, 혼자서 배우는 과정이 아니라 누군가와 만나 주고받는 가르침과 배움을 교육이라고 한다면 거기서 훈육을 배제하는 것은 과연 가능할까? 만약 훈육이 아닌 교육이 불가능하다면 우리는 세상에 폭력적인 교육과 폭력적이지 않은 교육이 따로 있는 것이 아니라 교육 그 자체가 폭력임을 인정해야 하지 않을까? 그렇다면 우리는 폭력적인 교육과 비폭력적인 교육을 구분할 게 아니라 불가피하고 감수할 수 있는 폭력과 그렇지 않은 폭력은 무엇인가에 대해 진지하게 논의해야 하지 않을까? 그러지 않으면 우리의 교육은 폭력적이지 않다는 주장에 대해 학생들은 '그것도 폭력이예요'라고 맞받아칠 것이다. 그리고 이러한 일은 실제로 대안학교에서 일어나고 있다. 공교육은 폭력이지만 대안학교의 교육은 사랑이라는 주장에 학생들은 냉소하고 지겨워한다. 공동체라는 이름으로 교사들에 의해서 토론이나 글쓰기를 강요받고 있다고 반발하는 사례가 심심찮게 벌어지고 있다. 그들은 '사랑' 역시 강요와 폭력으로 경험하고 있다.

가족

멀쩡한 가족은 없다

아들이 버섯이 맛있다고 하니 버섯을 하나 더 얹어주는 엄마, 아들이 마른 빨래를 접고 있는데 엄마가 보기엔 접으나 마나 한 방법으로 접고 있어 성에 안 차 빨래를 다시 접는 엄마, 아들이 반찬 투정을 하며 안 먹겠다고 음식을 내려놓자 그걸 먹는 엄마, 아들이 신문에서 가장 먼저 찾은 건 연예면, 할머니의 TV를 대신 배달해주기 위해 아들을 부르는 엄마, 자신의 남자형제들을 자기가 번 돈으로 뒷바라지해서 자수성가하게끔 도와준 엄마까지. 이와 같은 영화 속 모습들 대부분이 아들, 딸, 엄마라는 구도만 다를 뿐, 우리 집과 너무나 닮아 있어서 영화를 보는 내내 "완전 똑같아"라는 공감의 감탄사를 연발했다. 이처럼 다른 영화와 달리 과할 정도로 너무나 현실적인 일상이 주된 이야기였기에 따뜻하긴 하지만, 그 어떤 감동은 없이, 그냥 담담했다. 마치 가족과 지내는 일상에서 특별할 사건이 없다면, 평범하게, 아무 감정 없이 하루하루 보내버리는 것과 같이.

사실 극단적으로 말해 문제를 가지지 않은 가족은 가족이 아니라고도 할 수 있다. 그렇기 때문에 아빠가 죽고, 그래서 엄마와만 사는 편부모 가족이라는 외적인 문제만 가진 이 가족은 오히려 상대적으로 작은 문제를 가지고 있다고 생각한다. 겉으로는 멀쩡해 보여도

이것은 왜 청춘이 아니란 말인가
멀쩡한 가족은 없다

속으로는 곪아서 터져버릴 지경에 이르고, 이미 곪아 터져버린 가족들에 비한다면. 다시 말해 일반적으로 가족 구성원 중 하나가 없다는 것은 아들이 교회에서 겪은 일에서도 볼 수 있듯이 사회적으로는 대단한 문제처럼 생각하나, 당사자는 그만큼 느끼지 않는, 별것 아닌 문제일 뿐이라고 생각한다. 아빠가 없긴 했지만 성적을 떠나 인성 면에서는 아들도 너무 착하고 바르게 잘 자라주었고, 엄마, 삼촌들, 할머니, 사촌들 등 가족 관계에서 빈부의 차가 드러나긴 하지만 이와 관련 없이 사이가 너무나도 좋은 이 가족이 오히려 부럽다. 따라서 이 영화는 일상의 모습을 보여줌으로써 마치 우리 주변에 있을 법한 가족들의 모습을 보고 있는 듯한 느낌이 들지만, 사실은 너무나도 이상적인, 현실에서는 찾기 힘든 가족의 모습을 보여주고 있다고 말할 수 있다. _승주

아직 한국에 개봉되지 않은 〈천수원의 낮과 밤〉은 홍콩의 저소득층 주거지역을 배경으로 한 영화다. 일찍 남편을 잃고 아들과 함께 살아가는 중년 여성과 근처에 혼자 사는 노인의 우정을 잔잔하게 다루고 있다. 주인공인 어머니와 아들은 거의 아무런 대화도 없이 지낸다. 그렇다고 둘 사이가 나쁘지도 않다. 고등학교 졸업을 앞둔 아들은 신기할 정도로 어머니 심부름을 군말 없이 잘한다. 도무지 엄마가 만들어준 음식이라고는 여겨지지 않는 맛없어 보이는 음식도 불평 한마디 없이 잘 먹는다. 아들은 집에서 빈둥거리기만 하던 어느 날 친구를 따라 학교에서 여는 가족 심리 프로그램에 참가한다. 여기서

아들 또래의 '상담가'는 부모와 대화를 많이 나누는지, 어떤 대화를 주고받는지, 그리고 부모의 요구에 어떤 대답을 하는지를 묻는다. 아들은 생각해보니 자신이 엄마에게 하는 대답이라고는 '응'이라는 말 하나뿐임을 알게 된다. 아들의 이야기를 들은 '상담가' 친구는 그것이 마치 무언가 대단히 잘못된 일인 양 더 많은 대화가 필요하고 그래야만 가족인 것처럼 아들에게 이야기한다.

한편 엄마는 슈퍼마켓에서 함께 일을 하게 된 노인과 음식을 나누어 먹으면서 정을 쌓아간다. 노인은 없는 살림에 모은 돈으로 반지를 사서 죽은 딸의 남편, 그러니까 이제는 다른 이와 결혼하여 새로운 살림을 꾸린 과거의 사위와 손자를 만나러 간다. 자기 엄마가 입원한 병원에는 자주 찾아가보지도 않던 엄마는 노인을 따라 이 자리에 나간다. 그러나 사위는 무뚝뚝하기만 하다. 급히 밥을 먹고는 반지도 안 받겠다고 하고 자리를 뜬다. 돌아오는 길에 노인은 그 반지를 엄마에게 주고 엄마는 노인을 위로한다. 추석을 맞이하여 엄마와 노인, 그리고 아들이 같이 저녁을 먹으며 서로를 위로하면서 영화는 끝을 맺는다.

철없는 자식이 되는 데도 자격이 필요하다

성장한다는 것은 부모의 그늘에서 독립하는 것을 의미한다. 우리에게 성장이란 다른 이에게 의존하지 않고 제 손으로 벌어먹고 제 힘으로 살아가는 일

이것은 왜 청춘이 아니란 말인가
멀쩡한 가족은 없다

이기 때문이다. 그러한 제 힘이 생긴 사람이 자율적인 사람이다. 그러기 위해서는 집을 나오는 것, 절대적으로 의존하던 부모로부터의 독립이야말로 가장 중요한 첫걸음이다. 따라서 집을 나와서 자신만의 가족, 혹은 공동체를 만들었다는 것은 곧 그 사람이 독립적인 개체로 온전히 성장하였다는 의미이다.

그래서일까. 10년 전만 하더라도 대학에서 학생들에게 가족에 대해서 글을 써보라고 하면 지긋지긋하다는 내용이 대세였다. 엄마는 관리와 보호가 아니라 간섭의 대명사였다. 그래서 모든 학생이 가족 또는 부모로부터 독립하는 꿈을 꾸었다. 지방의 학생들이 기를 쓰고 서울로 올라오거나 가급적이면 집에서 멀리 떨어진 곳에 있는 대학에 들어가려던 이유도 부모의 간섭으로부터 독립하고자 하는 욕망 때문이었다. 집과 대학이 멀리 떨어지지 않은 곳에 있는 학생들은 자취생들을 부러워하였다. 이들은 대학이라는 공간이 제공하는 자유를 한편에서는 만끽하고 있었지만, 다른 한편에서는 어서 빨리 대학을 졸업해서 독립하는 꿈을 동시에 가졌다. 술 마시는 것에서부터 연애와 귀가 시간에 이르기까지 부모의 간섭에서 벗어나는 유일한 길은 돈을 벌어서 독립을 하는 것뿐이었다. '졸업=취업=소득'이라는 등식이 성립하니 대학 졸업은 경제적으로도 성인이 되어 집으로부터 완전히 독립한다는 의미였다. 이렇게 누구나 대학 입학과 동시에 부모로부터의 독립을 꿈꿨다. 독립을 갈망하는 이들의 마음에 부모에 대한 감사는 있었을지 모르나 미안해하는 감정은 별로 드러나 보이지 않았다.

그런데 많은 것이 달라졌다. 요즘에는 반대로 집을 나오지 않고 부모로부터 독립하지 않으려는 젊은이들이 늘고 있다. 부모의 품을 떠나지 않는다고 하여 '캥거루족', 자식의 일거수일투족을 감시한다고 하여 '헬리콥터 맘' 하는 말이 유행어가 된 지도 오래되었다. 2010년 7월 1일자 〈중앙일보〉에 실린 노재현의 칼럼은 바로 이러한 캥거루족과 헬리콥터 맘의 사례를 잘 보여주었다. 부모의 철저한 관리와 통제 아래서 과외를 받아 무난히 법대에 들어가고, 다시 부모가 정해준 학원을 다니면서 사법고시에 붙어 검사가 된 친구들이 휴식 시간에 모여 잡담을 나누는데 말끝마다 "우리 엄마가……"를 들먹거렸다고 한다. 기자들도 다르지 않다고 한다. 후배 기자를 심하게 나무란 어느 선배 기자의 휴대폰으로 엄마(!)가 문자를 보냈다고 한다. 누구누구 엄마인데 자기 아들을 잘 부탁한다고 말이다.

대학에서도 가끔 당혹스러운 경험을 겪고는 한다. 학점을 낮게 받으면 학생이 아니라 엄마가 대신 항의 전화를 하는 경우도 있다. 반대로 수업이 재미있으면 자기 엄마도 이런 수업을 듣고 싶어 하는데 엄마와 같이 들으면 안 되겠느냐고 묻는 학생도 있다. 점수를 올려달라고 애걸복걸해서 절대 안 된다고 했더니 "성적 안 좋으면 엄마가 군대 보내버린다고 했단 말이에요" 하면서 울음을 터뜨린 학생의 이야기는 거의 전설이 되었다. 리포트나 수업, 시험에 대해서도 초등학생이나 던질 만한 질문들이 터져 나온다. 학생들은 선생들이 "자유롭게 알아서 쓰세요"라고 하는 말을 제일 당황스러워하고 심지어 항의까지 한다. 차라리 글자 크기부터 서술 방식에 이르기까지 지침을 달라고 요구한다. 이런 학생들을 보면서 선생들도 요즘 대학생들은 '애기'나 '초등학생'에 가깝다며 어쩜 저렇게 어려 터졌는지 모르겠다고 혀를 끌끌 찬다. 엄마 치마폭을 떠나지도 못했고 떠날 생각도 없다고 말이다.

그러나 이런 이야기가 묻지 않는 것이 있다. 이렇게 부모의 철저한 관리를 받으면서 '행복'하게 성장이 지체'당할' 수 있는 사람들은 누구인가. 우리 사회에서 어떤 엄마들이 헬리콥터 맘이 될 수 있는가. 엄마들의 관리를 아이들은 간섭으로 여기는가, 아니면 보호이자 '동반'으로 여기는가. 이 세대 전부가 어리광을 부리는 떼쟁이가 되었다는 식의 이야기는 누가 그렇게 떼쟁이가 될 수 있는지, 그리고 그 떼를 받아줄 수 있는 부모들은 누구인지에 대해서는 묻지 않고 있다. 이에 대해 여성학자 이박혜경은 단호하게 이야기한다. 우리가 통상적으로 생각하는 '주부'라는 사람은 없고 단지 육아와 교육, 금융에 전문가급의 매니저가 된 중산층의 '주부'와 생계에 보탬이 되기 위해 일하는 '주부', 그 둘만이 존재한다고 말이다. 관리하는 엄마와 그 관리를 행복하게 받아들이면서 말끝마다 "우리 엄마가……"를 붙일 수 있는 떼쟁이가 될 수 있는 사람은 우리 사회에서는 특권층인 셈이다. 캥거루족도 돈이 있어야 할 수 있다.

대다수 대학생들은 이와는 전혀 다른 이야기를 한다. 이들은 자신들이 부모에 대한 죄책감을 머리에 짊어지고 산다고 토로한다. 한 해에 부모로부터 뜯어내야 하는 돈이 최소 천만 원이 훌쩍 넘는다. 문제는 이 돈을 들여 대학을 다녀도 졸업하고 취직이 되리라는 보장이 없다. 밑 빠진 독에 물 붓는 느낌이다. 그러다 보니 대학생이란 집에서 불필요하기만 한 것이 아니라 민폐를 끼치는 존재이다. 중하위권 대학으로 내려갈수록 학생들이 이고 지는 죄책감의 무게는 더 커진다. 그래서 대학생들은 자신들이 '밥버러지', 부모 피 빨아 먹는 '드라큐라'라고 자조적으로 말한다. 사정이 이런데 어떻게 대학생들이 부모에게 죄책감을 가지지 않을 수 있을까. 가족에 대해 글을 써보라고 하면 상당수가 자신에 대한 자괴감과 부모에 대한 죄책감을 강하게 드러낸다. 10년 만에 가족은 벗어나야 하는 탈출과 독립의 대상에서 자괴감과 죄책감을 자아내는 대상이 되어버린 것이다. 주현의 아래 글은 '밥버러지' 신세로 떨어진 지금의 대학생들이 스스로를 얼마나 자학적으로 생각하고 있는지를 적나라하게 보여준다.

요즘 내가 보는 대학생은 '날로 먹는 존재'이다. 우리 대부분은 부모님이라는 절대적인 후원자를 가지고 있다. 이 후원자들은 자식을 대학에 보내기 위해 피땀 흘려 번 돈으로 학원, 과외를 보내는 것을 서슴지 않고 대학교육까지 거의 모든 부분을 지원해주신다. 우리가 필요한 무언가를 요구하면 후원자들은 당연히 해준다. 평소 옷 한 벌 안 사 입으시며 자식들에게는 새 옷 사 입어라 하시고, 매번 똑같은 반찬에 밥 드시며 자식에게는 맛있는 거 꼭 챙겨먹어라 하며 후원해주신다. 그들의 후원이 있기에 우리는 돈도 벌지도 않고 고등교육의 권리를 얻고 있다. 또 옷도 사 입고, 술도 먹고, 밥도 먹고, 해외여행도 가고, 잠도 잔다(물론! 대부분이 그렇다는 얘기다). 그러면 과연

이것은 왜 청춘이 아니란 말인가
멀쩡한 가족은 없다

우리는 그들의 후원과 기대에 부합하는 존재인가? _주현

정 그렇게 미안하면 한숨만 쉬고 있을 것이 아니라 아르바이트를 해서 부모의 부담을 줄이면 되지 않느냐고 하겠지만 말처럼 쉬운 일이 아니다. 서울의 '아주' 잘나가는 대학에 다니는 학생이 아니면 과외 알바를 구하기는 쉽지 않다. 대부분 하루 종일 다리가 퉁퉁 붓도록 일하고 시급 몇 천 원을 받는 편의점이나 주유소 알바 자리밖에 없다. 이런 장시간 노동 알바를 하면 공부할 시간이 절대적으로 부족하게 된다. 이것은 곧 학업 경쟁에서 낙오된다는 의미이다. 이것은 또다시 취업 시장에서의 도태, 탈락으로 이어진다. 사정이 이렇다 보니 부모 쪽에서 오히려 자녀들에게 지금 자신들을 뜯어먹더라도 학업과 취직에만 올인하라고 권장하는 형편이다. 그래서 많은 대학생들은 사회에서만이 아니라 집에서도 자신들이 잉여라고 느낀다. 나이가 들어서도 부모에게 얹혀사는 진정한 의미에서의 잉여 말이다. 그래서 이들은 집에서의 독립을 꿈꾸는 것이 아니라 '좋은' 아들/딸이 되고 싶어 한다. 그러나 그 길은 시작부터 삐걱거린다.

외로운 가족, 겉도는 가족

〈천수원의 낮과 밤〉을 보고 나서 학생들이 고백한 전형적인 한국의 가족은 친밀성의 공간, 말 없는 배려와 다독거림의 공간이 아니라 그냥 '말 없는' 공간이다. 다

수의 학생들은 이 대화 없는 가족의 모습에서 자신의 가족을 만났다고 말한다. 천수원의 가족이 가진 외로움을 자신의 가족에서도 발견하고 있다.

한국 가족의 삶은 서로 겉돌고 헛돈다. 그 사이에 오가는 것이란 의례적이고 판에 박힌 말뿐이다. 한 학생은 "대한민국에서 산다는 것은, 시간이 지남에 따라 입학을 하고 의무교육을 다 받아 고등학교를 졸업한 후, 자신이 무엇을 하고 싶은지, 자신에게 맞는 직무는 무엇인지에 대한 아무런 고찰 없이 소위 그래도 대학교는 나와야 하는 말을 수없이 되뇌어주시는 부모님, 주변 어르신들의 말씀에 따라 돼지가 도살장에 끌려"가는 삶이라고 일갈한다. 그 가운데 그나마 숨통을 틔워주는 것은 친구들이지 결코 식구들이나 친척들이 아니다.

한 학생은 자기 가족 안에서 소통이 얼마나 단절되었는지를 세밀하게 묘사하였다. 기독교 집안인 이 학생의 집은 명절에 추도 예배가 끝나고 나면 삽시간에 조용해진다. 예배라는 형식, 하나님을 통하지 않고서는 가족들이 나눌 만한 그 어떤 대화도 존재하지 않기 때문이다. 그래서 추석이나 설날에 친척들이 모이는 자리는 친교와 그리움을 나누는 공간이 아니다. 오히려 '어색함'의 공간이다. 할아버지가 이야기를 주도하시지만 이 학생에 보기에 이것은 가부장제와는 별로 상관이 없다. 오히려 할아버지는 '권위 있는 허수아비'로 비쳐진다. 할아버지가 있기에 그나마 친척들이 모일 뿐이고, 할아버지를 중심으로 하는 것 같지만 사실 할아버지의 말은 가족들 사이에서 의미 있게 받아들여지기보다는 그냥 의례적이고 헛도는 느낌이다. 다른 한 학생 역시 절대적인 권위를 가진 할머니 덕분에 온 가족이 명절이면 무조건 다 한데 모이기는 하지만 정작 모이고 난 다음에는 핸드폰, 신형 차 같은 피상적인 이야기를 나눌 뿐이라고 말한다.

이 학생이 보기에 자신의 가족은 외롭다. 친척들이 다 돌아가고 나면 할아버지는 당신의 방에서 '혼자' 바둑을 두신다. 아버지도 그저 친구들과 함께 골프 치고 바깥일을 하실 뿐 할아버지나 다른 가족들과 말을 많이 나누지 않는다. 엄마도 집안일에 지쳐 있다. 동생이나 자신도 바깥에서 떠돌지 결코 집에서 식구들과 소통하고 정을 나누는 일은 드물다. 아버지는 당신은 못 하면서 이 학생에게는 할아버지에게 자주자주 전화하라고 부탁한다. 어머니는 아버지와 함께 다니고 싶지만 차마 말하지 못하고 몰래 골프를 배운다. 이처럼 한국의 가족은 소통이 단절되어 있고 외롭다. 이 학생은 인간은 특별한 사이일수록 용기를 내기가 힘들다고 말한다. 오히려 외부 사람, 이웃에게 친절하기가 더 쉽다. 왜냐하면 그들과의 관계는 아무것도 아닌, 가벼운 관계이기 때문이다.

> 원주에서 대전까지 나름 먼 길을 버스 타고 온 지친 몸이므로 오자마자 씻고 좀 쉬어야 한다는 생각으로 소파에 눕는다. 아빠는 일을 계속하시고, 엄마는 집안일 하시고……. 뭐 특별한 것 없으실 때는 TV 보시고, 고3인 동생은 독서실에 갔다가 새벽 1시에서 2시 사이에 들어온다. 대부분 나와 엄마 아빠는 동생이 집에 들어오는 것을 보지 못하고 잔다. 뭐 동생은 가족들 자는 모습만 많이 볼 수 있었겠

지? 아침에 일어나서 동생을 보면 그냥 잘 있었느냐는 간단한 인사 한마디 건넨다. 말하면서 내 말투가 좀 냉소적으로 바뀐 감이 없잖아 있는데 실제로 동생한테 인사할 때는 이렇게 퉁명스럽게 얘기하지는 않는다. 반갑게 인사하지. 하지만 그 반가움뿐. 사실 동생을 이렇게 생각해보니까 내가 동생에 대해서 모르는 것이 너무 많다. 같이 보내는 시간이 확실히 많이 줄어서 그런지는 모르겠는데 참 많이 모른다. 이 애가 무슨 생각을 하고 살고 있는지, 뭘 좋아하는지. 가족, 너무 편하다. 그런데 너무 서로 모른다. 서로 가장 많이 아는 것 같은데 그 가장 많이 알 것 같은 만큼 가장 많이 모르는 것이 가족 아닌가 생각하게 된다. 물론 대화가 많은 건강한 가족이라면 모르겠지만 사실 이 영화에서 그려진 가족이나 우리 가족뿐만 아니라 요즘 가족들 대부분이 그렇지 않은가. 서로 가장 오래 함께 있지만 가장 모르는. 가장 소중한 사람을 꼽으라면 가족들을 많이 꼽는데 왜 가장 소중한 가족이라면서 이렇게 모르는 것일까? 왜 가장 중요한데 가장 무관심한 존재가 되는 걸까? _승찬

    그래서 가족, 혹은 친척들과의 만남은 불편하다. 한 학생은 어머니가 직장 일로 외국에 나가시게 되면서 아버지와 함께 보내는 시간이 처음에는 너무나 불편했다고 고백한다. 한국 가족에서 아버지는 여전히 투명인간이나 다름없는 존재이다. 밖에서 돈을 벌고 늘 늦게 들어오며 집 안에서는 TV와 소파에 고정된 존재이다. 그래서 아버지와 딸이 나누는 대화는 지극히 제한되어 있다. 밥 먹었느냐는 말과 잘

이것은 왜 청춘이 아니란 말인가
멀쩡한 가족은 없다

지내느냐는 말 이외에는 거의 대화가 오가지 않는다. 시간이 지나면서 아버지와 조금씩 친해지기는 하였지만 이 학생은 아버지는 집이라는 공간에서 배제된 존재가 아니었을까 하고 생각한다.

가족은 감정노동의 공동체

가족이건 친척이건 친밀감을 만들기 위해서는 누군가의 의식적인 노력이 필요하다. 노력 없이 혈연이라는 이름으로 거저 얻어지는 것은 없다. 주현은 이것을 '노동'이라고 불렀다. 노동하지 않으면서 휴식을 기대하는 것이야말로 망상이다. 아무도 휴식이라는 서비스를 제공하는 노동을 하지 않는 순간 가족은 하숙집으로 돌변한다.

프랭클린 다이어리 계획하는 걸 보니까 우선순위를 분류하기 위해 도움을 주는 항목에 이런 게 있었다. 중요한 일/별로 중요하지 않은 일, 시급한 일/시급하지 않은 일. 대부분 사람들은 중요하고 시급한 일에 우선순위를 두고 그것에 집중하며 산다. 하지만 잘 생각해보면 정말 우리가 추구하고 많은 시간을 투자해야 할 것은 중요하고 시급하지 않은 일이다. 귀하고 중요하지만 시급하지 않은 일. 그게 가족 아닐까 생각한다. 우리 다 가족이 중요하고 소중한 것은 알고 있지만 관심 밖이고, 돈으로 살 수 없는 귀한 시간을 가족에게는 잘 허용해주지 않는다. _승찬

가족을 하숙집이 아니라 가족으로 만드는 것, 그것을 감정노동이라고 부른다. 사실 우리는 지금까지 이 감정노동을 모성이나 가족애라는 이름으로 기를 쓰고 노동이 아닌 인간의 다른 활동인 것처럼 포장해왔다. 여기에는 여러 가지 이유가 있겠지만 무엇보다 가족 내에서의 감정노동을 부불노동, 즉 지불되지 않는 노동으로 묶어두려고 하였기 때문이다. 그러나 가족이 되게 하는 실체는 바로 이 감정노동이다. 단지 가사노동만을 의미하는 것이 아니다. 감정노동이란 서로 마주보고, 고개를 끄덕이고, 누군가의 화와 억지를 참아내고, 머리를 쓰다듬어주고, 혼자 있을 땐 상대방을 생각하는 이 모든 것을 포괄한다. 그래서 감정노동은 인간이 수행하는 노동 중에서 가장 에너지 소비가 많은 피곤한 노동이다. 가족을 만들고 지탱하는 것은 '노동'이라고 말한 주현은 이 영화를 보고 나서 이번에 집에 내려가면 친척들과 엄마에게 과일도 잘라드려야겠다고 말한다. 그것이 가족과의 관계를 유지시켜준다는 것을 주현은 정확하게 간파하였다. 가족과 함께 술을 마시는 것도, 엄마에게 과일을 잘라주는 것도, 명절에 친척들을 방문하는 것도, 술 취한 아버지의 뽀뽀를 참아내는 것도 이런 감정노동이다. 가족은 감정노동 공동체이다.

한국의 가족이 위기에 빠진 이유는 '가족'이라는 이름으로 서로에게 '노동'을 하지 않고 그저 쉬려고만 하기 때문이다. 우리는 가족이 편안하게 쉬는 곳이지 노동하는 곳이라고 생각하지 않는다. 그 '감정노동'을 대신하는 것이 '소통'이다. 물론 소통도 감정노동의 일환이다. 그러나 그 '소통'이 내가 애써서 해야 하는 노동이라고는 아무도

이것은 왜 청춘이 아니란 말인가
멀쩡한 가족은 없다

일러주지 않는다. 그래서 우리는 소통이 있어야 정상적이고 화목한 가족이라는 말을 규범적으로만 하였지 그 '소통'이 수고로운 노동이라고는 생각해보지 못했다. 그렇다 보니 소통이 '노동'이 되는 순간 모두가 피곤해한다. 동시에 소통이 제대로 혹은 활발하게 일어나지 않는 자기 가족에 문제가 있다고 생각하고 자기 또한 그 문제의 일부분이라는 죄책감을 가지게 된다.

모두가 그렇게 집에서 쉬려고만 할 때 그들이 쉬기 위해서 집을 편안하게 만들고 그들의 정서를 돌봐주는 일은 순전히 엄마의 몫이었다. 그러니까 감정노동을 하는 '노동자'는 엄마뿐이다. 가족의 화목과 화합이라는 이름 아래 남편과 자식들을 위해 오로지 엄마만이 스스로를 희생하며 온갖 노동을 수행한다. 그래서 엄마가 빠진 가족에서는 친밀성을 만들고 유지하는 노동 또한 사라진다. 모두가 칭얼거리면서 엄마의 서비스를 받기만 하였지 더불어 어떤 노력을 해본 적이 별로 없기 때문이다.

지금까지는 일방적으로 어머니가 감정노동을 수행하면서 가족을 떠받쳐왔다. 이런 점에서 감정노동은 가장 착취적이다. 그렇기 때문에 엄마의 감정노동에만 의존하는 가족에는 어머니를 착취하는 과정에서 필연적으로 어머니의 한탄과 같은 문제가 끊이지 않고 발생한다. 중산층의 세련된 엄마들이야 그것이 자신이 수행하는 전문가적인 '매니지먼트'라고 생각할 수 있겠지만 나머지 엄마들에게는 오로지 자신만이 일방적으로 희생하는 해도 해도 끝이 없는 '밑 빠진 독에 물 붓기'이다. 다른 가족들이 감당해야 하는 감정노동은 엄마의 한탄을 들어주는 것이다. 그러나 이것은 무한대의 인내심을 요구하는 너무나 피곤한 일이다. 어머니가 있으면 있는 대로 어머니와 자식들 간의 신경전이 끊이지 않고, 어머니가 없으면 가족 자체가 깨지고 만다. 따라서 감정노동이 민주화되지 않는 이상 가족 간의 문제는 사라질 수가 없다.

그래서 가족은 언제나 문제적이다. 나아가 멀쩡한 가족도 드물다. 솔직히 멀쩡한 가족이 얼마나 되는가. 물처럼 담담하게 흘러가는 고요한 일상을 가진 가족도 없다. 고요한 것 같지만 대부분은 하루가 멀다 하고 새로운 사건에 부딪힌다. 특히 IMF 외환위기 이후 우리 미래는 예측 가능하지도, 기획 가능하지도 않은 불투명한 것이 되어버렸다. 우연이 우리 삶을 지배하게 되었다. 그리고 그 우연에 맞춰 살아가다 보니 가족 또한 너무 많은 돌발 변수에 노출되었다. 갑자기 친척 중 하나가 망한다. 또 다른 누군가가 아프다. 부부싸움을 하여 냉전에 들어가는 것도 다반사이다. 마음속에서 일어나는 충격과 상처는 더욱 심하다.

막장 드라마가 왜 엄청난 인기를 끌겠는가? 아무도 그것이 현실에서 비일비재하게 일어난다고 말하지는 않지만 사람의 마음속에서는 매일같이 일어나는 일이기 때문이다. 극소수를 제외한다면 시어머니가 보기에 며느리는 자기 아들 등골을 빼먹는 존재이고, 며느리가 보기에 시어머니는 오로지 자기를 괴롭히는 것이 목적인 사람이다. 이 마음이 조금이라도 현실로 삐져나오면 곧바로 엄청난 사건이 된다. 그런데도 우리는 어떤 가족은 화목한 가족이라며 마치 아무런 문제

이것은 왜 청춘이 아니란 말인가
멀쩡한 가족은 없다

도 없는 것처럼 여기고, 어떤 가족의 문제는 반대로 극단적으로 과장하곤 한다.

소통의 폭력을 넘어

우리는 화목한 가족이란 구성원 간에 소통이 활발한 가족이라고 생각한다. 즉, 말이 많은 가족이란 뜻이다. 또한 가족이 잘되기 위해서는 구성원들 사이에 빈번한 대화가 필수적이라고 생각한다. 그리고 대화가 적거나 없는 상태를 단절이라고 이해한다.

그런데 몇몇 학생들은 영화 중간에 나오는 '소통을 많이 하는 가족이 좋은 가족'이라는 장면을 보고 반문한다. 정말 대화를 많이 하는 가족이 화목하고 서로 배려하는 가족인가? 오히려 그것이 착각이고 환상이 아닐까? 그래서 소통이 문제의 해결책이 아니라 우리를 더욱 불행하게 하는, 문제의 시작인 것은 아닐까? 사실 친한 사이일수록 말이 별로 필요 없지 않은가? 통념대로라면 말끝마다 "엄마가 그러는데"를 남발하는 캥거루족과 "우리 아들은……"을 입에 달고 사는 헬리콥터 맘의 관계가 가장 이상적이고 '화목한 가족'이다. 소통은 감정노동이 노동으로 여겨지지 않을 만큼의 경제적 자본과 문화적 자본을 가진 가족에게나 가능한 일이다. 엄마가 가족들에게 전문 매니저로 인정받고, 그런 매니지먼트를 할 수 있는 다른 경제적 자원들이 뒷받침이 될 때나 가능한 일이란 뜻이다.

그러나 대다수의 가족들은 그렇게 '합리적'이고 '의사소통적'으로 살아갈 수 없다. 오히려 이들은 그 소통의 실체가 무한정 피곤하고 감수해야 하는 노동임을 잘 안다. 그래서 학생들은 이 영화에서 감정노동을 기가 막힐 정도로 환상적이게 수행하고 있는 엄마와 아들을 만난다. 도영은 집에서 뒹굴거리기만 하는 것 같은 아들이 은둔형 외톨이도 아니고 그렇다고 말썽쟁이도 아니라는 것을 발견했다. 오히려 엄마가 무엇을 부탁할 때마다 군소리 없이 다해주는 효자이다. 엄마 역시 아들에게 인생 하소연을 지겹게 반복적으로 되풀이하면서 사람을 넉다운시키는 사람이 아니다. 오히려 아들에게 엄마로서 해야 하는 일은 묵묵히 다 처리하는 사람이다. 보통의 가정에서 일어나는 '소통'과 그 '소통'에 의한 갈등이 이 '결손가족'에게서는 기가 막힐 정도로 완벽하게 삭제되어 있다.

가족 간 대화의 생략만으로 무조건 소통의 단절이라 해석될 수 있는 것인가? 주인공의 가정 속 일상을 나타내는 장면들이 그러한데, 그렇다고 해서 감정이 메말랐다는 말에는 동의할 수 없다. 아니, 왜 그렇게 생각하는가? 극중 인물의 감정 표현이 극히 절제된 건지, 아님 배우들의 연기가 절제된 건진 잘 모르겠으나 중요한 건 그 주인공(아들)이 학교 친구들에게 말한 자신의 어머니란 'normal mom'이고, 그 어머니 자신이 문득 상대에게 하는 말은 언제나 'No problem!'이다. 한 가지의 차이가 있다면 지금껏 스크린이나 TV에서 봐왔던 '하하! 호호!' 모범 사례의 가정에서 벗어났다는 것뿐이

이것은 왜 청춘이 아니란 말인가
멀쩡한 가족은 없다

다. 주인공이 자기 집 방 안에만 틀어박혀 사는 히키코모리나 중증 장애인도 아니고, 어머니가 일찍이 남편을 여의고 살아가는 것에 대한 힘겨운 내적 고통이나 외로움을 달고 사는 것도 아닌데, 왜 그 둘 사이의 관계를 '가족'이라는 쓸데없는 역할론 잣대를 들이대어 이 간질하려 드는가? 혹 냉대나 갈등의 조짐이라도 보인다면 또 그러한 '명분'이 섰을지 몰라도, 애석하게도 두 모자의 관계는 평범을 넘어 지극히 평온하기까지 하다. 어머니의 귀찮고 궂은 부탁에도 한 치의 투덜거림 없이 척척 도와가며 살아가는 이 시대의 진정 '행동하는 효자'인 데다가, 이것이 정녕 '어머니의 밥상'인가 할 정도의 눈물 나는 식단에 단 한 번의 투정이나 투쟁 없이 맛있게 먹어주는 주인공(아들)의 그 넓은 아량과 인내는 "어머니는 자장면이 싫다고 하셨어"의 감동보다 훨씬 더 위대하고 존경스럽다. "누구든 이 아들보다 효자라고 생각한 사람만이 이 가정에 돌을 던져라"라고 한다면 과연 누가 이 오순도순 화목한 가정에 이러쿵저러쿵 갖가지 이유를 갖다 대며 함부로 돌을 던질 수 있겠느뇨? 얼핏 보면 영화 속 인물이 마치 불가항력적인 외로움에 묻혀 사는 듯 보이지만 하나하나의 정황을 살펴보면 전혀 그렇지가 않다. 간단히 말해 '문제가 없으니 답도 없다.'_도영

그렇기 때문에 한 학생은 오히려 영화에서 보이는 이 지루하기 짝이 없는 가족이 '부럽다'고 말한다. 이 가족의 삶은 감동적이지 않지만 따뜻하고 담담하다. 학생은 되묻는다. 혹시 일상이라고 하는 것은

원래 그렇게 덤덤하고 무의미하고 건조한, 그러면서 의례처럼 반복적으로 수행하는 것이 아닌가 말이다. 도영도 소통이 없는 것이 무엇이 문제냐고 물었지만 그 말이 소통이 없어도 된다는 뜻은 아니다. 도영의 이야기처럼 이 영화에서 말없는 모자는 무수히 많은 노동을 서로를 위해 묵묵히 수행한다. 말없이 엄마가 주는 맛없는 음식을 먹을 때, 매일 아침 엄마를 위해 신문을 나를 때 아들은 엄마를 위한 노동을 하고 있다.

  피상적으로 보이는 것과는 달리 소통 이전에 이미 서로에 대한 이심전심 수준의 이해와 배려가 넘쳐나는 영화가 〈천수원의 낮과 밤〉이다. 도영의 말처럼 이 가족은 애초부터 문제가 없는 가족이다. 그렇다면 우리를 불행하게 하고 우리 가족의 현재 모습이 뭔가 잘못되었다고 말하는 것은 누구인가? 지애는 그것이 이데올로기라고 딱 잘라서 말한다. 그에 따르면 우리는 내 앞의 이 무덤덤하고 무의미한 가족, 그것에서 친밀성을 발견하고 가꾸기보다는 이미 정해진 정답에 의해 평가되고 단죄된다. 우리 가족이 이미 상처투성이며 서로에게 상처를 줄 수밖에 없는 관계임을 인정하기보다는 중산층 이상의 가족과 비교해 우리 가족이 문제가 있다고 여기게끔 교육받았다고 지적한다.

  정규 교육 속에서 우리는 10년이 넘는 시간 동안 자식의 도리를 다하기 위해 부모님은 효로 섬겨야 하고, 명절이면 친족들이 모두 모여 우애를 나누어야'만' 한다는, 현대 사회에서는 환상일 뿐인 유교

이것은 왜 청춘이 아니란 말인가
멀쩡한 가족은 없다

원리를 철저하게 배워왔다. 한 귀로 듣고 한 귀로 흘릴지라도, TV를 보든지 보지 않든지 간에 우리는 알게 모르게 매체들, 특히나 우리의 삶에 가장 큰 영향을 미치는 영상 매체인 TV 속 드라마의 영향을 많이 받는다고 생각한다. 주말 황금시간대 가족 드라마에서 보여주는 전통적일 뿐 비현실적인 대가족의 우애 어린 모습을 한 가지 공식으로 인식하고 있다. 그리고 이 '가족의 정석'과 다른 우리의 현실 속 가족의 모습에 실망한다. 물론 대부분 나이가 들면서 현대 사회의 일상 속 가족은 도덕 시간에 배운 '가족 환상'과 다를 수밖에 없다는 것을 이해하고 수긍한다. 하지만, 가슴으로는 이해와 수긍을 '못' 한 것이다. 그 결과 가족에 대해 판단할 때면 다른 분야에 대한 판단보다 '옳다/그르다'라는 이성적 판단과 엄격한 기준에 의한 정확한 답을 요구하게 되었다. 정규 교육에서 주입한 지식에 사로잡혀 가족을 마치 점수화해야'만' 하는 과제로 바라보고 있다는 것이다. _지애

지애에 따르면 우리의 가족이 불행한 것이 아니라 가족에 대한 이데올로기가 우리를 불행하게 한다. 영화에 나오는 '환한 웃음을 지으며 가족에 대한 상담'을 하고 있는 또래 학생이 모범적으로 늘어놓는 이야기들이 우리를 불행하게 한다. 대다수의 가족은 그런 중산층의 핵가족 모델에 한참이나 못 미치기 때문이다. 아버지는 일찍 돌아가셨지만 엄마와 건실하게 살아가고 있는 이 가족은 우리, 정상적인 척 하면서 살아가지만 속으로는 문제가 '곪아 터질 대로 터진' 가족들하

고는 비교할 수 없을 만큼 건강하다. 너무 건강해서 오히려 이 가족의 잔잔한 일상은 환상에 가깝다. "일상의 모습을 보여주기 때문에 마치 우리 주변에 있을 법한 가족을 보고 있는 듯한 느낌이 들지만, 사실은 너무나도 이상적인, 현실에서는 찾기 힘든 가족을 보여주고' 있다는 것이 지애의 놀라운 발견이다.

학생들의 리포트를 읽고 그들과 토론을 하면서 나는 '소통'이라는 말이 얼마나 폭력적인지에 대해서 다시 한 번 생각하게 되었다. 우리는 소통을 최선, 최고의 가치로 내세운다. 대통령부터 진보적인 단체까지, 정치 문제부터 가족 문제까지 모두가 '불통'이 문제라 말한다. 그리고 소통이 잘 되면 만사가 잘 풀릴 거라고 생각한다. 소통이 폭력에 맞선 대안이 아니라 오히려 그 자체가 폭력이 되고, 불행의 해결책이 아니라 소통하라는 강요가 오히려 불행의 시작점이 되어버린 것이다.

가족의 형태는 다양해지고 가족이 하는 경험도 이전과 많이 달라졌다. 하지만 우리는 여전히 정상적인 가족, 제대로 된 가족이라는 정답을 가지고 있다. 그 정답지를 들고 우리 가족이 정답인가 오답인가를 평가한다. 매끄러운 소통이 아니라 울퉁불퉁한 감정노동이 가족을 떠받치고 있다는 것, 그리고 서로 말을 섞고 부딪치면서 살아가는 과정에서 문제와 갈등은 회피할 수 없다는 것에 대해 우리는 입을 다물었다. 그러면서 마치 소통을 하면 모든 것이 해결될 수 있다는 식으로 말하며 우리가 제대로 소통하지 못한다는 것만을 끊임없이 확인해왔다. 서로 많은 이야기를 나누지 않아서, 자주 만나지 않아서

이것은 왜 청춘이 아니란 말인가
멀쩡한 가족은 없다

우리는 우리 가족이 뭔가 잘못되었다고 생각한다. 하지만 우리가 토론하고 발견하여야 하는 것은 가족끼리든 가족 밖에서든 문제는 끊임없이 생겨난다는 것, 우리는 늘 치고 박고 싸우면서 끊임없이 침묵의 감정노동을 수행하고 있다는 것, 문제를 감내하고 해결하기 위한 감정노동을 감수할 때만이 가족이 유지될 수 있다는 진실이다.

이것은, 왜 또 사랑이 아니란 말인가

연애, 그것은 우리가 상상하는 것과는 거리가 멀다. 좀 더 직접적으로 말하자면 안정적이고 평화로운 것과는 아예 상관이 없다는 것이다. 짜증, 불안, 분노, 이기심, 집착이 폭발하는 것이 바로 연애라는 것이다. 우리가 누군가를 마음에 품고 있기만 하는 시절에는 그것이 매우 달콤하게만 느껴질 것이다. 그리고 그 달콤한 것은 목소리를 내기 시작한다. "그를 잡아", "그가 나를 사랑하게 만들어", "그를 가지면 정말로 행복해질 거야". 그러나 실제로 그와 연애를 시작하게 되면—운 좋게도 여러 가지 고군분투 끝에 그를 잡은 후에야 가능하겠지만—그때부터 진짜 괴로움이 시작되는 것이다. 그러나 연애 시작부터 끝까지 나를 괴롭게 한 것은 그도 아니었고, 그와의 다툼도 아니었다. 나를 진정으로 괴롭게 한 것은 '전화한다고 하고 하지 않은 그'도 아니고, '나와 데이트해줄 시간은 없는데 친구들과 술 마실 시간은 있는 그'도 아니고, '나와 밥 먹으면서 야구 중계에만 정신 팔려 제대로 대답조차 하지 않는 그'가 아니라, 그는 그렇지 않을 것이라고 일방적으로 기대했던 나 자신이었다. 그렇다면 왜 나는 그에 대해 그렇게도 환상을 가졌을까?

나는, 혹은 우리는 '연애시장'에서 좀 더 완벽한 짝을 얻기 위해 스스로의 몸값을 높이려 갖은 노력을 한다. 키가 크고, 학벌이 좋고, 차가 있고, '데이트 비용은 남자가 내는 것'이 자존심이라고 생각하는 남자를 만나기 위해 언제나 까맣고 긴 생머리를 유지하며, 늘 좀 더 날씬해지려고 노력하고, 바쁜 와중에도 피부 가꾸기에 여념이 없다. 또한 현명한 여자의 모습을 갖추기 위해 노력하고, 이야기를 잘 들어주는 모습을 보여주려 노력한다. 이 모든 것을 실제로 갖출 수도 있겠지만, 어렵다면 그렇게 보이기라도 하도록, 늘 노력을 멈추지 않는 것이다.

이번에는 남자의 이야기를 해보자. 20대 남자, 군필, 4년제 대학에 재학 중인 이 남자가 바라보는 미래는 어떤 것일까. 대기업에 가는 것이라고 뻔한 가정을 해보자. 청년실업 시대. 대기업이 원하는 인재상에 맞추기 위해, 그는 오늘도 자기소개서를 쓴다. 토익, 봉사활동, 인턴십, 공모전, 학점, 그 외에도 평범하지 않다는 인상을 주기 위해 배낭여행 이야기도 틈틈이 적는다. 모든 것은 대기업에 가기 위해 해온 것이니까. 그렇다면 왜 그렇게도 대기업에 가고자 하는 것일까? 대기업에서 초봉 3천만 원으로 시작해 차를 장만하고 집을 장만하면, 행복한 결혼을 할 수 있다는 것이다. 결혼, 아내와 아이들을 경제적으로 책임질 수 있는 남자만 하는 것. 내 아버지가 그랬고 내가 그래야 하고, 내 아이도 그래야 한다. 그것을 위해 이 남자는 어제도, 오늘도, 앞으로도 노력한다. 마치 결혼이나 행복을 돈으로 살 수 있는 것처럼. 가난하면 사랑을 할 수 없는 것처럼.

이렇게 여자, 남자 모두 각자 할 수 있는, 때로는 그 이상을 위해 노력한다. 그리고 내가 원하는 사람을 만나면 완벽한 '사랑'을 할 수 있을 것이라고 믿어 의심치 않는다. 그러나 내가 사려고 했던 것, 혹은 팔려고 했던 것은 '사랑'이 아니라 '사랑을 잘할 것 같은 사람'이 아니었을까? 그런 사람을 만나기도 쉽지 않지만, 과연 만나기만 한다면 상상한 대로 완벽한 사랑을 할 수 있을까? _은정

    요즘 젊은이들이 사랑하고 실연하는 방식은 어른들에게는 몹시 당혹스럽다. 청소년 성교육과 관련된 토론회에 갔을 때 일이다. 요즘 젊은이들의 성과 사랑에 대해 강의를 마치고 토론을 하는 자리였다. 한 어머니께서 손을 들더니 당신은 자기 아들이 좀처럼 이해가 되지 않는다며 말씀을 시작하셨다. "요즘 아이들에게 사랑이란 무엇일까요? 사랑이 있기나 한 것일까요?" 어머니는 질문을 하면서도 괴로워하였다. 아들은 고등학교 때부터 여자 친구와 사귀었으니 벌써 7년이 되었다고 한다. 부모님께도 인사를 하고 집에도 자주 오는 사이였다. 그러던 어느 날 아들이 여자 친구와 헤어졌다고 말했다. 어머니는 충격을 받았다. 아들의 연인이지만 이미 어머니도 숱한 추억을 함께한 터였다. 헤어져야 하는 사람은 어머니이기도 하였다. 아들의 여자 친구와 찍은 사진이나 여러 가지 물건들을 정리하며 어머니는 너무 가슴이 아파 눈물을 흘렸다. 그런데 이 모습을 보고 도리어 아들이 신기해하였다고 한다. "내가 헤어졌는데 왜 엄마가 울어?"
    7년 사귄 여자 친구와 헤어지고는 아무렇지도 않은 아들을 보며 어머니는 도저히 이해가 되지 않는다고 하였다. 사랑이 깨졌는데 어

이것은 왜 청춘이 아니란 말인가
이것은, 왜 또 사랑이 아니란 말인가

떻게 저렇게 멀쩡할 수 있는가. 아들이 사랑을 하기는 한 것인지도 의심스럽다고 한다. 사랑이 '무너짐'이라면 아들은 무너져야 온당하지 않은가.

그러나 지금 이 시대를 살아가는 청년들에게 무너짐이란 곧 '찌질함'이다. 사랑은 자존심 따위는 아무것도 아닌 자아의 무너짐이 아니라 무너질지도 모르는 자존심을 어떻게 해서든 추슬러야 하는 일이 되어버렸다. 쿨함은 이 시대 젊은이들의 도덕이자 미학이다. 쿨하지 못하다면 최소한 쿨한 척이라도 해야 한다. 이들은 오늘을 즐기고 실연과 같은 내일의 불상사에 쿨해지려고 한다. 실연은 너의 잘못도 나의 잘못도 아니기 때문이다. 그저 운명이다.

집에서 혼자서 곰 인형을 붙잡고 눈물 콧물을 흘릴지언정 '그 자식' 앞에서는 쿨한 척을 해야 한다. 특히 헤어질 때 쿨해야 한다. 이건 자존심 문제이다. 아무리 사랑했더라도, 아무리 그것이 사랑이더라도 궁상을 떨어서는 안 된다. 이들은 끈적끈적하게 울고불고 매달리는 일이 가장 지겹다고 말한다. 그래서 소개팅에 나가서 이러저러한 이야기를 하다가 마음에 들어 뭔가를 시작하려고 할 때 많이 이야기하는 것도 이런 말이다. "저는 집착하는 것이 제일 싫어요." 그래서 연애를 시작할 때 '서로 집착하지 말기'를 못 박고 시작하는 경우도 많다.

얼마 전 준석도 비슷한 경험을 하였다. 여자 친구와 통화를 하다가 말다툼이 있었다. 평소에는 자신이 매달리면 그리도 좋아하던 여자 친구가 준석이 약간 비굴 모드로 나가자 갑자기 질린다는 듯한 목소리로 말했다고 한다. "너 지금 나 있는 데로 쫓아올 거 아니지? 내가 그거 제일 싫어하는 거 알지? 그럼 끝이야." 누군가가 나한테 들러붙는 것도 끔찍하고 내가 누군가에게 들러붙는 것도 끔찍하다. 이들의 연애에 적어도 주말 연속극이나 트로트풍의 끈적끈적함이란 없다.

사랑, 가장 강렬한 성장의 드라마

그래서 또 우리는 이들을 비난한다. 청년들의 다른 처지를 다 이해한다는 사람조차도 사랑 문제에 있어서만큼은 강경한 입장에 선다. 다른 것은 다 용서(?)해도 사랑을 폄훼하는 것만큼은 봐줄 수가 없는 것이다. 정치에 참여하지 않는 것까지는 이해가 되지만 마음껏 사랑하지 않고 사랑에도 계산기를 들이대는 이들의 행태가 도저히 납득이 가지 않는다. 젊음의 특권이 사랑인데 사랑에 대해 이토록 식어버린 세대가 과연 무엇을 할 수 있다는 말인가? 그래서 이 세대에는 희망이 없다고 말한다.

우리가 다른 어떤 영역보다 이들의 사랑에 특히 분노하는 이유는 사랑이야말로 가장 강렬한 성장의 드라마라고 믿기 때문이다. 그리고 그 사랑의 에너지가 넘쳐나는 때가 청춘이며 그 에너지는 이기적인 계산을 압도하기 때문이다. 그래서 사랑은 가장 어리석은 것이면서도 숭고한 것이다. 바로 자본을 압도하기 때문이다. 연애와 사랑이야말로 인간 성장에서 가장 극적인 드라마이다. 연애만큼 지독한 감정노동이 있을까? 그 고통스러운 감정노동마저 달콤하게 인내해야 관계를 유지할 수 있음을 가르치고 배우는 관계가 바로 사랑이다. 또

이것은 왜 청춘이 아니란 말인가
이것은, 왜 또 사랑이 아니란 말인가

사랑을 통해 우리는 타자에 의해 나의 자아가 붕괴되는 경험을 겪는다. 나는 더 이상 중요하지 않다. 오로지 사랑하는 그만이 중요하다. 모르는 존재를 향해 자신을 내던지는 것, 그것이 사랑의 경험이다. 그래서 사랑은 등가교환 따위는 세상에 없음을 깨닫게 해준다.

실연 또한 일대 사건이다. 세상에서 내가 가장 잘 안다고 자부하던 사람을 실연의 바로 그 순간부터 전혀 모르는 사람으로 대해야 한다. 대부분의 실연은 가슴이 무너지는 경험이다. 누군가는 한 달도 넘게 밤마다 소주병을 부여잡고 벽에 머리를 찧고 피를 흘리며 쓰러지기도 한다. 누구는 그의 집 앞에서 밤마다 서성거리기도 한다. 누구는 술만 마시면 그 친구에게 전화를 걸어 스토킹을 하기도 한다. 실연이란 그렇게 내가 도저히 이해할 수도 없고 인정할 수도 없는 사건이다. 누구는 그러면서 세상과 삶에 대한 이해가 깊어지기도 한다. 반대로 누군가는 '인간은 원래 그래!'라며 무뎌져간다.

내가 결코 닿을 수 없는 절대적인 타자와의 만남, 그리고 실연의 상실을 견뎌내는 법까지, 이것을 통해 인간은 성장해간다. 사랑과 실연이 성장의 드라마가 아니라면 무엇인가? 그렇기에 상처는 인간의 성장에서 필수적이다. 상처는 인간에게 삶은 감수하는 것임을 깨닫게 한다. 내가 원하는 것을 근원적으로 얻을 수 없음을 깨닫게 한다. 그래서 우리는 인간의 삶은 '그래서'로 이어지는 인과관계가 아니라 '그럼에도 불구하고'로 연결되는 윤리의 드라마임을 배우게 된다. 아니, 우리는 그렇게 믿는다. 그리고 마땅히 그래야 한다고 생각한다. 그렇지 않으면 그것은 사랑이 아니라고 말한다.

특히 대학생은 연애를 하고, 사랑하는 것이 당연하다고 인정받는 도약의 시기이다. 대학에 들어가면 누구나 연애를 꿈꾼다. 대학 가면 하고 싶은 대로 다 할 수 있다고 말하는 것 중 하나가 바로 연애이다. 고등학교 때까지는 "학생이 하라는 공부는 안 하고 무슨 연애질!"이라는 말을 들었다면 대학에 들어와서는 연애를 하지 않으면 오히려 이상하다는 말을 듣는다. 대학생, 특히 신입생은 인생의 목표 자체가 '연애'라고 하여도 인정받을 수 있는 시기이다. 대학뿐만이 아니다. 대학생이 만나서 이야기하고 움직이는 모든 공간은 에로티시즘의 에너지로 가득 차 있다. 그런데 사랑의 에너지로 가득차 야 할 이 캠퍼스가 사랑에서조차 계산서를 두드리는 정나미 떨어지는 공간으로 바뀌었다고 우리는 개탄한다. 이들이 정치에 참여하지 않는 것보다 캠퍼스에서 사랑이 죽어버린 것이야말로 청춘의 진정한 죽음이다. 그런데 정말 그러한가?

사랑, 서사가 가능한가?

준석은 사랑 때문에 일순간에 삶이 통째로 바뀌었다. 아니, 준석의 말로는 "변하지 않고서는" 여자 친구를 만날 수 없었다. 준석은 원래 문학도를 꿈꾸었다. 경제학과에 들어왔지만 전공보다는 다른 과목들을 들으며 나중에는 소설을 쓰면서 살아야겠다고 생각했다. 여자 친구도 문학 동호회에서 처음 만났다. 사랑을 나눌수록 바로 이 사람이다 싶었다. 둘 다 술자리를 좋아

이것은 왜 청춘이 아니란 말인가
이것은, 왜 또 사랑이 아니란 말인가

했다. 좋아하는 작가까지 같았다. 자신이 꿈꾸는 문학을 이해하고, 자신이 살아가는 삶을 받아들이고, 자기 길을 너그럽게 기다리리라 믿었다. 세상을 다 가진 것처럼 느껴졌다. 멋진 일이었다. 그러나 오산이었다. 얼마 후 그녀는 말했다. "자기야, 지금 그럴 때가 아니야. 좀 더 현실적인 남자가 되어줘."

그 말 한마디로 준석의 삶이 달라졌다. 사랑과 자신의 삶 중에서 하나를 선택해야 했다. 그녀는 당장 준석이 무엇이 되기를 바라는 것은 아니라고 하였다. 대신 무엇이 되어가는 과정을 통해 자신에게 믿음을 보여달라고 하였다. 준석은 이 불안한 시대에 미래를 기획하고 계획하고 관리하는 모습을 보여야 했다. 먼저 자신의 과거를 반성해야 했다. 그동안 얼마나 부실하게 살았는지, 무계획적이며 대책 없는 인간이었는지를 반성했다. 그러고는 과거 자신의 삶을 부정해야 했다. 일요일이면 교회에서 살았지만 오전 예배만 나가기로 하였다. 친구들과의 술자리도 줄였다. 문학 모임에도 나가지 않기로 결심했다. 책도 더 이상 사보지 않기로 했다. 그동안 자신이 소설을 쓰기 위해 세상을 바라보고, 읽고, 대화하던 창을 스스로 닫은 셈이다. 준석에게 이 모든 것은 세상 그 자체였다. 하지만 이제 그녀라는 세상을 얻었기 때문에, 이 세상을 지키기 위해서는 지금껏 살아온 세상과 절연해야 함을 배웠다.

그녀와 함께 공동으로 데이트 비용을 마련하고 충당하는 통장에 그녀는 '사랑해'라는 이름으로 계좌에 송금하였다. 잔고는 중요하지 않았다. 그것은 사랑의 징표이며 자신이 그 사랑에 책임을 지겠다는 약속이기 때문이다. 그리고 삶과 사랑을 뒤덮은 불안, 그것을 같이 돌파해가자는 의지의 표현이기 때문이다. 어찌 보면 7, 80년대 가난한 부부가 단칸 셋방에 살면서 통장 하나를 만들고는 그것으로 망망대해를 헤쳐가겠다고 결심했던 복고풍 연애사와 닿아 있다. 친구들은 말한다. "넌 확실히 미쳤어." 준석은 담담하게 받아들인다. 사랑은 미치지 않고서는 할 수 없는 일이니까 말이다.

준석과 준석의 여자 친구가 꿈꾸는 사랑은 근대적 서사(narrative)이다. 그들은 자신의 생애를 기획하고 미래를 계획하고 있기에 그들의 사랑은 서사라 할 만하다. 또한 준석에게 사랑은 이 대서사를 위한 포기와 유예이다. 준석이 포기해야 하는 것은 자신의 꿈이고, 꿈을 이루기 위해 스스로 만들고 즐기던 오늘의 삶이다. 그녀와의 사랑을 완성해나가기 위해 현재를 미래로 끝도 없이 유예해야 한다.

그러나 준석은 이 서사를 그려내면 그려낼수록 더욱 불안해진다. 이 서사를 위해 자신의 삶을 기획하는 것까지는 좋은데, 더 이상 이 서사가 자신들의 의지만으로는 가능하지 않을지도 모른다고 여겨지기 때문이다.

스스로 기획하는 서사가 가능하기 위해서는 불확실성을 통제해야만 한다. 이런 점에서 준석의 사랑은 투쟁이다. 세상은 삶을 점점 더 예측 불가능하고 기획할 수 없도록 몰아붙이기 때문이다. 그러한 사회에서 그들의 사랑이 미래에도 지속되도록 하려면 투쟁하는 수밖에 없다. 이런 점에서 통장은 삶에 언제 닥칠지 모르는 불확실한 것들을 통제하겠다는 강력한 의지이며 통제를 현실화하는 수단이다. 그러나

이것은 왜 청춘이 아니란 말인가
이것은, 왜 또 사랑이 아니란 말인가

과연 한 달에 몇 만 원씩 모으는 이 통장으로 준석과 여자 친구는 자신의 삶을 통제할 수 있을까? 자신들의 의지만으로 이 불확실한 세상과 싸워 예측 가능한 미래를 만들 수 있을까? 준석도 자신이 없다.

준석은 되묻고는 한다. 삶이 통제되지 않는데 왜 이런 헛수고를 해야 하는가? 내가 내 삶을 통제한다고 해서 내 기획대로 되지도 않는데 도대체 왜 그래야 하는가? 삶은 미래를 위해 유예되어서는 안 된다. 유예를 한다고 해서 보장되지도 않는다. 그렇다면 오지 않을지도 모를 내일을 위해 오늘을 희생하거나 감수하는 것은 매우 어리석은 짓이다. 삶은 어차피 불확실하며 우연에 맡겨져 있다. 그렇기 때문에 이 시대에 우리가 이야기하는 '서사적 사랑'이란 불가능하다. 세상은 서사에 목을 매는 이들을 비웃는다. 그저 사랑을 즐기라고 조언한다. 그리고 유통기한이 지난 사랑은 과감하게 버리라고 조언한다. 사랑은 더 이상 무엇인가를 새롭게 생산하는 에너지가 아니다. 그것은 실컷 즐기다가 낡으면 버리는 청바지와 같은 것이라고 속삭인다. 사랑이 없어진 것이 아니라 사랑이 지속될 수 있는 가능성이 사라진 것이다.

불안하지 않은 사랑이 있는가

우리는 사랑은 불안을 안고서도 그것을 감수하는 일이라고 생각한다. 그래서 사랑은 손해라는 말이 성립되지 않는 숭고한 것이라고 믿는다. 세상을 얻고 나서 자신의 세상 모두를 버려야 했던, 그래도 여전히 그것을 감수하고 달리고 있는 준석처럼 사랑은 내가 일방적으로 퍼주면서도 그것이 손해라거나, 아깝다고 생각하지 않는다. 주는 것도 기쁨이고 받는 것도 기쁨이다. 이것이 사랑의 에로티시즘이 아닌가. 사랑이 일방적인 선물과 증여의 관계가 아니라 계산 빠른 교환의 관계가 된다면 그것은 더 이상 사랑이 아니다. 내가 받은 만큼 돌려주고, 준 만큼 받는다는 등가교환이 연애에는 있을 수 없다. 그러나 사랑이 내 돈지갑에 끈적끈적하게 달라붙는 순간부터 불안은 불만이 되고 피곤한 '현실'이 된다.

그렇다 보니 요즘 남자들은 연애에서 자신들이 손해를 보고 있다는 생각을 많이 한다. '개그콘서트'의 한 코너인 '남성인권보장위원회'가 바로 이 부분을 치고 들어갔다. "네 생일엔 명품가방, 내 생일엔 십자수냐!" 하는 말로 대표되는 것이 연애 관계에서 나타나는 불평등한 부등가교환이다. 한번은 이 프로그램에서 밸런타인데이 때 여자들이 남자들에게 주는 초콜릿의 평균 가격은 2만 9천 원인데 화이트데이 때 남자들이 사주는 사탕은 3만 9천 원어치라면서 다음부터는 초콜릿 상자 속에 만 원짜리 지폐를 넣어달라는 개그를 한 적이 있었다. 한마디로 현재의 연애는 부등가교환이니까 이제부터 '합리적'으로 등가교환을 하자는 것이다. 원석은 여자들은 연애를 하면 남자들이 자기의 기분을 다 맞춰주어야 한다고 주장하는데 이것보다 더 어처구니없는 불평등한 관계가 어디 있느냐고 말하기도 하였다. 전혀 동등하지 않다는 것이다.

여성 쪽에서도 사정은 마찬가지이다. 돈을 대는 문제가 아니라 늘 연기를 해야 하는 피곤함이 엄습한다. 은정은 잘나가는 회사원과의

이것은 왜 청춘이 아니란 말인가
이것은, 왜 또 사랑이 아니란 말인가

연애를 생각하면 속이 쓰리다. 연애하는 내내 은정은 불안했다. 키도 크고 학벌도 좋고 멋진 차를 가진 사람이었다. 그에 비해 자신은 억세고 얌전하지도 못하고 예쁘지도 못했다. 그래서 은정은 그가 바라는 대로 늘 거짓을 연기해야 했다. 늘 데이트 코스도 완벽하게 준비하고 차로 집 앞까지 데려다주는 그를 위해 얌전한 척, 이야기를 잘 들어주는 척, 순진한 척, 그리고 그와 완벽하게 잘 맞는 척해야 했다. 그러면서 점점 더 자신이 "내가 아닌 내"가 되어간다고 느꼈다고 한다. 그를 만나는 날은 화장이 아니라 분장을 해야 했고, 우아한 척해야 했다. 그것이 그의 지갑에 대한 자신의 보상이었다. 그러나 이것은 정말이지 피곤한 일이었다. 그 사랑은 곧 깨졌다. 그 사랑이 깨졌을 때 은정은 울었지만 지금은 도리어 그것이 과연 사랑이었을까 되묻는다. 동등하지 않음에 대해 자신은 늘 가식과 불편함으로 값을 치러야 했기 때문이다.

여성이 돈을 낸다고 사정이 달라지지도 않는다. 이번에는 남자의 자존심이 한 방에 무너진다. 현재 열애 중인 소영은 데이트 비용이며 모든 돈을 자신이 댄다고 한다. 자기만 알바를 하고 있기 때문이다. 여자들이 남자들을 등쳐먹기 위해 안달한다는 말은 적어도 소영의 경험과는 맞지 않는 이야기이다. 오히려 소영은 자기가 돈을 대는데도 자기에게 신경질을 내는 남자 친구 때문에 피곤하다고 호소한다. 여자 친구가 모든 돈을 대면 감지덕지 고마워해도 모자랄 판에 자존심 상한다면서 투덜대는 것은 뭐냐고 털어놓는다. 수업 토론 때 의외로 많은 여학생들이 소영과 같은 피곤함을 호소하였다. 남자들은 주면 받고 고마워할 때 그냥 고마워하면 될 것을, 남자라는 자존심 때문에 절대 그렇게 하지 않는다는 것이다. 소영은 '쥐뿔도 없는 주제에 자존심 타령'하는 남자 친구 때문에 넌덜머리가 난다고 한다.

그래서 아예 연애와 사랑, 우리 시대의 시나리오 모두에 냉소하면서 고고하게 자신의 취미 생활을 즐기고 남들과 만나는 것을 회피하는 사람들도 있다. 계속되는 부등가교환도 싫고 전통적인 규범 놀이도 싫다는 것이다. '초식남', '건어물녀'라고 부르는 친구들이다. 이들은 연애같이 피곤하고 상처투성이가 되는 일에 왜 목숨을 거는지 이해하지 못한다. 그 시간에 자기계발이나 여행 등 다른 일을 하는 것이 백만 번 낫다고 입을 모은다. 한 학생은 이렇게 말하였다. "바보 아녜요? 남한테 쓸 돈으로 여행이나 다니면 남는 거라도 있을 텐데." 이들은 알바해서 번 돈을 이벤트 한 번에 날려먹는 친구들을 비웃는다.

성훈은 전형적인 초식남이다. 그는 연애가 귀찮다고 말한다. 주말마다 데이트하러 가는 것도 귀찮고 공감되지 않는 일에 맞장구를 쳐주는 것도 귀찮다. 밥만 같이 먹어도 최소한 2만 원은 깨지고 스트레스 쌓이는 일인데 왜 그런 짓을 하는지 이해가 되지 않는다고 한다. 친구들을 만나도 허구한 날 여자 이야기뿐이라서 맞장구 쳐주기도 귀찮다. 성훈은 어릴 때부터 혼자 있는 것이 좋았다고 한다. 그래서 다른 사람과 어울리지 못하는 사람을 인격적으로 문제 있다고 바라보는 시선이 짜증 난다. 자기는 '방콕'을 하면서도 별다른 문제를 느끼지도 않고 사회적 책임은 다하고 살아가는데 말이다. 오히려 그렇게 옆구리 시리다고 안달이 나서 뛰어다는 친구들이야말로 무책임하

이것은 왜 청춘이 아니란 말인가
이것은, 왜 또 사랑이 아니란 말인가

게 일을 팽개칠 때가 더 많다.

그런데도 세상 사람들은 성훈과 같은 사람을 '도망자'라고 한다. 〈에반게리온〉 같은 소년들의 성장만화에 툭하면 튀어나오는 "너는 언제까지 도망칠 생각이지? 너는 자신을 합리화하고 도망친 겁쟁이일 뿐이야!" 유의 대사가 하나도 감동적이지 않고 오히려 역겹다고 한다. 그렇다고 성훈이 연애 자체를 거부하는 것은 아니다. 얼마 전 성훈도 여자 친구를 만났다. 다만 성훈은 '발정난 개처럼 상대를 찾아' 안달복달해야 한다고 주장하는 '연애 강권하는 사회'를 거부할 뿐이다. 그냥 하루하루를 열심히 살다가 좋은 사람 만나면 같이 사는 것이고, 아니면 어쩔 수 없는 일이다. 그런데도 결혼 전문 업체에서 '준비된 자만이 결혼과 연애에 성공할 수 있다'고 사람들을 몰아가는 것이 구역질난다고 말한다. 성훈은 이들이 만들어놓은 거짓 환상에 속지 않겠다고 말한다. 성훈은 사랑을 믿지 않는 것이 아니다. 다만 '연애'라는, 사랑에 대한 이 시대의 시나리오를 믿지 않는다. 이 시대의 사랑이란 너무 값비싸고 소모적인 일이기 때문이다.

사랑, 비싸다

연애가 피곤한 사업이 되어버린 가장 큰 이유는 바로 '돈'이다. 방학 내내 아르바이트로 번 돈을 여자 친구와 이벤트 한 번 하는 데 다 털어 넣은 친구가 한심하다고 생각하는 성훈이나, 자기가 데이트 비용을 대는 소영이나, 잘나가는 회사원을 만

나서 "자기가 지갑을 사랑하는 것인지 그 사람을 사랑하는 것인지 모르겠다"고 고백하는 은정이나 부등가교환과 전통적인 규범 사이에서 벌어지는 연애의 피곤함에는 돈 문제가 강하게 자리 잡고 있다. 이들이 대학에 와서 깨닫게 되는 중요한 사실 중의 하나가 사랑을 지키고 유지하는 데는 엄청나게 많은 비용이 들며 그것이 보통 대학생의 경제력을 넘어선다는 점이다.

> 대학에 와서 친구들과 '데이트' 얘기가 나올 때마다 가장 중요하게 집히는 게 바로 '데이트 비용', '돈'이다. 소개팅에서 만난 남자애와 몇 번 데이트를 하면서 나는 어느새 머릿속으로 내가 냈던 돈의 액수와 걔가 낸 돈의 액수를 계산한다. 여자가 돈 내는 것을 못 본다는 걔가 돈을 내는 것을 좋아하지만, 티 내지 않고 살짝 미안해한다. 그러고서는 가끔씩 예의상 돈을 낸다. 그리고 항상 어디선가 데이트 비용이 뚝 떨어졌으면 좋겠다는 생각을 한다. 대학에 와서 확실히 알게 된 게 '연애=돈'이라는 공식이다. 연애를 하고, 데이트를 하려면 옷이 필요하다. 매일 똑같은 옷을 입고 나갈 수는 없으니 옷을 사야 한다. 옷 외에도 나를 꾸며줄 화장품이 필요하다. 그 밖에도 데이트를 하러 나갈 때 드는 교통비, 식사비, 식사 후 데이트 비용들. 사람 만나는 일을 '돈'과 떨어뜨려 생각하는 건 힘들다. 아마 재벌들은 돈 생각하지 않고 만나고 다니겠지만 말이다. 보통 대학생이 일주일에 받는 용돈은 5~10만 원 사이. 일주일에 데이트를 한두 번 한다고 치면, 데이트 비용으로도 용돈이 빠듯하다. _혜진

이것은 왜 청춘이 아니란 말인가
이것은, 왜 또 사랑이 아니란 말인가

혜진은 친구와 함께 데이트 비용을 계산해보았다고 한다. 여름이야 밖에서 산보를 하면서 '건강 데이트'라도 할 수 있지만 겨울에는 카페에 들어가 있어야 하고 이벤트를 해야 하고…… 이 모든 것이 돈이다. 일주일에 10만 원 정도가 훌쩍 날아간다. 등록금과 생활비 대기에도 빠듯한 아르바이트 비용으로는 도저히 데이트할 엄두조차 나지 않는다. 여기에는 자기를 '꾸미는' 비용은 들어가지도 않는다. 기념일이 되면 비용은 더 든다. 상대방을 위한 선물도 사야 하고. 여자들은 화장품도 새로 사고 옷도 새로 사야 한다. 혜진은 이런 점에서 연애는 곧 돈이라고 단언한다.

가난하면 사랑도 힘든 세상이다. 잠시 쉬고 가는 데만 2만 원을 하는 모텔비만 하더라도 만만치 않다. 원주캠퍼스 같은 지방대의 경우에는 주변의 눈을 피하려면 차를 타고 멀리 움직여야 한다. 차를 가진 남자가 장땡이라는 말이 그래서 나온다. 원주에는 시내에나 나가야 그나마 값싸게 일을 치를 수 있는 DVD방이 있다. 가격도 서울보다 훨씬 비싸다. 만 원이 넘는다. 학교 주변에서 자취를 하면서 동거를 하는 사람들이 많다는 소문도 있지만, 워낙 좁은 동네다 보니 소문만큼 무서운 것이 없다. 소문이 무서우면 멀리 나가야 한다. 차비며 기름 값이며, 연애 비용은 몇 배로 껑충 뛴다. 이 때문에 남학생들 사이에서는 진정한 '개념녀'는 모텔비를 같이 분담하는 여자 친구라는 말도 있다. 섹스 한 번 하는데도 이들은 고군분투를 해야 한다. 〈한겨레21〉 기사처럼 "사랑은 88만 원보다 더 비싸"기 때문이다.

그래서 이들은 사랑의 등가교환을 선호한다. 사랑에도 주판알을

튕길 만큼 계산적인 사람이기 때문이 아니다. 반대다. 그것이 서로를 배려하는, 새로운 방식의 사랑이기 때문이다. 과거의 사랑이 손해를 감수하고 일방적으로 퍼줌으로써 서로의 사랑을 확인하였다면, 지금은 등가교환을 통하여 서로의 곤궁함을 배려한다. 등가교환이야말로 동등성을 확보하고 유지하는 새로운 형식이다. 이것이 문제인가?

사랑, 인프라가 필요하다

따라서 반성해야 하는 사람들은 오히려 이들의 사랑을 두고 혀를 차는 사람들이다. "지금 대학생들의 사랑에는 낭만이 없다", "사랑을 너무 쉽게 생각한다", "이들의 사랑은 사랑이 아니다", 이런 말을 하는 사람들이야말로 자신이 이야기하는 사랑이 누구에게만 가능한 것인지를 되돌아보아야 한다. 사랑에도 인프라가 필요하다. 우리는 이 사실을 간과한다. 사랑은 단지 눈에 콩깍지가 씐 남녀 사이의 사적인 상열지사일 뿐이라고 생각한다. 사랑하는 이들끼리 만나고 사랑을 유지하기 위해서 어떤 인프라가 필요한지는 전혀 이야기하지 않는다. 우리 사회는 대학생들이 사랑을 사랑답게 나눌 어떤 인프라를 제공하고 있는가. 주는 것도 없이 이들이 점점 더 사랑의 가치를 잃어간다는 비난만 하고 있다.

이들이 사랑의 가치를 잃어버린 것이 아니다. 이들의 이야기를 들어보면 과거와는 달리 그 '순수하고 숭고한 사랑'이라는 것을 중·고등학교 때 이미 경험하는 경우가 많다. 학생들의 글에서도 눈물 없이는 들을 수 없는, 자신을 과감하게 내던지는 순애보 같은 사랑 이야기는 대부분 그 시절의 사랑이다. 한 학생은 자신이 사랑에 빠졌던 누나를 따라 온 집안의 반대를 무릅쓰고 학점을 낮추어 그 누나가 다니는 대학으로 진학하였다고 한다. 다른 한 학생은 고등학교 때 만난 연인과의 사랑을 지키기 위해 부모와 학교의 '탄압'을 무릅쓰고 고군분투했던 이야기를 들려준다. 청소년 때야말로 이들은 사랑의 열병에 몸살을 앓고 사랑 때문에 삶을 내던지는 경험을 한다. 그리고 대학에 온다. 그래서 이들이 대학에 올라와 고민하는 것은 사랑의 가치가 아니라 사랑을 지키고 유지하는 방법이다. 그러나 곧 그들은 대학에 와서 새삼 사랑을 하고, 그것을 지켜나가기에는 자신이 가진 것이 너무 없다는 사실을 깨닫는다. 사랑은, 자신들의 경제적 능력 저 너머에 있다.

여자 친구와 자신의 생애를 새롭게 기획하면서 사랑의 서사를 꿈꾸는 준석의 고군분투가 실현되기 위해서는 주거와 교통, 무엇보다 취업이라는 인프라가 필요하다. 2008년 프랑스 대학생들은 자신들의 주거권을 요구하며 시위를 벌였다. 이들은 학생들을 위한 집을 지어달라고 요구했다. 이때 등장한 포스터에는 부모 집에서, 게다가 부모 사이에서 섹스를 하는 대학생들의 모습이 그려졌다. 집을 구하지 못해 집을 떠나지 못한다면, 그래서 결국 집 안에만 머무른다면 이런 일이 벌어지지 않을 수 없다는 시위였다. 프랑스의 대학생 숫자는 220만 명에 달하지만 하숙집이나 기숙사 등에서 독립해 살고 있는 학생은 15만 명에 불과하다고 한다. 한국에서는 절대 불가능할 것 같은 이런 시위가 빛을 발해서 프랑스 정부는 학생들을 위한 주거공간을 대폭 늘리는 데 예산 8천7백억 원을 집행하기로 결정하였다.

수업시간에 학생들에게 프랑스 대학생들의 투쟁과 그들이 만든 포스터를 보여주자 모두가 경악을 하였다. 한국 학생들은 단 한 번도 자신들이 그러한 권리의 주체라는 생각을 해본 적이 없었기 때문이다. 자신들이 누려야 할 권리의 범위는 주로 공부와 관련된 것들이다. 등록금이 낮아지거나, 더 좋은 도서관이 지어지거나. 대학생은 공부하는 사람이라고 생각하다 보니 공부와 관련된 권리'만'이 자신들의 권리라고 생각해왔다. 대학생들이 공부'도' 하는 존재가 아니라 공부'만' 하는 존재라고 생각하기 때문에 사랑은 그들의 권리 목록에서 누락되어 있다. 사랑하는 것, 사랑하기 위한 것, 이 모든 것이 개인의 책임이자 부담이 되었을 때, 준석과 여자 친구가 켠 공동 통장 하나만으로는 이 망망대해를 헤쳐 나갈 수가 없다. 준석은 친구들조차도 이 통장을 비웃고 있다는 것을 잘 알고 있다. 그의 한 친구는 5년째 도서관에서 칩거 중이다. 그는 자신이 다음에 연애를 한다면 그것은 취업 이후에, 결혼을 위해서라고 잘라 말했다고 한다.

나는 학생들의 이야기를 들으면서 이들이야말로 피난민이라는 생각을 했다. 무엇보다 피난민의 삶은 기획의 대상이 되지 못한다. 이들의 삶에는 안정성이라는 것이 없다. 시간적으로도, 공간적으로도 이들의 삶은 늘 불안정하다. 내일 내 운명이 누구에 의해서 결정될지 몰라 하루하루 불안에 떤다. 그리고 언제든 누군가의 처분에 따르기 위해, 혹은 그로부터 도망을 치기 위해 떠날 준비를 해야 한다. 언제든 짐을 싸야 한다. 그래서 피난민들은 자기 삶의 터전을 상실하고

이것은 왜 청춘이 아니란 말인가
이것은, 왜 또 사랑이 아니란 말인가

그 이후로 다시는 그런 터전을 가져보지 못한 사람들이다. 이들은 이곳저곳을 전전하면서 임시로 살아갈 뿐이다. 따라서 이들의 삶은 필연적이라기보다는 우연에 맡겨져 있다.

자기들의 방이 아니라 삭막한 모텔이나 비디오방과 같은 '빈 공간'을 전전할 수밖에 없는 것, 문자 그대로 피난민들이지 않은가? 소문이 나면 안 되니까 남의 눈치나 보아야 하는 상황도 마찬가지이다. 그 비용 때문에 숨이 턱턱 막히는 것까지. 모텔과 비디오방을 말한다고 해서 이들의 피난민 같은 삶이 단지 섹스만을 말하는 것은 아니다. 우리는 이들이 사랑을 계산적으로 한다고 비난하지만 정작 이들에게 허용된 것은 지속가능한 사랑이 아니라 일시적인 섹스라는 것을 고백해야 한다. '반려' 혹은 '동반'이 무엇인지를 이들은 경험할 수가 없다. 모텔이나 비디오방과 같은 '빈 공간'은 오로지 섹스만을 위한 도구적 공간이다. 여기에는 '살림'이라는 것이 없다. 사랑하는 사람과 삶의 공간을 함께 가꾸어가면서 그 사람과 나를 알고 공동의 무언가를 만들어가는 경험이야말로 삶에서 가장 중요한 경험인데도 이들에게는 공동의 공간이 아예 없다. 같이 상상하고, 같이 성찰하며, 같이 만들어가는 공간에서만 서사가 가능하다. 그런데 함께 가꿀 삶의 공간이 없다. 그런데 어떻게 사랑을 '서사'로 만들어갈 수 있겠는가. 삶이 임시적이고 일시적인 것이 되었는데 어떻게 사랑이 임시적이지 않을 수 있는가. 그리고, 이 임시적인 사랑, 그것은 왜 또 사랑이 아니란 말인가.

높

팔리기 위해
나를
전시한다

나는 뉴욕에서 자유로웠다. 아무도 나를 모른다는 것은 분명 일탈이고 자유였다. 뉴욕이 부자들만 들어갈 수 있는 서부의 해안 도시였다면, 나는 그저 눈팅만 하고 속달같이 돌아오고 싶어 했을 것이다. 그러나 뉴욕은 내가 보기엔 누구나 수용해 주는 곳이었다. 무엇보다도 그곳에선 간섭이 없었다. 돈과 매너와 맵시, 그리고 말발이 있으면 누구나 환영받는 그런 도시였다. 평생 못 입을 것 같았던 미니 청치마를 입고 거리를 활보했다. 그럼에도 그곳에서 난 나름 물 찬 제비 격에 속했고, 비록 명품은 아니더라도 두루두루 벼룩시장, 중저가 브랜드를 마음껏 헤집고 다닐 수 있었고, 또 추수감사절 이후의 폭격세일 기간(Thanksgiving Day Sale)엔 관광객마냥 비싼 명품 숍에 가서 얼마나 디스카운트된 가격이냐, 있는 척도 해볼 수 있었다. 다시 생각해보면 이러한 뉴욕의 문화가, 뉴욕을 움직이는 힘인 것 같다. 누구나 수용해주는 곳, 이분법이 아닌 다분법으로 나뉘어 때가 되면 서로 뭉치기도 하다가 다시 자신의 길을 가고, 그 와중에 사람들은 자신에게 맞는 스타일을 찾아가며 이 과정을 즐겼다. 드라마의 제목처럼 말이다.

여기는 한국. 한국에 와서 나는 옷장을 두 개 가지고 있다. 한 곳에

이것은 왜 청춘이 아니란 말인가
팔리기 위해 나를 전시한다

는 입고 싶어 샀던 원피스들과 뉴욕에서 입었던 청치마들이 들어 있고, 한 곳에는 청바지가 들어 있다. 한국에서 나는 하나의 옷장만을 사용한다. 사람들에게 잘 보이고 싶고 거북함을 주고 싶지 않아서 내 무다리를 가려줄 청바지 옷장만을 찾는다. 여기서 청치마를 입으면 10미터 멀리서부터 남자며 여자며 아래를 쳐다본다. 우와, 용감하다, 응원의 눈길과 함께. 간섭. 무시할 수 없는 그 간섭을 자유와 맞바꾼다. 자신의 스타일을 어디까지 표현하고 나누고 즐기는지는 인간의 자유에 대한 욕망과도 일치한다. 그것이 주위의 의식에 지배당하고 억압되면서 나는 갈등에 빠졌다. 자아를 고수할 것인가 현실과 타협할 것인가……. 그래서 나는 내 욕망, 자유의 옷장을 닫아걸고 현실의 옷장만을 열고 있다.

"너 스타일리시하다(단벌 옷이어서 그것밖에 없었는데)" "뉴요커들은 겨울엔 흰색 스니커즈를 신지 않는다", "무슨 헛소리냐. 신이 한 켤레밖에 없는데", "아 그렇다면 맨발로 다녀야 하는 것이 뉴욕이다", "난 뉴요커 아니고 코리안이다. 코리안은 흰색을 좋아한다". 별별 시답지 않은 스타일 얘기가 오갔던 곳, 자유롭게 내 의견을 말했던 곳, 잘 구운 베이글 위드 크림치즈 앤드 더 시티, 또는 핫 커피 앤드 더 시티, Freedom and the city로 기억에 남는 그곳에 언젠가 다시 훨훨 날아갈 꿈을 꾼다. _혜원

뉴욕에 다녀온 혜원은 〈섹스 앤드 더 시티〉의 주인공처럼 살기 위해서는 무척 까다로운 조건을 모두 충족해야만 한다고 말한다. 무엇

보다 높은 수입이 보장되는 직업이 필요하다. 샬롯을 제외하고 이 영화에 등장하는 모든 인간들은 다 중상류 계층이다. 그리고 슬림한 몸매. 뉴요커들은 목숨 걸고 '슬림한 몸매'를 지킨다. 또 맨해튼에 있는 아파트 주소. 이것이 없다면 뉴욕은 "열심히 눈으로만 봐야 하는 도시"라고 한다. 이러한 조건을 갖추지 못한 사람에게는 "그 비싼 관세 내가며 5번가에서 쇼핑할 이유가 없고 무엇보다도 그날 저녁 먹을 베이글 값도 달랑달랑"한 것이 현실이기 때문이다. 이 학생에게 중요한 것은 "하루 종일 돌아다니고 지친 날 위로해줄 2달러짜리 스타벅스 아메리카노와 역시 2달러짜리 베이글"이었다. 이것은 슬픔이라기보다는 궁핍함이었다고 한다.

그러나 혜원은 그래도 뉴욕에서 자유로웠다고 한다. 한국으로 돌아온 후 그녀는 우리 사회가 소비자본주의의 미덕도 제대로 갖추지 못했다는 것을 깨달았다. 그녀는 자신의 옷장 문을 열고 우리 사회의 치부를 드러냈다. 뉴욕에서는 미니 청치마를 입고 물 찬 제비처럼 거리를 활보하고 다닐 수 있었다. 비록 명품은 아니더라도 벼룩시장 물건이든, 중저가 브랜드든 두루두루 입고 마음껏 휘젓고 다닐 수 있었다. 그러나 한국에 돌아온 후 그녀의 옷장은 두 개가 되었다. 하나는 뉴욕에서 입던 옷들, 그리고 다른 옷장은 한국에서 입는 옷들. 당연히 미니 청치마는 뉴욕 옷장에서 썩고 있다.

한국에서는 스타일이 스타일이 될 수 없다고 한다. 오로지 유니폼처럼 판에 박힌 듯이 맞춰 입고 나온 명품이나 상품화된 스타일만이 허용될 뿐이다. 요즘 유행하는 트레이닝복 패션이 그렇다. 여학생들

이것은 왜 청춘이 아니란 말인가
팔리기 위해 나를 전시한다

은 트레이닝복을 편하자고 입기는 하였지만 그것은 감추고 숨겨야 하는 스타일이라고 생각하였다고 한다. 그러나 이것이 유행하는 스타일이 되자마자 트레이닝복의 운명은 달라졌다. '슬림하게 피트된' 트레이닝복은 이제 하나의 패션이 되어 여자라면 누구나 한 벌쯤 가지고 있어야 하는 아이템이 되었다. 편안한 트레이닝복은 예의가 없는 사회적 비난의 대상이었지만, 아이템이 된 트레이닝복은 누구나 갖춰야 하는 강박이 된다. 일종의 사회적 교복인 셈이다. 이게 대학만 들어가면 아이들이 모두 다 맞춰 입는다고 하는 학교 점퍼와 뭐가 다른가? 악마도 돈이 있어야 프라다를 입을 수 있다지만, 한국에서는 명품만 허용되고 스타일은 허용되지 않는다.

전시, 필사적인 인정투쟁

진태는 매일 거울 앞에 설 때마다 고통스럽다. 자신에게는 "진정한 가치는 내면에 있는 것"이라고 속삭이지만 거울 앞에 서면 "이 옷은 이미 유행이 지난 옷이어서 다른 사람들이 어떻게 생각할까"를 걱정한다. 거리를 지나다닐 때면 진열대에 걸린 스키니 진이 "어이, 이봐, 나를 사야만 친구들과 이야기할 수 있어"라고 말하는 것 같다고 고백한다. 군대에서는 양말 일곱 켤레, 속옷 일곱 벌, 전투복 세 벌로 2년을 버텼는데 "복학하고 나서는 내일은 뭘 입어야 할지가 걱정이고, 새 옷과 신발을 사고 싶은 욕구에 늘 시달"리면서 계절이 바뀌면 옷장이 넘쳐나게 옷을 사는 자신의 모습을 발견한다.

그렇다고 명품을 바라는 것은 아니다. 다만 "어느 정도 수준은 갖추어야 한다"는 강박에 시달린다. 비싼 옷이 탐나서가 아니다. "다른 사람들과 어울리려면 같은 감각을 소유하고 있어야" 하기 때문이다. 유행은 살아 있는 것처럼 사람들 사이를 흘러 다니기 때문에 대세에 적응하지 못하면 곧 도태로 여겨진다. 스타일은 나를 드러내기 위한 것이지만 내가 너와 다르지 않음을, 곧 같은 무리임을 드러내기 위한 것이다. '나를 드러내기'와 '남과 다르지 않음을 드러내기', 얼핏 보면 이율배반적인 이 두 가지는 소비를 통해 동시에 드러나야 한다. 이 양자 사이에 갇혀 오도 가도 못하며 내면의 아름다움을 이야기하면서도 대세를 따르지 않을 수 없는 자신의 모습이 안쓰럽다고 진태는 고백한다.

옷을 고르다 보면, 하나만 딱 마음에 들면 좋겠지만, 그런 경우는 흔하지 않다. 보통 두어 개의 '후보들' 중에서 일생일대의 심각한 고민에 빠지게 된다. 우선 일반적으로 나한테 얼마나 잘 어울리는가에 대해 고민을 한다. 거울 앞에서 보기도 하고, 직접 입어보기도 한다. 그 옷을 입었을 때 오직 '나'만이 근사해질 수 있는 무언가를 찾는 작업이며, 의미를 부여하는 과정이다. 하지만 그 물망의 대상으로 오른 '후보들'은, 이미 수많은 '너'들이 보았을 때 잘 어울릴 만한 것들이다. 괜찮아 보이는 몇몇 옷가지들, 그러니까 내가 쇼핑카트에 넣을까 말까 고민하는 것들은, 내가 입어야만 빛이 나는 것 이전에

이것은 왜 청춘이 아니란 말인가
팔리기 위해 나를 전시한다

'너'들 사이에서 빛이 나고 있는 무엇이다. '멋있게 보인다'고 생각하는 데는 수많은 '너'들 사이에서 '너'들이 멋있다고 느끼는 것을 말한다. 그러나 '멋있다'는, 그 '멋있게 보이는 것'이 나에게도 공감이 된다는 말이다. "예쁘게는 보이지만, 별로 예쁘진 않네. 잘 안 어울리겠어"라는 말은 이것을 두고 하는 말이다. 이미 선택의 범위에는 다른 사람의 이목까지가 포함되며, 그 속에서 내가 얼마나 잘 보일 수 있는가를 세부 선택하는 것이다. 그런 의미에서 내가 선택할 옷의 범주는 이미 정해져 있다. 그것은 '내가' 봐서만 멋진 것이 아니고, '모두'가 봤을 때 멋진 것이 되어야 한다. '유행'이나 '트렌드'라는 것이 바로 이런 것이다. 이미 백화점이나 의류 매장에서 '유행'이라고 제시해놓은, 그 근사한 스타일 중에서 내가 마음에 드는 옷을 고르는 것이다. 모두가 봤을 때 멋진 것에 대한 범주 안에서, 우리는 선택을 시작한다. 오늘도 나는, 남들이 정해준 멋진 옷들 사이에서 서성인다. _명균

우리는 소비를 통해서 '다른 존재'임을 부각시키려고 하지만 동시에 '너와 같은 트렌드'에 속해 있음을 증명하려고도 한다. '다른 사람과 달라 보이기 위해서 소비하는 명품'이 '남들과 아무런 차별성이 없는 대중'으로 회귀해버린다. 명품의 획일화가 일어나고 있는 것이다. 진짜든 짝퉁이든 거리에는 많은 이들이 프라다, 구찌를 들고 다닌다. 모두가 가진 똑같은 명품이란 '명품 아닌 명품'이다. 따라서 명품이 자신의 특별함을 강조하기보다는 다른 사람과 어울리기 위한,

소외되지 않기 위한 'MUST HAVE 아이템'이 되어버렸다. 모두가 똑같은 '버섯머리를 하고, 뿔테 안경을 쓰고, 스키니 진'을 입고 있다. 브랜드가 없으면 자신감도 없어진다. 명품의 평준화가 일어나는 순간 자본주의는 새로운 명품을 탄생시키며 사람들을 영원히 그 굴레에서 벗어나지 못하게 한다.

자현은 자신의 언니 이야기를 들려주면서 "우리는 쓰기 위해서 소비를 하는 것이 아니라 버리기 위해서 소비를 하는 것"이라고 지적한다. 언니는 지독한 쇼퍼홀릭인데 한정판 가방을 사기 위해 자신을 깨워서 새벽 6시에 매장 앞에 줄을 세우기도 하였다. 언니는 "사람들에게 있어 보이기 위해" 명품을 소비한다고 당당히 말한다. 즉 쓰기 위한 소비가 아니라 다른 사람에게 보이기 위한 소비를 하기 때문에 아이템은 늘 '신상'으로 바뀌어야 한다. 이것은 버리기 위한 소비에 불과하다. 놀랍게도 자현은 명품은 일회용품이라고 단언하였다. 한 번 쓰고 버리는 일회용 티슈나 한 번 쓰고 옷장으로 직행하는 명품이나 다를 바가 없다는 말이다. 이런 점에서 '1년을 입어도 10년 같고, 10년을 입어도 1년' 같아 오래도록 품위가 떨어지지 않는다는 명품은 사기라는 것이 자현의 결론이었다.

이들은 우리가 소비자본주의의 덫에서 빠져나오지 못하는 가장 큰 이유가 타인의 시선 때문임을 잘 알고 있다. 남에게 보이기 위해서 소비하는 패턴을 유지하는 한 이 덫에서 빠져나올 길은 없다. 그러나 이것은 단지 남에게 잘 보이기 위한 것만은 아니다. 타인의 시선을 통해 자존감을 획득하는 과정이기도 하다. 그렇기 때문에 이것은 고통이기만 한 것이 아니라 쾌감이기도 하다. 자신이 사회에서 존재할 만한 값어치가 있다는 것을 스스로 드러내는 과정이다. 그 타인의 시선에는 '나의 시선'도 포함되어 있다.

"여자여, 7, 8, 9센티의 아찔한 기둥을 달고 달아오른 거리를 걸어라." 내가 좋아하는 블로거가 쇼윈도에 디스플레이된 화려한 힐 사진과 함께 적어둔 멘트이다. 나는 이 멘트를 읊조리거나 거리를 경쾌하게 내딛는 힐을 볼 때마다 〈섹스 앤드 더 시티〉와 〈악마는 프라다를 입는다〉를 직관적으로 떠올린다. 후자의 경우 케이블 방송을 통해서 서너 번이나 보았는데, 볼 때마다 드는 생각은 오늘날의 모든 소비자가 다중인격자라는 사실이다. 힐 위에 오똑 서 있는 여자들의 내면에는 과연 어떤 것이 숨어 있을까. 같은 여자이지만 아직까진 기동력이 뛰어난 스니커즈가 좋기만 한 나로서는 종종 궁금해지곤 하는 점이다. 힐을 신은 여성들이라면 누구나, 고개를 빳빳하게 들고 허리도 꼿꼿하게 세우며 높은 곳에서 낮은 곳으로 내려다보는 시선을 통해 묘한 희열감을 느껴본 적이 있을 것이다. 그러나 또 한 번 생각해볼 것은 바로 그 화려함과 황홀한 뒤에는 스타일을 고수하기 위해 발의 통증을 감수하는 '다른 나'의 모습이 숨어 있다는 사실이다. 스타일로 승화시킨 고통, 감내하는 내면의 '다른 나', 이것은 다름 아닌 소비주의 시대에 적어도 네댓 개에서 불황에는 예닐곱 개까지도 된다고 하는 모든 소비자의 가면이다. _자민

자민은 소비를 '승화된 고통'이라고 불렀다. 남자들에게는 힐을 신는 여성들이 '안쓰러워 보이지만' 여자라면 발의 통증 정도는 화려함과 황홀함을 위해 견딜 수 있어야 한다고 말한다. 이것은 비합리적인 행위가 아니다. 통증을 느끼는 나 이외에 그 통증을 견딜 정도로 스타일을 고수하며 즐기는 '나'가 있으며, 그 '또 다른 나'는 나름대로 합리성을 가졌기 때문이다. 회사원들이 편의점에서 삼각김밥과 컵라면을 사 먹고는 바로 그 앞 스타벅스에서 6천 원짜리 커피를 사 마시는 것도 자신만의 합리성을 추구하는 과정이다. 단순한 허영이 아니다. 6천 원짜리 괜찮은 국밥을 먹고 백 원짜리 자판기 커피를 마실 때와는 비교도 되지 않는 메트로폴리탄 라이프스타일과 분위기, 그리고 나르시시즘을 사는 행위이기 때문이다. 남이 인정해주지 않는다면 나라도 나를 인정해야 한다. 우리 모두는 일종의 나르시시스트들이다.

이것은 타인과 나 모두에 대한 인정투쟁(認定鬪爭)이다. 인정투쟁이란 사람은 다른 사람에게 그 존재 가치를 인정받을 때 비로소 사람이 된다는 말이다. 우리 모두는 타인의 시선을 욕망하고 있다. 누군가에게 무엇이 되는 것이 절대적이다. 그래서 우리 모두는 엄마에게 인정받기 위해, 또는 친구에게 인정받기 위해, 혹은 더 나아가 국가로부터 나의 공적을 인정받기 위해 필사적인 노력을 퍼부으며 살아간다. 과거에는 공적인 공간에서 자신을 주체적 존재로 드러내는 일이 인정투쟁이었다. 그러나 지금의 인정투쟁은 자신을 하나의 '캐릭터'로 잘 포장하여 드러내는 것이다. 우리가 살아가는 사회는 이미

이것은 왜 청춘이 아니란 말인가
팔리기 위해 나를 전시한다

전시회가 되었다. 우리 모두는 자신을 드러내야 하는 주체이면서, 동시에 남들에 대해서 끊임없이 품평하는 주체들이다. 바꿔 말하면 우리는 구경되는 상품이면서 동시에 품평당하는 대상인 셈이다. 그래서 독일의 철학자 벤야민의 말대로 우리는 상품이 끊임없이 전시된 아케이드를 걸어 다니며 품평을 하는 도시의 산책자이면서 동시에 그 아케이드에 전시되어 있는 상품인 셈이다. 품평, 그것이 우리 시대의 의사소통법이다.

그래서 남들이 보고 비난할 모습은 곧 남에게 보이고 싶지 않은 모습이기도 하다. 명진은 명품에도 스타일에도 관심이 엄청나게 많다. 언제나 풀 메이크업과 하이힐은 기본이며, 석 달에 한 번 정도는 미용실에 가서 헤어스타일에 변화를 주고, 옷장에는 사놓고 딱 한 번 입고 넣어둔 옷들이 넘쳐난다. 엄청나게 비싸지는 않지만 가방과 옷, 향수, 액세서리 등 명품, 준명품에 속하는 몇 가지 아이템을 가지고 있다. 명진은 트레이닝복을 좋아하기도 한다. 목 늘어난 티셔츠를 즐겨 입기도 하고, 화장을 하지 않은 날이면 머리도 감지 않은 채 모자만 푹 눌러쓰고 다니기도 한다. 또 이런 패션에는 번잡한 액세서리는 절대 하지 않는다고 한다.

풀 세팅을 하고 온 날이면 명진은 무슨 일에서든 자신감이 넘친다. 친구들을 만나도 내가 먼저 활기차게 인사를 하고, 그런 날만큼은 만인에게 친절한 천사가 되기도 한다. 특히 어디 여행을 가거나 사진을 찍게 되는 일이라도 있으면 더 세심하게 신경을 써서 꾸민다. 미니홈피를 통해서 자신을 보고 있을 다수에게 항상 잘 차려진 모습만 보이고 싶기 때문이다. 하지만 후자의 경우에는 누군가와 마주칠까 두렵기까지 하단다. 수업시간에도 그냥 구석에 짱박혀 출석에 대답만 하고, 수업만 듣고, 소리 소문 없이 사라진다. 이런 날에는 빨리 집에 돌아가기만을 바랄 뿐이다. 하루는 폐인 모드로 학교에 갔더니 친구들이 "너무 정감 있다", "인간다워 보인다", "너도 사람이구나"라며 박장대소를 했단다. 겉으로는 "어떻게 만날 꾸미고만 다니냐"며 웃음으로 답했지만, 맘속으로는 '내일은 꼭 화장하고, 구두 신고 오리라' 다짐하게 된다.

캐릭터는 끊임없이 자신을 치장하고 드러내야 한다. 치장되지 않은 것은 남에게 보여주어서는 안 된다. 여기서 아이러니가 발생한다. 명진의 경우처럼 '자연스러운 것'이 트렌드가 되고 '의도된 것'일 경우에는 허락되지만 '그냥 놔둔 것'일 때는 금기시된다. 앞에서 이야기한 트레이닝복처럼 유행이라면 모를까 그렇지 않다면 명진의 고백처럼 동네 마실조차도 힘들어진다. 이처럼 캐릭터는 아이템으로 승부를 건다. 그리고 이 아이템을 통해 자신이 누구와 동류인지를 파악한다. 그것이 유행이다. 따라서 캐릭터는 자신을 드러내는 동시에, 자신을 숨겨야 한다. 자신을 남과 다르게 드러내기 위해서 소비를 한다고 하지만 사실 명품 소비에서 중요한 것은 그들과 내가 같은 경향에 있다는 것을 드러내는 것이다. 빛이나는 이것을 '소리 없는 전쟁'이라고 이름 붙였다.

TV 프로그램도 그렇다. 빛이나에 따르면 우리는 TV를 볼 때조차 프로그램을 즐기는 것이 아니라 소비하고 있다. 그 내용을 알지 못하

이것은 왜 청춘이 아니란 말인가
팔리기 위해 나를 전시한다

면 친구들 간의 대화에 함께할 수 없기 때문이다. 그 방송을 보지 않았다면 '공감대가 형성되지 않고 그 어떠한 감정도 불러일으키지 못하기'에 '웃어야 할 때 함께 웃지 못하고' 결국 사회에서 탈락하게 된다. 따라서 '그 프로그램을 시청하는 데 시간을 소비하지 않으면' 상호인정이라는 이 '소리 없는 전쟁'에서 패자가 되고 만다.

우리는 상품에 대한 소비에서 타인의 시선을 소비하는 것으로 옮겨야 한다는 것을, 그리고 이제는 타인의 시선을 소비하기 위해서 시간과 공간을 소비해야 한다는 것을 깨닫는다. 명품을 소비할 때 명품만 소비하는 것이 아니다. 명품을 사기 위해 걷는 백화점이라는 공간, 그 공간에서의 서비스, 그리고 남들이 나를 바라보는 시선, 그 시선 속에서 만들어지는 동류의식, 이 모든 것을 한꺼번에 소비한다. 우리가 최종적으로 소비하는 이미지는 자기 자신의 이미지, 즉 자신을 바라보는 자신의 시선이다. 우리는 소비의 현장에서 두 가지 자아를 발견한다. 그곳에서 물건을 소비하며 흡족해하는 자기 자신과 그러한 자기 자신을 바라보는 나르시시즘에 젖어 있는 자기 자신. 나르시시즘에 젖은 내가 소비하는 것은 나의 정체성과 합리성이다. 정체성은 내가 같은 것을 소비하는 사람들과 공유하는 과정이다. 합리성을 소비한다는 것은 이런 나의 소비가 낭비나 궁상이 아니라 대단히 합리적인 행위라는 것을 증명하는 과정이다. 이런 점에서 소비주의는 비합리적인 것이 아니라 합리성의 새로운 형식이라고 할 수 있다.

다이어트, 몸이 최고의 아이템이다

상품이 그 사람이 사는 방식의 합리성을 드러낸다 할 때 그 정수에 '몸'이 있다. 몸은 아름다움의 대상일 뿐 아니라 이 시대 우리 모두가 따라야 하는 율법인 자기관리를 얼마나 철저히 하고 있는가를 증명하는 상징이자 결과이다. 왜 그렇게 고생을 해가면서 살을 빼느냐고 타박을 하던 사람들도 다이어트를 하지 않고 몸매가 망가지기라도 하면 바로 비난을 한다. 몸이야말로 최고의 구경거리이다. 몸은 옷 안에 감추어진 '자연'이나 스타일을 통해서 가릴 수 있는 것이 아니라, 옷을 통해 드러나야만 하는 '문화'이다. 우리는 몸을 감추기 위해서가 아니라 드러내기 위해서 옷을 입는다. 그렇기 때문에 잘 가꾸어진 몸이야말로 자신을 팔릴 만한 캐릭터로 만들기 위해서 최우선적으로 갖추어야 할 아이템이다. 몸이라는 아이템은 이데올로기도 초월한다. 2010년 남아공 월드컵 당시 북한과 브라질의 멋진 경기 이후 사람들은 북한의 만화골을 넣은 지윤남의 초콜릿 복근, 식스팩에 주목했다. 한국의 언론은 그의 복부를 대문짝만하게 보여주며 '인민복근'이라 불렀다. 복근이 반공반북 이데올로기를 이겼다.

원래 몸은 노동의 도구였다. 그래서 국가의 관리 아래 있었다. 과거에 국가는 노동력을 효율적으로 관리하고 보호하기 위해 국민의 신체를 국가의 감시 밑에 두었다. 많은 이들의 기억 속에 있는 채변봉투가 대표적인 사례이다. 건강을 위해 잡곡을 먹으라면서 도시락을 검사하기도 했고, 몸을 튼튼히 한다고 온 동네 유지들을 다 모아놓고

이것은 왜 청춘이 아니란 말인가
팔리기 위해 나를 전시한다

운동회를 매년 개최하기도 했다. 또 국민 체조를 전국에 보급하였다. 이 모든 것이 몸과 건강을 국가의 감시와 책임 아래 두기 위한 방책이었다. 이때 국가의 목적은 일을 하도록 만드는 것, 그리고 보다 일을 잘할 수 있는 효율적인 몸을 만드는 것이었다. 지그문트 바우만에 따르면 이 당시에 국가를 지배하던 관념은 노동윤리였다.

그러나 더 이상 국가가 노동력을 재생산할 필요가 없어지는 때가 도래하면서 이 노동윤리는 상품미학으로 대체되었다. 다이어트는 노동의 도구인 몸이 어떻게 노동의 대상에서 상품으로, 윤리의 대상에서 미학의 대상으로 바뀌었는가를 극명하게 보여준다. 건강하고 노동을 잘할 만한 몸이 아니라 보기 좋고 자기관리를 잘한 듯 보이는 몸으로 포장하는 것이 중요하다. 몸을 가꾸는 일이 개인에게 가장 중요한 프로젝트가 된 것이다. 몸은 노동윤리의 대상에서 자기관리라는 새로운 윤리의 지표가 되었다. 그런데 내면의 아름다움이라고?

남자고 여자고 뚱뚱한 몸매를 하고 면접을 보러 가면 당장 이런 말을 듣게 된다. "다른 사람 시선을 전혀 신경 쓰지 않고 사시는 분인가 봐요", "자기관리를 전혀 안 하시는군요". 이것이 가장 무서운 비난이다. 자기관리에 실패하였다는 것은 스스로를 사회적으로 가치 있는 존재로 만들 의지도 능력도 없다는 말이다. 잉여를 자초하는 짓이다.

여전히 우리 사회는 성공한 여성들은 날씬한 몸매를 가지고 있다고 여기며, 뚱뚱한 사람들이 지나갈 때면 "저 사람, 왜 저렇게 자기관리를 못 해! 게을러빠져서는"이라는 말을 심심치 않게 한다. 다이어트에 성공한 사람들이 방송에 나오는 방법을 보면서 "정말 대단하다, 어떻게 저런 자제력과 의지를 가질 수 있을까? 나도 저렇게 되고 싶다"고 이야기한다. 44사이즈 열풍을 몰고 올 만큼 날씬한 몸매에 대한 열기, 다이어트에 대한 관심은 낮아질 줄 모른다. 다이어트 식품과 약품, 기구들이 매년 끝없이 쏟아져 나오고, 다이어트를 위한 학원이며 전문 업체가 우후죽순 등장하며, 심지어 성형수술로 인한 사망까지, 여성의 날씬한 몸매 만들기가 낳은 수없이 많은 문제와 편견들, 그리고 그렇게 행동하게 만드는 사회 구조가 존재하지만 여전히 우리 사회는 다이어트를 단순히 여성 개인의 문제로만 치부해버리고 있다. 과연, 다이어트는 나처럼 날씬한 몸매를 만들고 싶다는 욕망을 가진 여성이 짊어지고 가야 할 평생의 짐인 것일까? _진아

다이어트에 성공하면 당당해질 수 있다. 남이 잘 봐준다는 뜻만이 아니다. 내가 스스로에 대해서 당당해질 수 있다. 길을 걸을 때도 더 당당하게, 말 한마디를 하더라도 주눅 들지 않고 할 수 있다. 트레이닝복을 입었을 때는 동네 슈퍼마켓에 가면서도 숨어 다니지만 풀 메이크업으로 화장하였을 때는 왠지 모르게 더 당당하다. 하이힐을 신었을 때 고통스럽지만 고개를 꼿꼿이 들 수 있는 것과 마찬가지이다. 남자 친구를 얻는 것도, 취업을 위한 면접에서 당당하게 자신의 포부를 이야기할 수 있는 것도 다이어트에 달려 있다. 그래서 다이어트는 자기 자신과의 인정투쟁이기도 하다. 그리고 이것은 아름다워지기

이것은 왜 청춘이 아니란 말인가
팔리기 위해 나를 전시한다

위한 투쟁이 아니라 살아남기 위한 투쟁이다.

성희가 다이어트를 시작한 것은 오빠의 한마디 때문이었다. "남자 만나기 포기한 꼬라지하고는. 너 그러다 나보다 몸무게 더 나가겠다." 이 한마디로 성희의 다이어트 고군분투기는 시작되었다. 친구를 만나고 술 마시는 것을 좋아하는 성희가 다이어트에 성공하기 위해 가장 먼저 해야 했던 일은 친구들과의 인연을 끊는 일이었다. 친구들과 만나는 횟수가 곧 뱃살의 무게였다. 자주 만나는 친구들의 전화번호를 모두 다 스팸으로 걸어놓았다. 친구들에게는 위염 걸려서 한약 먹는다고, 술은 물론이고 음식도 가려 먹어야 해서 외식을 할 수 없다고 통보했다. 방학 때 친구 중에 위염이라고 이야기하는 친구가 있으면 '아, 다이어트 하는구나' 하고 알아듣고 그녀를 돕기 위해 알아서 연락을 안 한다고 한다.

본격적인 다이어트가 시작되었다. 성희는 스스로를 참 '독한 년'이라고 회상하였다. 아침에는 연두부 하나와 오이 하나, 점심은 반의 반 공기 밥, 저녁은 4시 반에 한두 숟갈의 밥과 상추나 오이로 때웠다. 하루에 섭취하는 칼로리가 5백 킬로칼로리였다고 한다. 운동도 필수다. 저녁 7시부터 8시까지 빠른 걷기, 9시까지 줄넘기, 10분 마무리 운동을 하루도 거르지 않았다. 장마철에는 근처 중학교 운동장 구령대에서 두 시간씩 줄넘기를 하는 걸로 대체했다. 덕분에 성포중학교 수위 아저씨와 매우 친해질 정도였다. 버스 타고 30분 거리에 있는 대학에 방학 강좌를 들으러 갈 때는 세 시간씩 MP3를 들으며 걸어 다녔다. 이왕 하는 김에 끝장을 보자는 생각에서 병원에서 식욕

억제제를 처방 받아 먹기도 하였다. 가장 힘들었던 것은 역시 친구를 끊는 일이었다. 가장 친한 친구의 생일날만큼은 차마 외면할 수 없어서 축하 파티에 나갔는데, 그날 먹은 파스타를 소화시키기 위해 집에 돌아와 한 시간 동안 줄넘기를 하는 바람에 기절하듯이 잠이 들었다.

    진아는 다이어트는 '과학'이라고 말한다. 그렇기 때문에 자기관리의 지표가 될 수 있다는 것이다. 다이어트를 시작하면서 매끼 먹는 음식을 수첩에 적고, 모든 음식의 칼로리가 빡빡하게 적힌 표를 보면서 칼로리를 계산하게 되었다. 무슨 음식을 얼마나 먹었는지를 매번 확인하면서 필요 이상의 열량 섭취를 막기 위해서였다. 밥의 양은 이전의 삼 분의 일로 줄이되 식사 시간은 30분 이상으로 늘렸다. 빨리 먹게 되면 포만감을 느끼기도 전에 이미 너무 많은 음식을 먹어버리기 때문이었다. 적은 양의 밥을 오랜 시간 먹기 위해서 진아는 밥알을 백 번 이상은 꼭꼭 씹어 먹어야 했다. 군것질은 절대 안 되고, 가끔 너무 너무 먹고 싶어 미치기 일보 직전인 경우에만 새벽부터 일어나 한두 개 먹는 것만 허용했다.

    그러나 학생들은 이구동성으로 다이어트는 빼는 것보다 빼고 난 다음에 그것을 유지하는 것이 더욱 힘들다고 말한다. 진아는 체중을 감량한 이후 아침에 일어나 제일 먼저 기숙사 지하 운동실에 내려가 체중을 잰다. 음식을 많이 먹은 저녁에도 집으로 들어오자마자 체중을 잰다. 혹시나 체중이 늘어나지는 않았을까 하는 불안감 때문이다. 먹고 싶다는 욕망을 참지 못하고 많이 먹게 된 날에는 먹은 음식들을 머릿속에 하나하나 그리면서 극심한 스트레스를 받게 되었다. 또 자

이것은 왜 청춘이 아니란 말인가
팔리기 위해 나를 전시한다

신에 대한 혐오감까지 느끼게 되었다. 가끔은 참지 못하고 먹고 싶은 음식들을 먹어치우면 위에서 불쾌함을 느껴 '나는 이것밖에 안 되는 사람인가', '그동안 죽기 살기로 다이어트를 해서 살을 빼놓고 이게 지금 무슨 짓인가', '이런 짐승보다 못한 인간아' 하고 소리치며 먹은 음식들을 토해내기도 했다.

이들이 온갖 다이어트를 하면서 깨달은 것은 다이어트에는 끝이 없다는 사실이다. 어느 정도까지 살만 빼면 될 줄 알았는데 유지의 문제가 뒤따른다. 게다가 세상은 변덕스럽게 이러저러한 새로운 몸매를 요구한다. 빼도 빼도 더 빼라 이야기하고, 다 빼고 나면 아름답게 라인을 유지해야 한다고 이야기한다. 성희는 누가 이런 기준을 세우고 강요하는지 "만나면 죽여버리겠다"고 푸념한다. 진아는 바로 그 지점에서 다이어트를 그만두었다. 다른 사람의 눈이 아니라 자기 자신의 눈으로 자신을 바라보고 싶어졌기 때문이다. 내가 누구를 위해서 이 끝없는 고생을 해야 하는가를 의심하기 시작하는 순간 다이어트를 해야 할 이유가 없어졌다.

그러나 이들 모두가 잘 알고 있다. 다이어트를 포기하고 자신의 몸을 사랑하려는 순간 엄청난 고독과 고립을 감수해야 한다. S라인과 초콜릿 복근이 아닌 다른 몸으로 산다는 것은 우리 사회에서 용납이 되지 않는다. 개그맨도, 가수도, 아이돌도, 배우도, 10대도, 20대도, 30대도, 50대도 모두가 다 공장에서 찍어 나온듯한 복근과 몸매를 공개하는 시대이다. 프랑스의 철학자 보드리야르가 말한 것처럼 중세에는 인간의 영혼이 육체에 갇혀 있다고 믿었다면, 이 시대에 우리는 육체가 피부에 갇혀 있다고 믿는다. 그리고 이 육체는 피부를 뚫고 드러내고 전시해야 하는 것이라 믿는다.

자기관리와 자기감시 사이에서

〈동물의 왕국〉을 연상케 하는 학생들의 다이어트 이야기를 들으면서 이 시대 윤리의 실체가 자기관리가 아니라 자기감시임을 알게 되었다. 앞에서 이야기한 것처럼 이제 개인은 자신의 몸에 대해서 모든 책임을 스스로 져야 한다. 기업가가 자기 자산을 다루듯이 자기 몸을 다루어야 한다. '관리'란 끊임없는 감시와 측정이다. 먹는 시간과 양을 감시하고 측정해야 한다. 잠도 감시와 측정의 대상이다. 진아의 말처럼 삶 전체가 과학의 대상이 되었다. 그런데 이 과학의 왕국은 동시에 동물의 왕국, 즉 동물원이다. 우리의 몸은 공장에서 일하기 좋은 몸이 아니라 동물원에 전시하기 좋은 몸으로 변형되었기 때문이다. 이 동물원에서 누군가 욕망하는 몸, 누구나 바라보는 몸이 되기 위해서 오늘도 우리는 러닝머신 위에서 죽도록 뛰어야 한다. 이것이 대학생들의 스펙 1호, 몸이다. 몸이야말로 품평의 대상이 된 것이다.

앞에서도 말한 것처럼 품평은 우리 시대의 의사소통이다. 원래 의사소통이란 어떤 의미를 타인에게 전달하고 설득하고 공유하는 행위이다. 의사소통에서 가장 중요한 매체는 말이나 글이었다. 그러나 이 시대의 의사소통은 청각적이고 성찰적이라기보다는 시각적이고 즉

이것은 왜 청춘이 아니란 말인가
팔리기 위해 나를 전시한다

자적이다. 미니홈피나 블로그, 혹은 트위터에서 우리가 전달하는 이야기는 더 이상 문자언어가 아니라 그 자체로 하나의 이미지이다. 트위터를 보라. 트위터 안에서 우리는 자신을 '자유롭게' 표현하기 위해서가 아니라 '가장 잘' 표현하기 위해서 고심한다. 140자는 말과 단어, 혹은 개념의 연속이 아니라 그 자체로 하나의 이미지처럼 우리의 시각을 때린다. 의미가 아니라 그 140자가 한 덩어리로 던지는 느낌이 훨씬 더 중요하다.

사실 이 경향은 대학교 강의실에서도 마찬가지이다. 첨단 수업이니 시청각 교재 활용이니 하면서 모든 강의실에서 파워포인트로 프레젠테이션 자료 수업을 권장한다. 덕분에 모든 강의실은 항상 어두컴컴하다. 수업시간에 강의실 밝기를 줄이고, 강사가 학생들이 아니라 화면을 바라보면서 프레젠테이션 자료에 쓰인 것을 그대로 읽는다. 학생들은 영화 관람객처럼 강사의 수업을 '구경'한다. 그러면서 가끔 새로운 기법이나 아이템이 등장하면 "오오!" 하고 감탄한다. 강의는 쇼가 되었고, 언어는 전시품이 되었다. 한 철학자의 말을 빌리면 장식미학이 내용보다 중요하다. 정보와 성찰과 소통, 이 모든 것이 다 구경거리이다. 우리는 강의실에서 오가는 정보를 습득하는 것이 아니라 품평한다. 그래서 나는 종종 이야기한다. "파워포인트에는 파워도 없고 포인트도 없다." 넘쳐나는 '소통'의 도구들 속에서 성찰과 소통은 드라마틱하게 줄어들었다. 평등한 양방향 소통이란 알고 보면 일방향의 촘촘한 그물망일 뿐이다. 이 그물망의 언어가 바로 '품평의 언어'인 셈이다.

자기 자신을 전시하고 남을 품평하는 속물들의 세상이 바로 동물원이다. 자신이 가진 모든 것을 전시해야 하는 동물원이 된 사회에 사생활 따위는 존재하지 않는다. 사생활은 사회로부터 내가 물러날 수 있는 권리이다. 그러나 우리 사회에는 물러날 수 있는 공간이 전혀 없다. 한편에서는 안전을 위해서 일상 모두를 공개적으로 감시한다. CCTV가 대표적이다. 다른 한편에서는 내시경 사진까지 몽땅 다 공개하고 살아야 존재가치를 인정받을 수 있다. 근대사회가 가정한 인간 존엄의 가장 근본적인 기반이 붕괴한 것이다. 이런 사회에서 우리는 근대적 의미에서 더 이상 존엄할 수가 없다. 다만 그 존엄을 비웃을 수 있을 뿐이다.

　인정투쟁을 위한 의사소통 자체가 변했다는 것은 우리에게 심각한 반성을 요구한다. 더 이상 상품화나 물신화에 대한 비판으로는 이들에게 다가설 수 없다. 사람의 몸이 어떻게 '꿀벅지'니 '말벅지'니 하며 상품화 될 수 있느냐는 비판은 너무나 촌스러운 말이 되어버렸다. 반면에 수업시간에 성형수술에 대해 이야기하는 것은 너무나 자연스러워졌다.

　앞에서도 잠시 이야기하였지만 덕성여대에서 '꿀벅지'라는 말에 대해 여성으로서 모멸감을 느끼는가를 두고 토론하는 동안 한 학생은 거의 울음을 터트릴 뻔하였다. 생각보다 많은 친구들이 누군가가 자기를 '꿀벅지'라고 불러주면 섹시하다는 뜻이니 기분이 좋아진다고 말을 하자 당황스러움을 감출 수가 없었기 때문이다. 여성으로서 어떻게 그렇게 상품화에 대한 감수성이 없느냐며 이 학생은 분노를

이것은 왜 청춘이 아니란 말인가
팔리기 위해 나를 전시한다

터트렸다. 하지만 다른 학생들의 반응은 냉담하였다. 품평의 대상이 되다는 것, 그것은 곧 내가 사회적으로 존재할 만한 가치와 의미를 획득했으며 인정투쟁에 승리했다는 뜻이기 때문이다. 이들의 인권이나 존엄에 대한 감수성, 그리고 사회의식이 이전 세대들보다 한심할 정도로 떨어진 것이 아니다. 그들에 대한 우리의 질타와 비판의 언어가 그들의 귀에는 참기 어려울 정도로 지겹고 고리타분한, 후지고 하나 마나한 말씀이 된 것뿐이다.

중

돈은
자유다

내가 부모님께 종종 듣는 말이 있다. "돈 많이 벌면 뭐하냐. 쓸 데도 없다. 그냥 너 먹고 쓸 수 있을 만큼만 벌어라." 즉 이 말은 내가 필요할 때 어떠한 것을 구할 수 있는 교환의 의미로서의 돈의 역할을 말씀해주셨던 것이다. 어렸을 때부터 이런 말을 듣고 커와서인지는 몰라도 난 딱히 돈 욕심이 없다. 돈 욕심이 없다 보니 직업도 돈 많이 버는 직업을 선택할 필요가 없다. 그래서 나는 내가 하고 싶은 일을 남보다 좀 더 부담 없이 선택한다. 이러한 나의 마인드 때문에 꼭 논쟁이 되는 것이 하나 있다. 장래 문제이다. 내 친구들, 동기들 중에는 돈을 많이 벌고 싶어 하는 사람들이 많다. 돈에 중점을 둔 친구들과 장래를 이야기하면 꼭 나한테 한마디씩 한다. "야! 봉사활동해서 자식새끼들 어떻게 먹여 살리려고 하냐? 돈도 못 버는데 그 일 왜 하냐?" 나는 대답한다. "돈 많이 벌면 뭐하냐? 살아가면서 인간으로서의 최소 품위 유지비만 벌면 살아가는 데 아무 지장 없다." 그럼 친구, 동기들은 "만약 니 자식이 나 피아노, 스키, 골프 등 돈이 들어가는 것을 배우고 싶다고 하면 넌 어떻게 할 거냐?"라고 묻는다. 그럼 난 대답한다. "내가 능력이 되면 해주는 거고 아님 스스로 벌든 어떠한 방법을 통해서 하게끔 가르쳐야지". 고럼 주변

이것은 왜 청춘이 아니란 말인가
돈은 자유다

에선 왈~ "그건 니 자식에게 살아가면서 어떠한 기회 같은 것을 줄 가능성이 줄어드는 것 아니냐? 아버지로서 안타깝지 않냐" 등등. 계속 이런 비슷한 이야기가 반복된다. 확실히 봉사에 관련된 일을 하면 돈은 적게 벌 것이다. 그래도 최소의 품위 유지비는 벌 것이다. 하지만 미래 내 자식이 골프 등등 돈이 들어가는 어떠한 것을 원할 때 해줄 수 없을 수도 있다. 그럼 내 마음은 찢어질 테고……. 아~~ 요즘 약간의 나이도 먹다 보니 친구들과 이러한 이야기를 많이 하게 된다. 할 때마다 내가 말꼬리를 흐린다. 모르겠다. 난 지금까지 돈보단 일단 하고 싶은 어떠한 것을 추구해왔다. 하지만 지금 '내 생각이 바른 것인가?'에 대해선 명확하게 말하지 못하겠다. 아오!!~~~~ 정말 어려운 문제…… ㅜㅜㅜ 아직도 고민 중~~ _경석

경제가 좋지 않고 미래가 불안할수록 사람들은 안정적인 직장을 바란다. 취업을 준비 중인 청년 두 명 중 한 명이 공무원 시험을 준비한다. 공무원 시험이 있는 날이면 지방에서 서울로 시험을 치르러 오는 청년들 때문에 교통대란까지 벌어진다. 철밥그릇이기 때문이다. 한순간에 주어지는 일확천금보다 안정적으로 꾸준히 들어오는 수입이 중요하다. 그만큼 미래가 불안하기 때문이다. 그래서 돈만이 자신을 이 환란에서 안전하게 구원해줄 거라고 생각한다. 돈이 최고다. 돈 때문에 울고 웃는다. 돈이 역사를 만들고 돈 때문에 나라가 망하기도 한다.

언론에서는 초등학생에서부터 대학생에 이르기까지 젊은 세대들

이 모두 황금만능주의에 빠져 있다고 개탄한다. 손쉽게 돈을 벌려고 하고 소비주의에 찌들어 산다고 말한다. 2004년에 있었던 한 조사에서도 대학생들 사이에 물질주의가 얼마나 확산되었는가를 분석하였다. 2000년에 물질주의자라고 볼 수 있는 대학생의 비율이 10퍼센트였던 것에 비해 2004년에는 17퍼센트로 증가하였다. 탈물질주의자로 분류된 대학생 비율은 전체 중 겨우 9.7퍼센트에 그쳤다. 이처럼 대부분의 연구와 보도는 이들이 얼마나 물질주의에 빠져 있는지를 드러내려고 노력한다.

사실 아무도 돈을 대놓고 찬양하지는 않는다. 우리는 돈에 대해서 적당히 거리를 유지하고 냉소적인 태도를 유지해야 한다. 그러나 다른 한편으로 우리 사회는 돈으로부터 자유로워지는 것을 대단히 불온하게 생각한다. 앞에서 읽은 경석의 이야기는 돈을 돈으로 아는 것이 우리 사회에서 얼마나 힘들고 허용되지 않는가를 단적으로 보여준다. 한편에서는 돈을 죄악시하면서도 다른 한편으로는 돈에서 빠져나오는 순간 엄청난 비난과 압력에 직면하게 된다. 돈이 곧 현실이기 때문이다. 돈을 중요시하지 않으면 부모님이 아플 경우에는 어떻게 할 것이냐? 자식이 공부를 하고 싶어 하는데 돈이 없다면 어떻게 할 것이냐? 이 모든 것은 단지 현실적이지 않다는 비난이기만 한 것이 아니다. 현실을 무시한다는 것은 현실에서 내가 맺고 있는 인간관계를 포기한다는 의미이다. 그래서 돈을 무시하는 것은 도덕에 대한 무시이며, 곧 삶 그 자체에 대한 무시이기도 하다.

그래서 어렸을 때부터 가르치는 돈에 대한 교육이란 돈의 실체가

이것은 왜 청춘이 아니란 말인가
돈은 자유다

아니라 돈을 관리하는 법이다. 강남에서 아이들이 어릴 때부터 꼭 시 킨다는 것이 바로 돈을 관리하는 법에 대한 교육이다. 이들은 아이들에게 돈의 소중함과 함께 돈을 합리적으로 사용하고, 모으고, 굴리는 법을 가르친다. 부모에게는 물건을 사러갈 때 반드시 아이와 함께 가라고 조언한다. 함께 가서 아이가 상품을 비교해서 어떤 것이 좋은지를 판단하고 합리적으로 선택하게 하는 것이 중요하다고 한다. 어릴 때부터 돈을 불리는 것이 중요하다고 깨닫게 하기 위해 아이들을 위한 저축과 펀드, 보험 상품이 넘쳐나고 있다. 이렇게 해서 가르치려고 하는 돈의 실체란 무엇과도 교환될 수 있는 무소불위의 힘이다.

돈은 속임수다

그러나 돈의 실체를 다른 방식으로 깨닫는 학생들이 있다. 아르바이트로 자신의 학비와 생계를 유지해가는 학생들이다. 주현은 군대에서 받던 쥐꼬리만 한 돈으로 펀드에 투자하였다. 결과는 반토막짜리 쪽박이었다고 한다. 그래도 괜찮았다. 군대에서 받은 돈은 자기 노력의 대가라고 생각하지 않았기 때문에 대수롭지 않게 넘겼다. 일종의 공돈이었던 셈이니 장난으로 치부할 수 있었다. 반면 자기가 막노동을 하루 종일 해서 벌었던 5, 6만 원의 돈은 절대 함부로 쓸 수 있는 돈이 아니다. 군대 이병의 한 달 월급이 약 7만 원인 것과도 비교할 수 없다. 하나는 하루에 번 돈이고 하나는 한 달 동안 '뺑이를 쳐서' 번 돈이지만 막노동으로 번 돈은 다른 것과 비교할 수 없을 만큼 소중하다. 주현의 말 그대로 "내 피 같은 돈!"이다. 이것저것 나름대로 많은 일을 하면서 돈에 대해 주현이 느낀 바는 돈은 생명이라는 점이다. 20대의 일정 시간과 내 힘을 투자하고 지식을 팔고 몸을 판 결과가 그 돈이다. 그렇기에 이것은 액면가로만 측정할 수가 없다.

사실 부모로부터 돈을 받으면서 살아가는 친구들은 이것을 잘 모른다. 지현은 스스로 자신이 돈에 대해서 별 감각이 없다고 생각한다. 돈을 펑펑 쓴다는 말이 아니다. 돈에 대해 별로 욕심이 없다. 있으면 있는 대로 쓰고 없으면 없는 대로 쓰며 별로 계획적이지도 않다. 모으지도 않고 계산하지도 않고 잔액이 '0'을 향해서 갈 때에도 별로 불안해하지 않는다. 성용 역시 마찬가지였다. 성용은 궁핍하지 않은 가정에서 자라서 돈의 압박을 받아본 적이 없었다. 아르바이트 경험도 있기는 하지만 자신의 '주'수입원은 부모님이었기 때문에 그것은 삶의 액세서리 같은 특별한 경험에 지나지 않았다. 성용의 말을 빌리면 군 입대 전까지는 부모님의 수입이 얼마인지, 그리고 그것이 어떻게 쓰이는지에 대해서 관심도 없었고 '땅 파면 돈이 나오는 줄' 알았다고 한다. 그러다 주현은 군대에서 군인 월급을 보고서야 돈이 얼마나 귀한지 알게 되었다. 세상에, 그 적은 돈으로도 할 수 있는 일이 참 많았다. 돈이 많은 게 중요한 게 아니었다. 그리고 성용은 전역한 다음에 캐나다를 여행하면서 처음으로 자신이 돈을 벌어서 자신의 생활을 꾸려보았다. 한국보다야 많은 돈을 벌 수 있었지만 나가는 돈 역시 엄청나게 많았다. 한 달 동안 집세, 휴대폰 요금, 밥값 내고 친구들과 맥주 한두 잔 하고 나면 돈은 온데간데없어지곤 했다. 이러한 경험으로 돈의 소중함을 깨달았다고 하였다.

그러나 성용이나 주현이 하는 돈이 소중하다는 말은 돈이 최고의 가치라는 뜻이 아니다. 역설적으로 돈만으로는 자신들이 쏟아 부은 피와 땀을 결코 표현할 수 없다는 뜻이다. 그래서 주현은 자신이 벌어들이는 돈에 스스로 가치를 부여하고 표기한다. 주식 계좌로 돈을 이체할 때마다 늘 이렇게 쓴다. "수혈." 액면가 이면에는 결코 숫자로 드러낼 수 없는, 어떤 것과도 교환될 수 없는 그 무엇이 있다. 그걸 주현은 '피'라고 표현한 것이다. 피가 교환될 수 있는가?

이들이 아르바이트를 하면서 돈의 실체를 깨닫게 되는 이유 중 하나는 과외같이 상대적으로 손쉬운 돈벌이가 아니라 고된 노동을 하는 경우가 많기 때문이다. 그러나 더 많은 부분은 한국의 아르바이트 노동이 처한 열악한 현실에서 기인한다. 2010년 한국의 최저임금은 시급 4010원이었다. 한 시민단체의 계산에 따르면 이 최저임금으로는 1666시간을 일해야 1년 등록금이 나온다. 한 시간도 안 자고 하루 종일 일해도 70일을 일해야 하는 시간이다. 강의 듣는 시간을 빼고 하루에 다섯 시간씩 알바를 한다면 1년 내내 일해야 하는 시간이기도 하다. 언제 공부를 할 수 있겠는가. 이들이 자신들이 알바로 벌어들이는 돈을 피라고 이야기하는 것도 이러한 이유 때문이다.

최저임금을 제대로 받지 못하는 경우도 많다. 편의점에서 알바를 하다가 돈이 펑크가 나면 그것을 알바생에게 메우라고 하는 일이 다반사이다. 처음 약속에는 가족처럼 대해준다고 하고는 실컷 부려먹다가 항의하면 바로 해고해버리는 경우도 비일비재하다. 뒤의 글에서 더 자세히 이야기하겠지만 학생들이 경력을 쌓기 위해 자발적으로 들어가는 곳에서의 착취는 상상을 초월한다. 자원봉사자를 뽑은 것도 아니면서 경력을 제공한다는 명분으로 아예 임금을 지불하지 않는 곳도 많다. 엄연한 고용 관계임에도 '너 아니어도 일할 사람은 많다'는 식이다. 그래도 학생들은 경력을 위해 참고 일할 수밖에 없다. 한편에서는 턱도 없이 적은 돈을 주면서 노동에 대한 정당한 대가라고 말하고, 다른 한편에서는 돈으로는 바꿀 수 없는 경험을 준다며 적은 돈을 무마한다.

이런 점에서 돈은 폭력이다. 돈은 교환될 수 없는 것을 마치 교환될 수 있는 것처럼 만들어낸다. 사실 돈이 작동할 수 있는 가장 큰 기반은 '무지'이다. 우리가 돈의 이면에서 작동하는 실제 세계를 안다면 돈을 쓰지 못하는 정도를 넘어서서 돈의 작동 자체가 중지될 수 있기 때문이다. 주현이나 다른 친구들이 말하듯 돈이 그렇게 쉽게 벌리지 않는다는 사실을 알게 되는 순간 더 이상 돈은 간단하게 숫자로 전환되지 않는다. 내가 사는 상품들 또한 누군가의 피와 땀, 그리고 심지어는 목숨을 희생하면서까지 만들어진다는 것을 알게 된다면 예전처럼 아무렇지도 않게 상품을 사서 소비할 수 없다.

그중에서 가장 유명한 사례는 몇 년 전 세계를 떠들썩하게 만들었던 나이키의 어린이 노동 착취이다. 파키스탄에 하청을 준 나이키는 어린이 노동 착취를 뻔히 알면서도 모른 척하였다. 축구 경기장에서 전 세계를 열광시키는 둥근 공을 수제품으로 섬세하게 만드는 데 어

이것은 왜 청춘이 아니란 말인가
돈은 자유다

린이들의 조막만 한 손만큼 최적화된 도구는 없었기 때문이다. 자신들은 몇 만 원을 받고 팔지만 노동의 대가는 달랑 몇 백 원이었다. 이 사실이 알려지자 사람들은 도저히 나이키가 만든 축구공을 찰 수가 없었다. 그들이 차는 공이 그저 돈 몇 만 원짜리가 아니라 어린이들의 피와 눈물이라고 깨닫는 순간, 그것은 더 이상 공이 아니었다. 어디 이뿐이겠는가? 우리가 사 먹는 대부분의 약품은 제3세계에서 약을 구할 수 없는 가난한 이들을 대상으로 한 임상실험을 거쳐 만들어진다. 우리가 먹는 닭고기는 유전자 조작으로 가슴살만 비정상적으로 비대해지도록 고안되어 걷지도 못할 뿐 아니라 평생 햇볕 한 번 못 보고 자란 닭들이다. 머리에 쓰는 가발은 인도 같은 나라에서 먹고살기 위해서, 혹은 종교적 헌신으로 바쳐진 것들이다. 소비는 '무지'를 먹고 살며, 돈은 무지를 통해 작동한다. 알면 먹을 수 없고, 입을 수도 즐길 수도 없게 된다. 알면 돈도 다치고, 소비자도 다친다.

삶을 옥죄는 학생 빈곤

이들은 돈이 속임수라는 것도 알고 있다. 그래서 세상이 알고 있는 것과 달리 '요즘 대학생'들은 소비주의에 빠져 돈을 물 쓰듯이 펑펑 쓰면서 살지 않는다. 또 돈이 아주 많이 필요하다고 생각하지도 않는다. 오히려 이들은 자기가 쓰는 데 아쉽지 않을 정도로만 벌고 쓰면서 살고 싶어 한다. 그러면 절약 좀 하면 되지 공부하는 대학생들이 왜 그렇게 돈을 많이 쓰느냐고 타박을 할지도 모른다. 그러나 이러한 비난은 지금의 대학생들이 '최저생활'을 유지하기 위해서 얼마나 많은 돈이 필요한가에 대해 '무지'하기 짝이 없는 이야기이다. 학생 빈곤이 얼마나 심각한 수준인가를 우리 사회는 아직 잘 모르고 있다.

혜교는 대학에 들어와서 자신이 20~30만 원이나 되는 돈을 용돈으로 받을 수 있다는 사실에 깜짝 놀랐다고 한다. 아버지는 택시 운전을 하시고 어머니는 식당에서 일하는 가난한 집안 형편에 자신이 이렇게 많은 돈을 용돈으로 받을 수 있다는 사실이 믿기지가 않았다. 그러나 그다음 얼마 지나지 않아 혜교는 깨달았다. 그렇게 크고 엄청나게만 보였던 '10만 원 단위의 돈'이 대학 생활을 해보니 정말이지 별것도 아니었다. 하루에 만 원 미만으로 쓰기 위해서는 늘 비용을 의식하면서 소비를 해야 했고, 5천 원이라도 아끼기 위해서는 정말 조금은 배가 고파야 한다는 걸 느꼈다.

앞의 연애에 대한 이야기에서 살펴보았지만 연애를 하거나 친구를 만나기라도 하면 그 돈도 턱없이 모자랐다. 이 시대가 '도전적'이고 '모험적'인 젊은이들에게 요구하는 대로 '경험을 쌓기 위해'서는 고사하고 먹고살기 위해서 '일을 하러' 가야 할 때도 돈은 필요했고, 그것은 언제나 계획을 넘어서는 초과지출이 되곤 했다. 다음 용돈 받을 때까지는 열흘도 넘게 남았는데 통장 잔고가 몇 만 원밖에 남지 않았을 때는 그야말로 죽을 맛이었다고 한다. 그중에서도 최악이었을 때는 "기숙사에서 안성탕면 하나 사다가 반으로 쪼개서 반은 아점, 반은 저녁 이렇게 먹었을 때"라고 한다. 알바 중에 최고의 알바라는

이것은 왜 청춘이 아니란 말인가
돈은 자유다

'마루타', 즉 생동성 시험 알바 모집에 프로필을 올려놓기도 하였다. 그래도 혜교는 여전히 목마르다고 한다. 혜교 또한 돈이 행복을 가져다주지 않는다는 것을 잘 알고 있다. 그럼에도 불구하고 이들은 돈으로부터 절대적으로 자유롭지 못하다. 돈으로부터 자유로워지는 순간 그들은 우리 사회에서 자유를 박탈당한다는 것을 너무 잘 알고 있기 때문이다. 돈은 행복이 아니라 자유이다.

현택은 이것을 이렇게 말한다. 돈이 없으면 사람을 만날 수 없다. 앞서 이야기한 것처럼 연애를 할 수도 없고 세상과 소통할 수도 없다. 책도 사야 했고, 앨범도 사야 했고, 술도 사야 했고, 사람도 만나야 했고, 헤어지기 전에는 여자 친구 선물도 사고 기념일도 챙겨야 했다. 밥도 사 먹어야 했고 등록금도 보태야 했다. 부모님 생신도 챙겨야 했고, 친구들 생일도 챙겨야 했다. 사람을 만나고 그들과 관계를 유지하기 위해 현택은 사고, 사고, 또 사야 했다. 이 모든 것에 필요한 것은 돈이었다. 그러나 돈은 들어오는 즉시 나갔다. 돈은 버는 즉시 사라지는 그런 것이었다. 결코 손안에 조용히 있는 법이 없었다. 은행 잔고는 언제나 '0'을 향해 돌진했고, '0'이 된 것을 확인한 때만 스무 번도 넘었다. 그래서 현택은 일을 해야 했다. 방학이면 공사장이며 매장이며 물류센터며 어디든지 뛰어다녔다. 은행 잔고가 '0'이 되는 순간 '고립'이었다. 돈은 행복은 가져다주지 못했지만 자유는 확실히 빼앗아갔다. 현택과 혜교보다 더 돈에 대해 적극적이고 그래서 더 피곤한 삶을 살고 있는 서연의 이야기는 이것을 단적으로 보여준다.

서연은 나름 유복한 집안에서 태어났다. 8학군에 있는 학교를 나오고 강남에서 살았던 자신에게 돈은 늘 있던 것이었고 이것은 너무 당연한 일이었다. 그런데 갑자기 집안이 어려워졌다. 하지만 관성의 법칙처럼 서연에게 돈은 여전히 있어야 하는 것이었다. 자존심을 유지해야 했고 남에게 금전적으로 약한 모습을 보이는 게 싫었기 때문이다. 돈에 대한 인식이 달라진 것이 아니라 돈을 구하고 유지하는 방식이 달라져야 했다. 그래서 닥치는 대로 아르바이트를 해야 했다. 오전에는 학교에 가서 수업을 듣고 4시쯤 끝나면 바로 간단한 먹을거리를 들고 버스에 올라탄다. 그 후로 새벽 2시까지 알바를 한다. 주말에는 또 아침 9시부터 저녁 8시까지 다른 알바를 한다. 이렇게 일주일을 보내고 나면 몸은 초죽음이 되어 바로 잠이 든다. 그러나 이렇게 벌어봤자 휴대폰 요금, 교통비, 식비와 학자금 대출금을 다 갚고 나면 저축이고 뭐고 할 돈이 없다. 마음에 드는 가방 하나 사기도 힘들다.

그러나 서연이 죽을 만큼 힘들어도 돈을 버는 이유는 이렇게 돈을 벌어서 자신이 자유로워졌음을 잘 알기 때문이다. 시간적 자유는 빼앗겼지만 자유롭게 다닐 수 있고 먹을 수 있고 친구들과 어울릴 수 있다. 무엇보다 용돈이 모자라서 부모에게 '비굴하게' 손을 내밀 필요도 없으며 자신이 돈을 어떻게 쓰건 뭐라고 할 사람도 없다. 그런 의미에서 돈은 정말 자신에게 자유를 주었다고 말한다. 문제는 그 다음이다. 이 자유가 너무 필요하고 이 자유를 통해서 자존심을 유지할 수 있기 때문에 서연은 점점 더 자신이 무리하고 있다는 것을 안다.

이것은 왜 청춘이 아니란 말인가
돈은 자유다

쓰는 돈을 조금만 줄인다면, 그리고 자신이 지금 '자유'라고 생각하는 것을 조금만 다르게 바라본다면 이렇게까지 아르바이트를 하면서 살지 않아도 된다는 것도 잘 알고 있다. 하지만 그럴 수 없다.

　사실 돈은 그 자체는 아무런 쓸모도 없다. 대신 우리에게 미래의 쓸모를 '약속'한다. 우리는 언제든 돈을 쓸모와 교환할 수 있다고 믿기 때문에 종잇조각에 불과한 돈을 열심히 모은다. 만약 돈이 미래에 쓸모와 교환될 수 없거나 그 약속이 불안하다고 믿는다면 모두가 쓸모 없을 돈을 지금 당장 쓸모 있는 물건으로 바꾸려고 노력할 것이고 그렇게 되면 경제는 붕괴할 것이다. 돈이 작동할 수 있는 가장 큰 이유는 이처럼 돈이 만들어내는 유예의 문화에 대한 믿음이다. 그런데 앞 장에서 본 것처럼 사랑에서는 정반대의 현상이 나타난다. 미래로 연기되는 사랑, 흔히 이야기하는 영원한 사랑을 믿지 않기 때문에 우리는 지금 당장 등가교환이 일어나야 한다고 생각한다. 그 등가교환의 지표가 바로 '돈'이다. 돈은 유예지만 돈을 통해 우리는 비유예의 삶을 살아가는 아이러니를 경험하고 있다. 미래가 보증되지 않는다는 사실을 미래에 대한 보증인 돈을 통해서 증명하고 안도하는 것이다.

> 이런 나에게 남아 있는 행복이란 무엇일까? 사실 난 최근 행복하다는 생각을 해본 적이 별로 없다. 늘 피곤하고 잠이 부족하고 과제는 산더미같이 쌓여 있는 현실에서 '힘들어'라는 말을 달고 산다. 대학에 대해서도 그런 생각이 든다. 난 왜 이과에 들어왔을까? 과연 내 생활 속에서 매학기 480만 원이라는 빚을 늘려가면서 다니고 있는

것이 잘 하는 일인가? 고민만 많을 뿐 학교를 다녀서 행복하다는 생각을 해본 적이 별로 없다. 무엇을 얻어가고 있다는 느낌보단 늘어가는 과제와 교수님들의 요구 속에 '기'만 빼앗기고 있다는 느낌이다. '김예슬 선언'을 인터넷에서 접했을 때 난 딱 두 가지 생각을 했다. 부럽다. 나도 용기 있게 그만두고 싶어. 무언가 믿는 구석이 있으니까 그만두었겠지. 집이 잘사나? 나 역시도 이 놈의 대학을 때려치고 싶지만 대학에 대한 실망도 고민도 그 이유가 아니다. 단지 나의 경제적 시간적 상황 때문이다. 여태껏 들여온 돈도 아깝고 앞으로 대학마저 졸업 못 한다면 내 미래는 더욱 악화되리라는 계산 때문이다. 내가 행복해지기 위해서 무엇이 필요한지를 나는 안다고 생각한다. 욕심을 버리고 즐길 수 있는 혹은 아무런 이유 없이 열정적으로 도전하고 싶은 일을 찾는 것. 그렇지만 난 한편으론 그것을 찾지 못하길 바라고 있는지도 모른다. 그것을 찾음과 동시에 나에겐 금전적 자유가 사라질 것이란 두려움이 있기 때문이다. 난 오늘도 행복과 자유의 모순 속에 살아가고 있다. _서연

서연처럼 대부분의 사람들은 돈 문제로 인해 싸우고 울고 웃고 한다. 엄청난 허영과 욕심을 부리기 때문이 아니다. 사랑하는 사람을 위해, 자식을 위해, 소박하고 옳은 것을 구하기 위해 돈을 벌 때도 마찬가지이다. 돈 벌어서 부모님 효도 관광 보내드리겠다고 생각하는 것이나 의사가 되어 돈 많이 벌어 불쌍한 사람들을 돕겠다는 생각도 마찬가지일 수 있다. 이런 생각은 대견하고 아름다워 보이지만 이미

이것은 왜 청춘이 아니란 말인가
돈은 자유다

그 삶은 돈에게 진 것이 된다. 삶이 돈에 매개되기 때문이다.

돈이 자유라는 말의 의미

그래서 우리는 돈에서 헤어나지 못한다. 돈이 우리의 사회적 관계를 매개한다. 우리는 돈이 행복을 가져다주지는 않지만 돈이 없다면 삶이 고립된다는 사실을 잘 알고 있다. 돈이 없다는 것은 불편함 이상이다. 그것은 자유의 박탈이고 존재의 박탈이다. 이들은 돈의 본질을 꿰뚫고 있다. 돈은 행복이 아니라 자유이다. 돈을 돈으로 봄으로써 돈으로부터 자유로워지는 것이 아니라 우리는 돈을 통해서 자유로워진다. 돈에 종속될 때 자유를 얻는다. 그래서 한 학생은 이렇게 말했다. 돈은 싫지는 않지만 왠지 밉상이고 그렇게 마냥 좋아할 수만은 없으니 돈에 대한 사랑은 반쪽짜리 사랑이라고.

공동체의 해체와 급격한 변화는 개인의 관계 짓기가 더 이상 과거처럼 개인을 넘어 초개인적인 것으로 발전할 수 없게 만들었다. 결국 돈이 이 빈자리를 메워 들어갔다. 타인과 견주어 자신의 존재의 목적을 설명할 수 없게 된 개인. 타인에게 주목받지 못하고 홀로 존재하는 개인의 욕망을 채워주는 수단으로 돈이 등장하게 된 것이다. 때문에 오늘날의 돈은, 더 이상 과거의 '기본적인' 의미 안에서만 존재하는 간단한 문제의 것이 아니다. 돈은 이제 그 존재를 넘어, 인간

사회의 성격을 규정짓는 '대표적인 이름'이 되었다. 자본주의 사회라는 규정이 그것이다. 이런 규정성 내에서 돈은 나 자신의 존재 이유와 중요성, 가치를 판별하는 유일한 수단으로서 독보적인 위치에 올라서게 되었다. 그렇지만 공허할 것이다. 돈을 얻고, 돈으로 사람과 지위와 명예와 부를 얻으면서 인생의 정점에 올라설 수 있다고 생각한다면, 당신은 그 정점에 가는 순간 공허할 것이다. 돈은 사람도 감정도 아니기에 사랑할 수 없는 대상이기 때문이다. 돈은 수단일 뿐 목적일 수는 없는데 그동안 목적처럼 여기고 달려온 자신을 후회하기도 할 것이다. 그러나 그 전에는 돈에 대한 중독을 멈출 길이 없다. 돈은 그 자체로 우리에게 환상이고, 기쁨이며 행복인 것 같기 때문이다. 믿었던 존재에게 배신을 당하기 전엔. _혜교

짐멜을 전혀 읽어보지 않았음에도 혜교의 통찰은 짐멜의 '돈의 철학'에 가장 가까이 가 있다. 혜교는 돈의 본질에 대한 이런 통찰을 책에서 배운 것이 아니라 삶에서 찾아내었다. 돈에 목말라보았기 때문이다. 어렸을 때부터 가난을 경험하며 인간이 얼마나 외로운 존재이며 그 외로움을 돈이 매개한다는 사실을 깨달았다. 돈은 추상화하는 힘이다. 돈은 숫자의 형태로 그 이면에 가려진 '피와 땀', 그리고 개별적인 사건들을 모두 가려버린다. 짐멜에 따르면 인간은 인간의 관계를 비인격적인 숫자 놀음으로 만든 돈의 힘으로 비로소 개인이 될 수 있었다. 이전의 전통적인 신분제 같은 속박을 돈이 해방시켰다. 그래서 돈은 추상화하는 동시에 개별화하는 힘이기도 하다. 혜교는

이것은 왜 청춘이 아니란 말인가
돈은 자유다

이것을 '고립'이라고 부른다. 그래서 우리는 돈에 집착할 수밖에 없다. 돈이 이 고립을 돌파할 수 있는 힘이기 때문이다.

'고립'의 다른 이름은 '외면'이다. 혜교는 자신의 어려움은 어느 정도 감수하고 살 수 있지만 주변 사람들을 '외면'하면서 살 자신은 없다. 이미 어머니는 자기 가족이 살고 있는 몇 평 되지 않는 빌라를 답답해하신다. 아버지는 노구를 이끌고 여전히 택시에서 숨죽여가며 일해야 한다. 이 두 분을 외면할 수 없다. 그래서 혜교는 "늘 꿈을 꾸지만 그 꿈이 사치인 듯" 생각될 때가 있다고 한다. 어떻게 사는 것이 행복한지 알지만 "인생을 혼자 사는 것도 아니고, 나만 행복해질 수는 없기 때문"이라고 말한다. 이들을 외면하지 않기 위해서는 돈을 벌어야 한다. 이처럼 우리는 돈을 통하지 않으면 절대 다른 인간들과 관계를 맺을 수 없으며 가치 있는 인간으로 존재할 수도 없다. 고립 아니면 외면, 너무 비참하지 않은가? 우리가 돈의 노예가 되는 이유는 행복을 좇기 때문이 아니라 자유를 박탈당하지 않기 위해서이다.

현주는 돈에 대해서 쿨해지고 싶다고 말한다. 돈이 행복이 아니기 때문이다. 그래서 얼마 전 재테크 책을 본 적이 있는데 결론이 없다는 결론을 내렸다. 이러저러하게 하라고 되어 있지만 딱 잘라서 뭘 해야 하는지에 대해서는 중언부언이었다. 그래서 책을 휴지통에 던져버렸다. 오히려 현주는 사랑에 대해서는 그토록 쿨해지라고 요구하는 이 사회가 왜 돈에 대해서는 그렇게 쿨해지지 못하는지를 되묻는다. 이런 현주에게 사람들은 아직 현실을 모르기 때문이라고 이야기하지만 그렇게 현실을 잘 알아서 온갖 조건을 다 맞추어보고 결혼

하는 약아빠진 우리 사회의 이혼율이 50퍼센트인 것은 어떻게 설명할 것인가를 되묻는다.

그래서 현주는 돈이 좀 없더라도 불편하게 사는 것을 감수하려고 한다. 고급 차 없으면 대중교통을 타고 다니면 되고 타워팰리스가 아니라 전셋집에 살면 된다고 말한다. 그런 현주도 돈 때문에 서럽고 좌절한다. 자신이 하고 싶은 것을 못 하게 하는 것, 그것이 돈이기 때문이다. 현주는 의학전문대학원에 가고 싶어 한다. 독실한 기독교 신자인 현주는 자기 노동의 가치에 감사하면서 살고 싶다. 공무원이나 은행원은 자신의 노동에 감사하며 살기가 힘들 것 같다고 생각한다. 사람과 함께하는 구체적인 노동을 하고 싶어 의사가 되고 싶어 한다. 그런데 의학전문대학원에 대한 정보를 수집하면서 현주는 좌절했다. 그리 잘사는 집 자식이 아닌 자신으로서는 도저히 감당할 수 없는 등록금 때문이다. 한 학기 등록금이 국공립대도 5백만 원, 사립대는 9백만 원에 이른다. 현주 역시 돈이 행복을 가져다주지 못한다고 단언하면서도 결정적인 순간에 자신의 자유를 속박하고 있다는 사실을 깨달을 수밖에 없었다.

그렇다면 비싼 돈이 드는 의사가 아니라 소박한 직업을 구하면 되지 않느냐고 말할 수도 있을 것이다. 그러나 그 역시 돈에 속박되어 있기는 마찬가지이다. 졸업을 앞둔 예은은 요즘 취업 관련 사이트를 돌아다닐 때마다 돈 없는 사람은 정말 좋은 데 취직하기도 힘들다는 것을 절감한다. 돈이 없어서 명문대에 못 가고 어학연수를 못해서 스펙이 낮기 때문만이 아니다. 기본적인 자격증을 취득하거나 시험을 볼 비용이 없어서 그럴 수도 있다. 자격증이나 시험을 보기 위한 비용 자체가 만만치 않기 때문이다. 더구나 회사들이 원하는 정도의 점수가 나오기 위해서 학원에 바쳐야 하는 돈도 만만치 않다. 하다못해 자기소개서를 쓰거나 면접하는 방법까지 이제는 다 학원에서 컨설팅을 받아야 한다. 이 엄청난 경쟁 사회에서 돈이 없다면 사회적으로 존재할 수조차 없다. 이들에게 자유란 민주주의를 갈망하던 시절의 그 '정치적 자유'가 아니라 '경제적 자유'이다.

우리가 원하는 자유란 무엇인가? 자유의 의미를 찾기 위해서는 여기서부터 들어가야 싶다. 시대가 흘러오면서 자유에 대한 개념과 범위는 점점 달라졌을 것이다. 멀리 갈 필요도 없이 내 아버지와 나를 비교해봐도 그렇다. 아버지를 통해 본 아버지 세대의 자유란 민주주의와 직결된다. 민주화가 곧 자유라는 공식이 성립하던 그때에는 민주화가 되면 지금 누리지 못하는 모든 것을 누릴 수 있을 것이라는 '무제한적인 자유'가 자유의 의미였다. 그럼 나를 통해 보는 나의 시대의 자유는 어떠한가? 우리는 이미 민주화가 자유를 가져다주지 않는다는 것을 안다. 어찌되었든 한국은 민주화가 되었지만 내가 자라오는 동안 자유는 없었다. 우리에게 자유란 정치적인 것이 아니라 경제적인 것이다. 부자인 아이들은 하루 종일 책상머리에만 앉아 있을 수 있으니 좋은 성적을 맞을 수 있다. 그들도 절약이라는 단어를 배우지만 '살 수 없는 것'이란 존재하지 않는다. 중산층의 아이들은 자신이 노력하면 어쩌면 삼성맨이 될 수 있다는 것을 알지만 삼성의 CEO가 되지 못한다는 것도 안다. 가난한 아이들은 대를 물려 내려온 가난함이 자신의 것이 되리라는 것을 안다. 우리 세대의 자유란 그리고 지금 통용되는 자유란 '계층적, 경제적 차등에 따른 제한된 선택의 자유'라고 할 수 있다. 경제적으로 나뉘는 계층에 따라 선택할 수 있는 폭이 달라지는 것이다. 우리가 원하는 자유란 자신이 속한 계층이 무언가를 선택할 수 있는 경우의 수가 많아지는 것이다. _자은

자유의 의미가 변하였다. 자유는 정치적으로 내가 아무 소리나 할 수 있고 누구와 아무렇게나 만날 수 있다는 것을 의미하지 않는다. 자유란 내가 무엇인가를 소비자로서 선택할 수 있는 힘을 의미한다. 돈이 없다면 우리는 아무것도 소비할 수 없다. 소비자란 돈을 소유한 사람이다. 소비자의 민주주의라고 온 세상이 떠들고 소비자가 세상을 바꾼다고 이야기하지만 그것은 결국 무엇을 소비할 수 있는 힘이 있는 사람들에게 권력이 넘어갔고 그들만이 자유를 누릴 수 있다는 의미이다. 이 자유가 '선택의 자유'이다. 이 자유를 가지기 위해서 우리 모두는 '소비자'가 되어야 한다. 또한 앞에서 계속 살펴본 것처럼 소비를 통해 우리는 다른 사람들과 관계를 맺는다. 소비자가 아니면 고립된 삶을 살거나 주변 사람을 외면하며 살아야 한다. 소비자의 이름으로만 우리는 사회적으로 존재할 수 있다. 따라서 돈이 우리를 자유롭게 한다. 이것을 이들은 너무 잘 알고 있다.

이것은 왜 청춘이 아니란 말인가
돈은 자유다

그리고 돈의 흐름 혹은 틈새

도영은 이 소비자본주의가 어떻게 움직이는가를 알바를 통해서 경험하였다. 맥도널드 알바에서부터 학원 강사 알바까지 대학생들이 하는 알바는 거의 다 경험해본 도영은 휴대폰 판매 알바를 하면서 소비자본주의의 작동 방식을 알게 되었다. 도영은 이 알바가 자신의 인생에서 가장 초라하면서도 가장 '화려한 성취'를 이루어낸 경험이었다고 한다. 그가 휴대폰 판매를 하게 된 이유는 '등록금'을 마련하기 위해서였다. 다른 알바도 있었지만 휴대폰 알바는 시급제가 아니라 판매 성과에 따라 지급받는 개별적인 수당체계이다. 이 일은 시급 알바 성격보다는 '사업'이라는 성격이 더 강하다고 한다. 계약서상으로도 피고용인이 아니라 개인사업자이다. 점주 입장에서는 국가에 4대보험이라는 '삥'을 뜯기지 않으려는 잔꾀였겠지만 어쨌든 이것이 더 자본주의적(?)이면서도 조금 더 진취적인 성향을 가진 자신이 도전해볼 만한 일이라고 생각하였다. 성과는 놀라웠다. 도영은 판매 개시 첫 달에 가입자가 46명, 두 번째 달에는 55명, 그리고 네 번째 달에는 78명에 달해 전국 판매사 랭킹 1위를 하였다. 도영의 표현을 빌리면 휴대폰 판매 업계의 "김연아 같은 독보적인 존재"가 되었다고 한다. 그 달에는 지점장을 통해서 보너스와 우수 영업 상장도 받았다. 그 비결을 도영은 다음과 같이 이야기한다.

사실 이러한 판매업 같은 영업직에, 단순히 자신의 물건을 다른 상대에게 판다는 목표 하나만을 가지고 뛰어든다는 것은 실질적으로 한계가 있다고 생각했다. 다시 말하면, 본래 영업의 정의란, '내가 고객에게 파는 행위'라기보단 '내가 고객을 사는 행위'에 더 가깝다고 볼 수 있다는 것이다. 그렇게 일을 하다 보니 내가 고객을 위해 직접 뛰는 일보다는, 고객들이 나를 찾아와준 경우가 훨씬 더 많았다. 이를테면, 내 고객 중 한 사람이 자신의 가족이나 친지까지 소개하여 가입이 자연스레 유도되는 경우가 그러했다. 이를 통해 자연스럽게, 내 고객 유치 루트가 계속해서 파생되는 것이다.

사실 그러기 위해선, 고객에게 무조건 무언가를 팔려는 모습보다는 마치 고객을 위해 뭔가 고민하는 모습을 더 보여주어야 했다. 때로는 감사할 일이 있는 고객에게는 가입비와 함께 같은 공짜폰이라 해도 판매사의 재량으로도 면제될 수 없는 부대비용을 자비를 동원해서라도 직접 처리해주기도 하고(가입비는 내 수당과 똑같은 3만 원이다) 일부러 자비를 출혈하는 과정을 과장되게 노출하여 무언가를 얹혀주려는 노력을 의도적으로 보여주기도 했다. 사람은 어느 누구나 '감성'에 상당히 민감하기 때문에, 이러한 속성을 잘 파악하고, 접근하면, 누구든 그 이상의 것으로 보답하려고 한다. 고객들은 항상 '누구에게나 진심은 통한다'라는 명제를 은연중에 깔고 있기 때문이다 (그러고 보면, 항상 느끼는 것 중 하나로 우리나라 국민 정서는 너무나 따뜻하고 온정이 많다).

이렇게 벌어들인 수익은 작년 한 해의 모든 등록금과 생활비를 충당하고도 남았다. 물론 당초 목표가 '돈'으로 시작한 알바 경험이었으

이것은 왜 청춘이 아니란 말인가
돈은 자유다

> 나, 지금껏 살아오면서 잃은 것보다 얻은 것이 훨씬 더 많았던 소중한 경험으로 기억된다. _도영

도영이 이렇게 화려한 성취를 했음에도 이것이 자신의 인생에서 가장 초라한 경험이라고 말하는 이유는 고객을 모으는 '집객' 과정이 본질적으로는 나이트클럽 '삐끼'와 다르지 않기 때문이란다. 사실 도영은 이 말만으로도 소비자본주의의 실체가 바로 '호객 행위'라는 것을 간파한 셈이다. 도영의 말처럼 호객은 물건을 파는 행위가 아니라 사람을 사는 행위이다. 소비자의 마음을 움직여 그들의 네트워크를 고구마 줄기처럼 나에게 가져와 그것을 나의 사회적 자본으로 만드는 것이 중요하다. 이것이 소비자본주의에서 돈 버는 비결임을 도영은 이 경험으로 알게 되었고 자신에게 그 재주가 있음을 발견했다. 수많은 자기계발서와 경영 전략이 말하는 바를 몸으로 깨달은 셈이다.

도영과 비스듬하게 반대편에 있는 친구가 보연이다. 보연은 작년 겨울방학에 문화 기획자를 꿈꾸는 사람들이 모여 현재 문화 기획 일을 하는 이들의 강의도 듣고 스터디도 하는 값진 경험을 하였다. 상상공장이라는 곳에서 이 공동체 모임을 주최하였다. 이 상상공장이라는 회사는 서너 명의 상근 직원들을 제외하고는 돈을 받지 않고 자원해서 일하고 공부하는 사람들에 의해서 돌아가는데, 그러면서도 감독 한 명을 중심으로 열정적이고 활발하게 돌아간다고 한다. 수많은 성공적인 축제들을 기획하는 것을 보면서 보연은 돈에 대해서 새로운 생각을 할 수 있었다.

'하이서울 페스티벌', '월드 디제이 페스티벌' 등등 수십만 명이 찾아오는 이러한 축제들을 위해서는 거대한 자본이 필요하다. 회사라고는 홍대에 있는 조그마한 집 하나가 전부였던 이 회사가 매해 거대한 축제를 지속적으로 이끌어낼 수 있는 자본력은 어디서 나왔을까. 그곳에서 두 달 동안 공부하고 일하면서 얻은 깨달음은 '자본과 돈'에 대해 사고를 전환할 때 나올 수 있는 것이었다. 여기서 일하는 사람들은 모두 돈을 바라고 일하는 사람들이 아니었다. 함께 즐기고 행복한 축제 혹은 문화 요소를 만들기 위해 자원한 자들이었다. 일하는 자들 사이에 돈이라는 매개가 존재하지 않았기에 솔직하고 순수할 수 있었다. 무엇보다도 돈으로 인해 노동과 여가가 분리되는 현대사회 속에서 이 상상공장에서만은 노동과 여가, 그리고 공부까지 하나였다. 문화에 대해 배우고, 상상력을 키우고, 문화 기획을 직접 해보는 것에서 사람들은 희열을 느꼈다. 축제를 위해 필요한 돈은 공공기관 등을 통해서 서포트를 받았고, 축제를 통해 번 돈은 다시 새로운 축제를 기획하기 위해 대부분 쓰였다. 즉, 그들은 돈을 개인이 소유해야 하는 것이 아니라, 새로운 축제를 만들어 남들을 즐겁게 하는 데 쓰기 위한 것으로 생각했다. 이곳에서 순수한 창조적 공동체의 중요성을 깨달았으며, 동시에 돈과 자본의 개념이 어떻게 바뀔 수 있는 것인가를 알았다. 뿐만 아니라 이 시장경제 체제라는 현실에 완전히 순응하거나 혹은 이것을 완전히 거부해버리는 것이 아니라 현실을 안고 대안을 제시하는 법을 배웠던 것 같다. _보연

이것은 왜 청춘이 아니란 말인가
돈은 자유다

보연은 상상공장의 내막은 잘 모르지만 어쨌든 상상공장이 자신에게 돈에 대해 새로운 '상상'을 불러일으켜준 것은 확실하다고 말한다. 보연은 원래 자본주의에 대해 경멸적인 태도를 가지고 있었다. 고등학교 때부터 《세계화의 덫》 같은 책을 읽으면서 자본주의에 반감을 가졌고 대학에 들어가면 이 모순을 해결하는 지식인이 되겠다는 생각도 했다. 하지만 대학에 들어와 백화점에 물건을 납품하는 일을 도와주면서 자본주의의 '꽃'인 백화점에서 돈이 만들어내는 극과 극을 체험하였다. 한편에는 돈을 쓰기 위해 명품 백을 끼고 시간을 죽이고 있는 유한마담이 있지만 다른 한편에는 앉을 의자 하나 없는 판매원 아주머니들이 있었다. 돈을 쓰는 것은 너무 쉬운 일이었고 돈을 버는 것은 너무 힘든 일이었다. 이 모습을 보면서 보연은 돈을 벌어야겠다는 생각을 하게 되었고 등록금을 내기 싫어서 죽을힘을 다해 공부해 악착같이 장학금을 탔다고 한다. 세상을 바꾸기 위해서도, 이 사회에서 살아남기 위해서도 돈이 필요하다는 것을 깨달으며 서글픈 생각에 빠지기도 하였지만 자격증을 따고 토플을 공부해야겠다고 결심했다. 그런데 이 상상공장이 보연에게 돈과 노동에 대한 새로운 영감을 가져다주었다. 돈을 소유의 개념으로만 보면 돈의 노예가 되지만 상상공장처럼 나눔, 혹은 공유의 개념으로 다시 바라보면 자본주의의 빈틈이 커다랗게 보이는 것이다.

보연이 받은 영감은 교환이 아닌 환대의 공간이 가능하다는 것이다. 돈에 의한 교환은 앞에서도 말한 것처럼 철저하게 그 이면에서 일어난 일을 감추고 파괴하며 숫자로 추상화하는 힘이다. 그래서 돈에는 기억도 추억도 표정도 없다. 그러나 최근 들어 만들어지고 있는 몇몇 사회적 경제들은 교환에 저항하고 있다. 이들은 교환이 아니라 교환이 파괴한 구체적인 삶으로 돌아가려고 한다. 그리고 바로 그 구체적인 삶을 서로 '증여'한다. 이 증여에는 기억이 있다. 누가 누구와 함께 시간을 보냈고 누구에게 언제 무엇으로 주었는지에 대한 기억의 공유가 주고받는 물건과 공간에 새겨져 있다. 이런 공간들은 홍대 앞 지하에 똬리 틀고 있는 인디 공간들일 수도 있고, 전국여성농민회가 세계 최초로 시도하고 있는 '제철 보따리' 같은 사업일 수도 있다. 여기서는 표정이 없는 교환을 거부한다. 보따리 안에는 '계약'에 따른 물품만 들어 있는 것이 아니라 '안부 편지'도 들어 있다. 이러한 것들에서는 표정이 드러난다. 아직 소수이긴 하지만 대학생들은 돈의 바깥에 있는 이런 새로운 '사회'를 조금씩 경험하고 있다.

이것은 왜 청춘이 아니란 말인가
돈은 자유다

잉여, 열정과 삽질 사이에서

어째서인지 내 '불꽃같은 열정'은 삽질에만 발현된다. 불행하게도 나는 대학 진학, 학점 관리 등 일생에서 정말로 중요하다고 말해지는 것들에는 조금 열정이 부족한 듯싶다(나는 그래서 가끔 부모님께 죄송하다. 지방 출신인 주제에 나는 불효녀임에 분명한 것이다). 버스비를 아껴 갖고 싶은 연작 시리즈의 책을 사기 위해 버스비를 모으려고 더운 여름날 땀을 뻘뻘 흘리며 집에 걸어온다든지(엄마는 안 그래도 촌닭 같은 게 살 태우지 말라며, 무식한 짓 하지 말고 엄마가 주는 돈으로 사라고 말씀하셨으나 나는 여덟 권을 다 모을 때까지 걷고 또 걸었다), 영화와 감독과 배우에 대한 정보를 얕지만 꽤 자세하게 읊을 수 있게 블로그를 뒤지고 다닌다든지, 좋아하는 밴드와 아이돌의 노래는 수십 곡의 가사를 완벽하게 마스터하는 열정을 보인다든지, 이 세상에서 제일 쓸데없는 일 중 하나라는 것을 알면서도 연예계 사정을 줄줄 꿴다든지.

나, 그리고 내 친한 친구 두 명은 우리 국문과에서 '잉여'로 통한다. 뭘 하는지 셋 다 새벽 4시가 넘어도 잠을 안 자는 일이 허다하다. 가끔 서로에게 왜 안 자느냐고 물으면 뜬금없이 자기가 좋아했던 옛날 시트콤이나 드라마를 정주행하느라 바쁘다, 인디 영화를 구했는

이것은 왜 청춘이 아니란 말인가
잉여, 열정과 삽질 사이에서

데 너무 취향이라서 보고 있다는 둥 잉여스러운 대답을 한다. 아무래도 다음 날 학교에 가기 위해 잠이 들기보다는 자신의 현재 욕구에 너무나도 충실한 삶을 살고 있는 듯하다. 그리고 나 역시 잉여라는 이름에 걸맞게, 어젯밤 세 시간 동안 어느 홈페이지에 깔린 BGM을 알아내느라 일본인 가수가 웅얼거리는 영어 가사를 귀 기울여 들으며 세 시간을 서핑했다. 해가 떠서 밖이 밝아올 때쯤 잠자리에 들었는데 그때나마 잘 수 있었던 것은 내가 찾던 노래를 결국 찾아냈기 때문이었다. 유레카! 알고 싶은 노래 제목이 있으면 어떻게 해서든 찾아내고야 마는 집착을 보이는 나는 미칠 듯이 알고 싶었던 그 제목을 알아낸 순간의 그 쾌감을 정말 사랑한다.

어째서 내 열정은 삽질에서만 발휘될까? 나는 내 이 미친 열정을 시험 기간에 잘 활용할 수만 있다면 나도 정말 아름다운 학점을 받을 수 있을 거라 생각한다. 하지만 참 쓸데없는 삽질일지라도 이 모든 시간이 불필요한 것만은 아닐 거라 생각한다. 이 팍팍한 세상에 삽질이야말로 진정한 블루오션일지도 모르니까. 꼭 최고가 되기 위한 것만이 열정 노동이 되는 것은 아니지 않나? 만약 그래야 한다면 나는 잉여 중의 잉여, 잉여킹이 되겠다(여기서 잉여킹은 단순히 시간을 허비하면서 잉여잉여거리는 사람이 아니라 이 세상의 많은 것들에 관심을 가지고 그만큼의 지식을 쌓을 수 있는 플러스적인 면모를 가진 잉여를 말한다. 사실 잉여다 보면 자연스레 잡다하게 아는 게 많아진다). 물론 가끔 스스로에게 드는 회의와 한심함이 3그램 정도는 있지만, 욕구에 충실한 행복한 삶을 살 수 있는데 이 정도는 감내해야지 뭐.

삽질을 무시하지 마라, 너는 그 무언가에게 한순간이라도 열정적인 삽질을 한 적이 있었는가? 고로 나는 오늘도 삽질을 한다. _혜연

　이웃에 사는 여진은 고3이다. 여진은 휴일마다 엄마와 전쟁을 벌인다. 여진 엄마는 많은 것을 바라지 않는다. 대학에 꼭 가야 한다고 생각하는 것도 아니다. 자기가 하고 싶은 일을 찾아서 그것을 잘하면 된다고 생각한다. 그러나 여진은 이런 엄마의 마음을 아는지 모르는지 화장하고 꾸미고 친구들을 만나러 나가기에만 바쁘다. 이런 여진을 붙잡고 엄마는 말했다고 한다. "엄마는 다 괜찮아. 네가 하고 싶은 일만 하면 돼. 엄마가 그게 뭐든 간에 응원해줄게." 그러나 현관문으로 뛰어나가며 여진이 홱 돌아서서 대답했다. "엄마는. 내가 지금 뭘 하고 싶은지 알고 있으면 이러고 있겠어요? 그걸 열심히 하고 살지." 여진은 엄마가 하는 말 중에서 가장 듣기 싫은 말이 "너는 무엇을 하면서 살고 싶냐?"는 말이라고 한다. 엄마가 볼 때는 자기가 놀러만 다니는 것 같지만 자기도 자기가 뭘 하고 싶은지 생각할 때마다 가슴이 답답하다고 한다. 생각할수록 머리만 아프고 도무지 대답이 떠오르지가 않는다. 가뜩이나 이런 상태인데 엄마가 무엇을 하고 싶냐고 물을 때마다 머리가 돌 지경이라고 한다.
　대다수 학생들은 이런 상태에서 대학에 들어온다. 혜아는 자신이 공부를 가장 열심히 한 때가 중학교 다닐 때였다고 한다. 우연히 가장 친했던 아이들이 공부를 아주 잘하는 친구들이었고 자신만 혼자 뒤처져서는 안 된다는 생각에 결의를 불태웠다. 1학년 때 140등을

이것은 왜 청춘이 아니란 말인가
잉여, 열정과 삽질 사이에서

하다 3학년이 되어서는 11등까지 올라갔다. 그리고 "너무나 당연하게도" 고등학교에 들어가서는 성적이 다시 곤두박질쳤다. 그 친구들과 다른 학교를 다니게 되었기 때문이다. 자신이 지금 다니고 있는 학과를 선택한 것도 솔직하게 "가장 편했기 때문"이라고 말한다. 다른 과목보다 글을 읽고 쓰는 것이 편했다. 아니 더 솔직하게 말하면 불편하지 않았다. 혜아는 자신이 이것을 전공해서 무엇을 할 것인지 아무런 계획도 없었고 지금도 없다고 말한다.

　대학에 들어올 때 자기가 무엇을 하고 싶고 무엇을 잘할 수 있는지를 잘 알고 들어오는 학생은 드물다. 대부분은 대학에 들어와서야 비로소 자기가 무엇을 하고 싶은지를 발견하려고 노력한다. 하지만 그것이 그리 쉽게 보이지도 않는다. 대학에 들어오는 순간부터 리포트며 발표며 해야 하는 일이 또 많아서 생각할 여유도 별로 없다. 게다가 삶에 대해 깊이 있게 생각하고 토론하는 수업도 많지 않다. 대부분은 수강생이 백 명이 넘기 일쑤라 교수나 강사와 학기 중에 말 한번 섞기도 힘들 지경이다. 내가 무엇을 하고 싶은가를 생각해볼 틈도 없이 바로 4년이 지나고 졸업이 다가온다. 그맘때쯤엔 그래서 이런 생각이 스멀스멀 머릿속에 기어 올라온다. '아, 나는 정말 잉여인가?'

삽질, 잉여들의 열정

　　　　　　　　　　잉여인간이란 아무런 노력도 하지 않는 인간, 있는지 없는지도 모르는 인간이다. 특별한 목표도 없이 남들이 하는 기본만 하는 인간, 아니 그것조차도 하지 않는 인간이다. 알바를 할 때도 어떤 특별한 목적이 있는 것이 아니다. 학원도 남이 다니니까 다니는 것이지 자기 인생에 대한 세밀한 기획 속에서 계획적으로 다니는 것이 아니다. 이런 인간이 잉여인간이라면 명진은 바로 자신이 잉여인간이라고 순순히 인정을 한다.

특히 방학이 오면 명진은 남이 짜놓은 시간표대로 자신은 그냥 따라하는 것 같은 일상을 되풀이하면서 여지없이 잉여인간이 되어버리고 만다고 한다. 가족들이 "넌 일문과니까 일본어 학원 좀 다녀야 하지 않겠니?" 하면 "맞어, 맞어" 하며 학원을 등록한다. 친구들이 "요즘 컴퓨터 자격증쯤은 빨리 만들어버려야 돼. 자격증은 저학년일 때 빨리 취득하는 게 좋아" 하면 "그래, 그래"라며 또 학원을 알아본다. 이러한 생활이 반복되다 보니 자신이 살면서 유일하게 열정을 바쳐서 들어온 대학교에 대한 회의감이 들기 시작한다고 한다.

잉여인간이라고 하여 전혀 열정이 없는 것이 아니다. 혜연의 이야기처럼 잉여들은 잉여라서 전혀 엉뚱한 곳에다가 온갖 노력을 퍼붓고 살아간다. 밥 먹고 사는 데 도움 안 되는 그런 일들 말이다. 잉여인간은 세상을 살아가는 데 아무런 도움도 되지 않는 일들에만 주로 몰두한다. 밤새 공부하는 일은 없어도 혜연처럼 웹서핑을 하다가 우연히 발견한 배경음악의 출처를 알아내기 위해 밤을 샌다. 엄마는 이런 혜연의 모습이 도무지 이해가 안 간다. 전혀 효율적이지도 않고 생산적이지도 않다.

혜연은 잉여들의 또 다른 특징이 끈기 부족이라고 생각한다. 열정

이것은 왜 청춘이 아니란 말인가
잉여, 열정과 삽질 사이에서

을 쏟아 붓기는 하지만 하나에 집중하지 못한다. 하나를 하다가 곧 귀가 팔랑거리면 다른 아이템으로 넘어간다. 혜연도 어릴 때부터 뭐 하나 하더라도 꾸준히 못 한다는 말을 많이 들었다고 한다. 이것저것 건드린 아이템은 많은데 그중에서 '성취'라고 부를 수 있을 만큼 뭔가를 이룬 것은 별로 없다. 그렇다고 포기가 깨끗하고 빠르지도 않다. 혜연은 상위권 성적인데 유독 수학 성적이 신통치 않았다고 한다. 독기를 품고 수학을 파고들거나, 깨끗하게 수학을 포기하거나, 선택은 둘 중 하나였다. 하지만 혜연은 이러지도 저러지도 못하는 미지근한 태도의 연속이었다. 생각보다 점수가 잘 나오지 않았지만 재수도 쉽게 포기했다. 다시 그걸 끈질기게 붙잡고 매달릴 자신이 없었기 때문이다. 그래서 한편에서는 쓸데없는 일에 몰두하고, 다른 편에서는 그마저도 오래 끌지 못하고. 그래서 이들은 자신의 열정을 삽질이라고 부른다.

민지도 무엇을 끈기 있게 해본 적이 별로 없다. 쉽게 몰두하지만 또 언제 그랬느냐는 듯 쉽게 그만둔다. 그중에서 민지가 목숨을 바쳐가며 몰두해본 것이 인터넷 게임이다. 방학만 되면 하루 꼬박 늘어지게 잤다가 다시 30시간 연속으로 게임을 한다. 밥은 세 끼 밥을 양푼에 비벼 한 번에 몰아 먹는다. 안 그래도 좋지 않은 눈이 바짝 말라 뻑뻑해지면 모니터 옆에 놓아둔 인공 눈물을 끊임없이 넣으면서 게임을 한다. 온몸이 결려 침을 맞으러 다니면서도 멈추지 않는다. 벌겋게 충혈된 눈으로 모니터에 빨려들 듯 게임을 하는 민지를 보고 부모님은 말한다. "진작 그렇게 공부했으면 서울대 갔겠다." 몇 번의 약속을 제외하곤 거의 두 달 가까이 앉아 있기만 했다. 종아리 근육이 퇴화될 정도였는지 그로 말미암아 개강 초 잠깐 다리가 꽤 가늘어져 모두의 '부러움'을 사기도 하였다고 한다.

게임에 접속하는 매일 매일이 즐겁다. 새로운 필드와 퀘스트들. 그러나 일정 수준에 오르면 어떠한 과제나 내용을 반복 수행해야 한다. 책상에 거의 널브러지다시피 해서 클릭질을 한다. 눈은 이미 반쯤 감겨 있다. 흔히 온라인 게임 유저들은 게임을 하는 행위를 자조적으로 '노가다'라 일컫는다. 똑같은 몬스터를 몇 시간째 잡거나, 인스턴트 던전을 몇 백 번이나 도는 반복 작업에 내 시간의 대부분을 쏟아 붓는다. 같은 장소에서의 반복된 플레이는 재미를 반감시키고 지루함은 한층 높여준다. 나의 캐릭터에게 (다른 이들보다) 더욱 높은 레벨을, 더욱 좋은 아이템을, 더욱 예쁜 옷을 가질 수 있게 하고픈 마음으로 겨우겨우 참아낸다. 게임이 더는 여가가 아니라 근성으로 견뎌내야 하는 노동이 되는 순간이다. 레벨 업을, 더 좋은 아이템을 향한 피눈물 나는 열정(농담이 아니라 정말 눈에서 피 나오는 것 같다). 그러다 문득 나는 듣는다. '아, 진짜 지겹다' 하는 내면의 외침을. 그것은 '이건 더 이상 게임이 아니야'라는 생각으로 발전한다. 모든 열정이 순식간에 사그라진다. 몰두했던 것이 언제였느냐는 듯 나는 게임을 그만둔다. 그러나 또 얼마 뒤 괜찮은 신작 게임이 등장하면 그것에 굴복당해 한동안 게임의 노예 생활을 지속한다. 아마 이번 여름도 크게 다르진 않을 것이다. _민지

이것은 왜 청춘이 아니란 말인가
잉여, 열정과 삽질 사이에서

민지는 자신이 이런 삶을 바꿀 수 없다는 것을 잘 알고 있다. 그래서 대놓고 자신의 꿈은 잉여가 되는 것이라고 말한다. 부모님이 백수인 딸자식을 쫓아내지는 않으실 테고 편의점이고 뭐고 알바를 하면 대충 먹고는 살 수 있을 것이라는 계산이다. 누군가는 이것이 비현실적이라고 말하지만 자신이 보기에는 가장 현실적이다. 이렇게 사는 삶이 왜 문제가 되는가? 민지는 잘나가는 정형외과 의사 아버지를 둔 자기 친구 예를 들었다. 그 친구는 고등학교 때 문제를 일으켜 퇴학을 당하고 미국으로 도피 유학을 떠났다. 1년에 1억씩 쓴다. 시골에서 올라온 다른 친구는 한 달에 기백의 용돈을 쓰고 있다. 하지만 그들은 부모의 과장된 기대 속에서 섭식장애와 신체 가학 성향을 가지고 있다. 같이 식사를 하자마자 화장실로 달려가서 목구멍에 손가락을 집어넣는 그들의 모습을 보며 민지는 '잉여로 사는 게 뭐 어때서?'라고 되묻는다. 컴퓨터 게임에 미쳐 살지만 자신은 적어도 엄마 곁에 누워 손을 꼭 잡는 순간의 행복감을 알고 그것이 사물로 환원되지 않는 가치가 있다는 것 정도는 알기 때문이다.

선영은 열정에 대해 이야기를 나누면서 왜 열정에는 반드시 대가가 있어야 한다고 생각하는지 되물었다. 우리는 열정을 바치면 그만큼 값진 것이 돌아오리라고, 혹은 돌아와야 한다고 믿는다. 반대로 이야기하면 대가가 돌아오지 않는다면 열정을 바칠 필요가 없다는 뜻이다. 그렇다면 우리는 대가가 돌아올 만한 것에만 열정을 바쳐야 한다. 자기가 하는 만큼 혹은 그 이상의 대가가 주어질 때에만 열정을 다해야 한다. 그리고 이렇게 '대가가 있는 것들'이란 '남들이 말하는' 미래를 준비하는 단계 중 하나이거나 부모님 실망시키지 않을 만한 '가치'로 여겨지는 것들이다. 그렇지 않은 열정은 삽질이 된다.

경화는 중학교 때부터 지금까지 무엇을 하건 열심히 최선을 다해 자신의 열정을 바쳐왔다. 중학교 때는 청소년문화기획단에 목숨을 바쳤다. 대학에 들어와서는 여행에 미쳤다. 미친 듯 돈을 벌었고 그 돈으로 여행을 다녔다. 그리고 최근에는 퍼거슨의 음악에 푹 빠졌다. 그러다 슬럼프에 빠졌다. 별안간 지금까지 자기가 열정을 바친 것이 삽질이었다는 것을 깨달았다. 경화는 이제 취업을 하거나 대학원에 가야 한다. 그런데 지금까지 열정을 다한 것들은 하나같이 이 사회에서 먹고사는 데 도움이 되지 않는 것들이다. 물론 경화는 자신의 그런 경험들이 다 뼈가 되고 살이 된다는 것을 잘 알고, 그런 경험들이 (자신을 변화시키면서) 현재의 자신을 만들었다고 생각하지만 '스펙'이 되지 않는 것은 엄연한 현실이다. 낭만적으로 느껴졌던 열정, 이 말만큼 허무한 것이 없다고 요새 후회하고 있다.

그런데 생각해보자. 이게 왜 삽질이 되어야 하는가? 앞에서 선영이 '왜 열정에는 대가가 있어야 한다고 생각하는가' 하고 던진 질문은 다른 말로 하면 어떤 일은 왜 열정이 되고 다른 일은 왜 삽질이 되느냐는 것이다. 대가가 없다는 이유로 무언가에 대한 열정을 너무도 쉽게 삽질로 만들어버리면서 우리는 오히려 세상의 가치에 얽매이고 너무나 많은 것을 버린다. 조건 없이 누구를 사랑할 시간, 이유 없이 무언가에 미친 듯이 열광해볼 기획 따위를 우리는 잃어버리게 된다. 어찌 보면 삽질이야말로 훨씬 더 숭고한 유희에 가까운 열정이 아닌가?

이것은 왜 청춘이 아니란 말인가
잉여, 열정과 삽질 사이에서

〈리틀 애쉬〉라는 영화에서 보면 페데리코 가르시아 로르카의 대사 중 이런 말이 나온다. "안달루시아의 위대한 예술가 마누엘 델 토레가 어느 가수에게 그랬지. 당신은 타고난 목소리에 노래 실력도 풍부하지만 끝내 예술에는 도달하지 못할 걸세. 삶과 죽음의 경계에 선 뜨거운 열정이 없거든." 우리는 경쟁한다. 페데리코가 말하는 노래 실력과 타고난 목소리를 위해. 가끔 그것을 위해 노력하고 경쟁하는 것을 뿌듯하게 여기기도 한다. 하지만 우리가 해야 할 것은 그가 말하는 뜨거운 열정이다. 자신만을 위한 열정 말이다. 누구를 위한 것도, 누구와 경쟁하여 이기는 것도, 어떠한 대가를 바란 것도 아닌 자기만족적인 열정. _선영

고대 철학자 키케로는 우정이 다른 어떤 목적을 지향할 때 그것은 더 이상 고매한 우정이 아니라고 생각하였다. 우정은 그 자체로 목적이고 최상의 가치이기 때문이다. 열정도 마찬가지이다. 열정은 키케로가 말한 우정을 쌓는 것이다. 열정의 대상은 도구가 아니라 우정의 동반자인 것이다. 그래서 '삽질'이라고 불리는 잉여들의 '열정'은 그 자체가 목적인 유희이다. 다른 무엇과 교환되기 위한 것이 아니다. 경화는 열정은 원래 그런 것이라고 생각한다. 열정이란 원래부터 밥도 쌀도 안 나오지만, 정말 비생산적이지만, 그러면서도 사회의 가치로는 전화되지 않는 삶의 원동력을 생산한다. 그것이 살면서 꼭 필요한 에너지라는 데는 의심할 여지가 없다. 그래서 경화는 열정이 무엇인가 하는 질문 따위에 집착하거나 따지고 묻지 않기로 했다고 한다.

사실 노동윤리가 아닌 소비 미학을 중시하는 이들의 삶에서 원동력이 되는 것은 진정성이 아니라 재미이다. 쓸모보다 더 중요한 것이 바로 재미이다. 재미가 있어야 참여를 하고 재미가 있어야 동료로 맞이한다. 따라서 앞에서 이야기한 것처럼 정치에 대한 참여도 시민으로서 하는 것이 아니라 게이머로서 한다. 그래서 사람들은 세상은 이들이 재미만을 얄팍하게 추구하기 때문에 깊이와 진정성이 없다고 비난한다. 하지만 재미에는 전혀 다른 윤리적 차원이 있다.

토발즈와 몇몇 사회과학자들이 쓴 《해커, 디지털 시대의 장인들》은 바로 이 재미를 새로운 윤리의 출발점으로 제시한다. 재미가 진정성이라는 근대적 윤리의 죽음과 인간의 종말이기만 한 것이 아니라 새로운 윤리의 출발점이라는 것이다. 노동의 윤리를 소비 미학이 대체하여 윤리가 사망하였다는 것은 오로지 근대적 관점일 뿐이라는 것이다. 이들은 '오락에 참여하면서 동시에 사회에 참여'하고 단독자의 고독한 작업이 아니라 '공동 작업'을 수행한다. 근대의 프로테스탄트 윤리가 '최적화의 원리', 즉 무엇을 하더라도 효율적이고 최적화된 형태로 진행되어야 한다고 주장한다면, 그리하여 '일요일을 금요일로 만들 것'을 요구한다면 해커의 윤리는 '금요일을 일요일로 만드는 것'이다. 그것은 놀이를 노동처럼 하는 것이 아니라 노동을 놀이처럼 하는 것이다. 앞에서도 이야기한 것처럼 게임조차 정치로 하는 것이 아니라 정치조차 게임처럼 한다. 더구나 이 열정과 재미는 자기만족을 넘어선다. 해커들의 가장 큰 기쁨은 자기들이 남을 기쁘고 즐겁게 했다는 것이다. 이들의 재미는 남을 희생하는 재미가 아니라 남을 기쁘게 하는 재미이며, 그것을 통해서 자신의 존재 가치를 느낀다.

교환을 위해, 축적을 위해 열정을 다해야 하는 순간 열정은 고문이 된다. 명진은 이것을 피아노를 통해서 경험하였다. 어릴 때부터 피아노를 좋아한 명진은 초등학교 때 콩쿠르에서 입상하였다. 학원에서는 음악에 천부적인 재능이 있다면서 대학 교수에게 레슨을 받자고 제안하였다. 처음에는 너무 행복하였다. 전문가 선생에게서 자신이 좋아하는 피아노를 배울 수 있었기 때문이다. 그러나 점차 지쳐갔다. 하루에 같은 곡을 몇 번씩이나 반복해서 치면서 더 이상 피아노에서 자유로움을 느낄 수 없었다. 어느새 같은 곡을 악보 그대로 반복해서 치는 '피아노 기계'가 된 자신을 발견하였다. 6학년 어린 나이였지만 명진은 그때까지 자기 인생의 친구였던 피아노와 이별했다. 그러나 아이러니하게도 피아노를 그만둔 다음 다시 피아노에 열정을 느낄 수 있었다고 한다. 악보에 얽매이지 않고 친구들과 가족들 앞에서 다시 이전처럼 자유롭게 피아노를 연주할 수 있었다. 피아노가 다른 무엇을 위한 도구가 아닌 친구로 다시 돌아온 것이다.

대다수 학생들이 이런 자기만족적이고 대가 없는 열정을 팬클럽 활동에서 느껴봤다고 말하였다. 아이돌을 쫓아다니던 학생들이 이구동성으로 하는 말이 있다. "그 정성으로 공부를 했으면 서울대 갔을 거예요." 새벽부터 방송국이나 공연장 앞에 줄 서는 것은 기본 중 기본이다. 그 사람 얼굴 한 번 보겠다고 오밤중에 숙소 앞에 진을 치고, 그 자리에서 라면을 끓여 먹고, 택시를 타고 그들의 밴을 쫓아다니기도 한다. 다리가 퉁퉁 붓도록 알바해서 번 돈을 해외 콘서트 따라간 다고 한 번에 다 날리기도 한다. 그래도 후회스럽다는 학생들은 거의 없다. 동방신기가 음반을 내면 팬들은 "우리가 음반을 냈다"고 이야기한다. 가상이든 무엇이든 '빠순이'라는 말은 아이돌과 팬의 관계를 우상과 숭배자로 만들지만 열정을 쏟는 이들에겐 서로가 삶의 동반자, 우정의 관계이다. 대가를 바라지 않고 쏟아 부은 열정, 그것으로 족하다고 생각한다. 돌이켜보면 먹고사는 데 도움 안 되는 삽질이지만 그것이 뭐가 문제인가?

열정이 무력화되다

잉여들의 삽질보다 더 비참한 운명에 처한 것이 무엇인가를 해보겠다는 열정이다. 잉여들은 차라리 그들의 삽질이 사회적으로 좋은 평가를 받지 못한다는 것을 잘 알기 때문에 오히려 잘 받아들인다. 반면 자신이 좋아서 하는 일뿐만 아니라 사회적으로 가치 있다고 생각하는 일에 '몰빵'했던 친구들은 자신의 열정이 삽질로 돌변하는 경험 때문에 주체할 수 없는 허탈감과 패배감을 느끼게 된다.

여진은 요즘 자신의 열정이 부질없는 짓이었는가 스스로에게 되묻고 있다. 대학 3학년으로 올라가면서 우연히 국제단체에서 가난한 이들을 위해 봉사하는 캠프에 참가했던 여진은 이후 외국을 돌아다니면서 빈민들에게 집을 지어주는 일에 미치게 되었다. 뜨거운 햇볕

이것은 왜 청춘이 아니란 말인가
잉여, 열정과 삽질 사이에서

이 쏟아지고 숨이 턱턱 막히는 더위였지만 지붕 위에 올라가 망치질을 하다가 불어오는 선선한 바람에 땀을 식히던 기분이 너무 좋았다고 한다. 여진의 활동은 현장에서 일하는 데서 그치지 않았다. 한국으로 돌아와서는 동아리를 만들었다. 참여했던 국제단체에서 체계적으로 교육을 받아 국내에서 마을을 다니며 벽화를 그리는 활동도 시작했다. 회의며 교육이며 동아리 활동이며 다른 활동을 탐방하는 일이며 엄청나게 바쁜 시간을 보냈다. 이 단체에 소속된 다른 나라 대학생들만큼 한국 대학생들이 활발한 나눔 활동을 벌이는 데 자신이 기반을 닦는다는 생각에 뿌듯하였다.

그러나 여진은 다른 한편 이 단체의 관료주의와 부닥쳐야만 했다. 대학생들이 그저 봉사라고 찾아올 때는 온갖 칭찬을 늘어놓았지만 막상 더 적극적으로 나서기 시작하자 오히려 귀찮아하는 기색이 역력하였다. 처음에는 파트너 관계라고 기운을 북돋웠던 사람들이 "대학생들 머리통이나 커진다며" 참견 말고 조용히 있으라고 했다. 현장에 참여하여 실질적인 일을 하라는 대신 거리에서 모금이나 해오라고 요구하였다. 여진이 독자적으로 기획하고 실천하는 행사에는 지원을 해주지 못한다고 잘라 말하기도 하였다. 여진이 도왔던 해외 현지인들과의 직접적인 연락도 불온시하였다. 사소한 실수 하나 하나를 트집 잡아 재교육을 시킨다는 등 멤버십을 재고한다는 등 여러 가지 견제를 날리기 시작하였다.

이런 대우를 받고 나니 내가 참 미련하구나 싶은 생각이 들기 시작했다. 기독교 단체든 봉사 단체든지 간에 결국은 돈이고, 자기들이 다 하지도 못할 일이면서 학생들이 하겠다고 거들면 가시부터 뽑고 경계한다. 그러면서 허드렛일이라고 생각되는 것은 학생들 불러다가 부려먹는다. 이런저런 일들이 겹치니 참 리더라는 것, 또 안다는 것이 귀찮은 일이라는 생각이 많이 들었다. 알면 알수록 정이 떨어지는데 굳이 알 필요가 있을까 싶기도 해 후배들한테는 그냥 즐기라고 했다. 뭐든 내가 원하는 만큼만 즐기는 게 딱 좋다고. 더 관심 가지고 뭔가를 해보려고 하면 실망하게 되니까 그냥 즐기라고. 그래서 나는 지금까지 내가 해오던 모든 일에서 완전히 물러나 있다. 연락도 하지 않는다(그래도 포스터며, 후원 약정서며…… 뭘 자꾸 집으로 보내는 건지). 그냥 내가 하고 싶을 때 참가하고 연락 오면 다른 사람한테 넘기고. 그게 속도 편하고 이 일을 더 즐길 수 있는 것 같다. 처음 내가 필리핀에서 4박 5일 동안 느꼈던 그 느낌 그대로. 이번 수업 때 들은 것도 너무 많이 생각하고 알지 말아야지. _여진

이 경험을 글로 적어 리포트를 제출하면서 여진이 단 제목은 '너무 알면 다친다'이다. 차라리 모를 때는 순수하게 그 자체를 즐길 수 있지만 내부 사정을 잘 알게 되면 도저히 그 일을 이전처럼 열정적으로 할 수 없게 된다. 이것이 대학생들의 위치이고 우리 사회가 그 열정을 받아들이는 방식이다. 열정적이 되라고 말하지만 절대 대학생들의 열정을 진지하고 주체적인 것으로 받아들이지 않는다. 대학생들의 열정은 단지 자신들이 젊음의 가치와 열정을 얼마나 높이 사는지

이것은 왜 청춘이 아니란 말인가
잉여, 열정과 삽질 사이에서

보여주기 위한 장식품일 뿐이다. 그래서 이 장식품들은 시키는 일만 해야 한다. 절대 주체적으로 판단하고 기획해서 새로운 일을 도모해서는 안 된다. 대학생들이 내부로 진입하려고 하는 순간 엄청난 견제와 간섭이 들어온다. 그 순간 이들은 깨닫게 된다. 자신들은 외부인에 불과하다는 것을. 그래서 한순간에 열정은 냉소가 된다.

열정을 갖고 내부로 진입하기 위해서는 내부의 질서와 요구에 복종하여야 한다. 열정만으로는 충분하지 않다. 이것을 요즘 은경은 뼈저리게 느끼고 있다. 은경은 의상디자인학과에 다닌다. 무엇인가를 기획하고 만드는 것을 좋아하기 때문에 분명한 목적의식을 가지고 진학하였다. 이 과에서 온몸이 바스러지게 열정을 다하리라 입학하는 순간부터 결심하였다. 다른 전공과 달리 의상학과는 거의 '노가다 학과'이다. 한 학기 내내 평가가 이어진다. 평가 또한 가혹하다. 그래서 의상학과에는 중간 탈락자가 엄청나게 많다. 1학년 1학기 때부터 '평면과 입체' 같은 전공과목의 압박을 이기지 못하고 삼 분의 일 정도의 학생들이 사라진다. 대신 한 학년당 열 명 이상 편입생이 들어온다. 이런 엄청난 압박을 은경은 이겨냈다. 온몸으로 열정을 불살라 학업에 열중하여 전공 성적은 모조리 A이다. 졸업 하기까지 전공을 48학점만 들으면 되지만 자신은 전공심화인 57학점도 넘어 지금까지 69학점을 수강하였다. 전공 공부뿐만이 아니다.

그동안 나는 최고가 되고자 정말 미친 듯이 지내왔다. 내게는 최고가 되기 위한 열정도 자신감도 충만했다. 전공 성적을 A학점으로

채운 학과 공부뿐만 아니라 그에 관련된 무엇이든지. 전국 연합 패션동아리에 들어서 패션쇼에 서기도 했고, 유명 패션 디자이너들이 졸업한 뉴욕의 FIT에서 코스를 밟고 오기도 했고, 중국의 북경미술학원에서 하는 프로젝트에도 참여하였으며, 일본 디자인 페스타도 참관하였다. 외국 여행 가서는 백화점과 쇼핑몰에서만 살다시피 하였고, 그렇게 시장 조사한 결과를 아무도 시키지 않았어도 개인용 PPT로 만들어 소장하고 있다. 3학년 때부터 의류 기업에서 인턴을 했고, 현재도 인턴사원으로 2백 컷이 넘는 디자인 사진을 찍어야 하는 막중한 임무를 맡고 있을 정도로 옷에 관해서라면 분야를 가리지 않는 전문가가 되기 위해 정말로 미친 듯이 달려왔다. _은경

그런데 이 보기 드문 삼위일체, 자신이 하고 있는 일, 하고 싶은 일, 잘할 수 있는 일이 맞아떨어지는 행운을 만들고 누렸지만 요즘 은경은 지친다고 한다. 밤을 새우고 백 개가 넘은 샘플을 만들면서도 절대 지치는 법이 없었던 은경이지만 요즘 너무나 피곤하다. 졸업을 앞두고 취업을 해야 하기 때문이다. 지금까지는 옷 만드는 일에만 매달리면 되었지만 이제는 영어 공부도 해야 하고 면접 준비도 해야 한다. 아무짝에도 도움 되지 않는 토익 점수를 만들어야 하고 '있는 척'하는 기술을 배워 면접 준비도 해야 한다. 아무리 기술이 좋더라도 이 관문을 지나지 않으면 자신이 그동안 열정을 다해서 쌓아온 것들이 무대 위에 제대로 서보지도 못한 채 사라지기 때문이다. 그래서 은경은 "그동안 옷에 쏟아왔던 미칠 듯한 열정이 식어가는 무시무시

이것은 왜 청춘이 아니란 말인가
잉여, 열정과 삽질 사이에서

한 현실을 인정하지 않기 위해 난 오늘도 Fashion에 Passion을 더한다"고 말한다. 힘들어도 더 한다고 말한다. 그것 말고는 돌아갈 길이 없기 때문이다.

열정을 착취하는 자본주의

SM엔터테인먼트, 아시아의 슈퍼스타 급구!

외모 조건: 178센티미터 이상의 초미남형이야 함

외국어: 3개월 정도는 수업 제공, 이후는 각자 생활에 지장 없을 수 준까지 키워야 함

휴가: 365일 중 길어야 14일

평균 노동 시간: 24시간 중 수면 시간 4시간을 제외한 20시간

출장 비행 거리: 지구 60바퀴(여권 5번 이상 갱신은 필수)

기본 옵션: 콘서트 개최 시 총 공연 관객 백만은 모아주어야 함

음반 총판은 2백만 장 이상 팔아줘야 함

한 해 상반기 수익이 3백 억은 넘어야 먹어줌

수익 배분은 0.4~1퍼센트

일본 진출 시 돔 공연 필수

연봉: 2억

월급: 천만 원. 이동비(해외 출장, 국내 지방 출장, 국내 이동비) 포함하지 않음. 조식·중식·석식 제공 없음. 활동에 필요한 기타

개인 스태프 인건비, 식사비, 이로 인해 발생되는 모든 잡비 자체 충당. 회사 소유 렌트카는 제공(+개인 부업 절대 금지)

정문은 얼마 전 다섯 명 중 세 멤버가 회사를 상대로 손해배상을 청구한 '동방신기 사태'를 겪으면서 혼란스럽다고 한다. 소속사와 멤버 간, 멤버와 멤버 간 불화설에도 불구하고 노래를 부르고 팬을 만나고 싶어 하는 동방신기의 열정을 칭찬해야 하는 것인지, 아니면 그 열정을 착취하고 이윤을 뽑아내는 기획사 SM엔터테인먼트를 비난해야 하는 것인지 잘 모르겠다고 한다. 그래도 억울하다. 왜냐하면 열정을 불태우는 동방신기에게는 '내가 좋아하는 일이니까 괜찮아' 라는 자기 위로가 돌아갈 뿐 정작 이윤은 기획사가 다 가져가기 때문이다. 내가 좋아한 일이니까 괜찮다고 말하면 이런 착취에 가까운 일을 당해도 정말 괜찮은 것일까? 정문이 보기에 기획사의 돈 버는 술수는 기가 막힐 정도이다. '동방신기 타코야키'까지 나왔다. 동방신기 이름만 갖다 붙이면 그대로 상품이 되기 때문이다. 그리고 그 수익은 고스란히 기획사로 돌아간다.

4학년이 된 내 주변 친구들 미니홈피에 가보면 어느 정도 일정한 주제를 볼 수 있다. "나는 내 열정을 다 바쳐서 일해, 어때 멋지지?" 멋지긴 개뿔. 이러한 사람들의 특징은 어쨌든 열정이 있다면 못 버틸 것이 무엇이냐는 것인데, 나는 오히려 열정 노동을 하는 사람들이 열정 노동의 착취 구조를 만드는 데 크게 한몫을 하고 있다고 생각

이것은 왜 청춘이 아니란 말인가
잉여, 열정과 삽질 사이에서

한다. 나도 버텼는데, 너도 버텨야지. 이 정도 상황도 못 버티면 열정이 있다고 할 수 없는 것 아니겠어? 열정을 가진 아름다운 내 모습. 그런데 열정이라는 것을 꼭 아름답게 생각해야 하는 것인가? 나는 인간들이 꼭 열정을 가지고 살아가야 한다고 생각하지 않는다. 열정이라는 이름으로 포장하지 않아도 모두가 자신의 권리를 누리고 사는 삶이 있었으면 한다. 나는 어떤 선택을 해야 하는가. 어떤 선택을 해야 후회 없이 올바르게 살아갈 수 있는가. 나는 어떠한 인간이 되어야 하는가. 삶 자체가 나에게는 항상 감당 못 할 고민을 안겨준다. _솔미

그래서 솔미는 열정을 다해 일하라고 말하는 이 사회가 싫다. 열정을 다하라는 말은 알고 보면 웃기지도 않은 착취 구조에 자발적으로 참여하라고 강요하는 것과 다름없지 않은가. 강요된 열정만이 남아 있을 뿐. 어째서 최저임금보다 적은 보수나 이조차도 없는 무급 인턴이 열정 노동이라는 이름으로 감추어져야 하는 것인지를 되묻는다.

그럼에도 많은 젊은이들은 언제든 자신의 열정을 불사를 준비가 되어 있다. 기업이 쥐꼬리만 한 월급을 주더라도 자신들이 착취를 당한다고 생각하기보다는 자신들에게 기회가 주어졌다고 생각한다. 아니 오히려 기회만 주어진다면 언제든 진가를 보여주고 최고가 될 수 있다고 생각한다. 그렇기 때문에 돈 한 푼 못 받아도 좋다고 생각한다. 이렇게 영화계에서부터 패션, IT업계에 이르기까지 모두가 자발적으로 자신의 열정을 다 바치면서 착취를 견뎌내고 있다.

이 착취 구조가 버틸 수 있는 가장 큰 이유는 노동을 바라보는 사람들의 관점이 달라졌기 때문이다. 과거에 노동을 하는 이유가 오로지 돈을 벌기 위해서였다고 한다면, 우리 시대는 돈을 조금 벌더라도 자아실현을 할 수 있는 노동을 하고 싶다는 것이 많은 사람들의 꿈이다. 여기서 창의 노동 혹은 열정의 자발적 착취가 시작된다. 앞에서 살펴본 것처럼 소비만 미학화된 것이 아니라 노동 역시 미학화된 것이다. 우리가 직업을 갈망하고 선택하는 기준이 되는 것이 소비사회에서는 '돈'이었다고 한다면 이제는 '돈'만큼이나 '미적 가치'가 중요하다. 그래서 일과 놀이와 자아실현이 동시에 될 수 있는 직업을 선호한다. 바우만은 우리 시대의 일중독자들은 "노예가 아니라 가장 운 좋은 성공한 엘리트들"이라고 이야기한다.

지혜도 자신이 착취당했다는 사실을 잘 안다. 지혜는 누구에게도 딸리지 않는 스펙을 가졌다고 생각하지만 패션 정보 회사에서 인턴으로 일을 하였다. 지혜의 업무는 인터넷이나 잡지에서 필요한 패션 정보를 수집하는 일이다. 이를 오리고 붙여 정리해서 이사에게 넘기면 이사는 그 정보를 엄청난 값어치가 있는 정보로 탈바꿈시켰다. 이런 정보를 필요로 하는 회사에 그것을 넘기면 회사로 엄청난 돈이 굴러 들어왔다. 그 과정에서 지혜가 받을 수 있는 돈은 고작 20만 원이었다. 열 시간이 넘는 근무 시간, 당연시되는 야근, 그리고 불공평하고 부당한 대우까지 견디어야 했다. 그런데 그들은 이를 착취라고 생각하지 않는다. 오히려 지혜에게 기회를 준다고 생각했다.

이것은 왜 청춘이 아니란 말인가
잉여, 열정과 삽질 사이에서

입에서는 자연스럽게 한숨이 새어 나온다. 그럴 수밖에 없다. 시간과 돈이라는 저울 위에 나의 노동을 올려놓는다면 이것은 말도 안 되는 거래이니까. 이미 일류와 이류는 태어날 때부터 정해진다고 말하는 요즘, 지배층의 밑에서 버둥거리고 있는 수많은 일반인들. 지배층은 지배층의 기반을 공고히 하기 위해 그들의 거미줄 같은 영역을 더욱 확장시키고, 그 거미줄은 어떤 것보다도 튼튼해서 감히 범인(凡人)은 그 거미줄을 잘라낼 수도 없고, 잘라낼 여지가 보이면 무참하게 짓밟히며, 또는 그 거미줄 자체를 인식하지도 못한 채 산다⋯⋯. 그런 현실에서 나의 열정을 기반으로 한 노동은 무가치한 데다, 어리석기까지 할 수도 있을 것이다. 성공한 '일류'의 '열정'은 돈과 시간의 저울에 올려놓으면 마땅하고 옳고 이치에 맞는 것인데, '이류'의 '열정'을 가리키는 바늘은 180도를 선회하여 무가치함을 선언한다. _지혜

남들이 보기에는 자신의 창조적인 능력과 열정을 불사르며 자아를 실현하는 멋진 직업으로 보이는 패션이나 문화 산업이야말로 엄청난 착취 구조를 가지고 있다. 이 구조에 저항하려는 순간 시스템은 냉정하게 이들을 내친다. 그리고 말한다. 너 말고도 이 일을 하려는 아이들은 쎄고 쎘어. 버티든가 버티지 못하고 나가든가, 그 모든 것은 자기들이 알 바 아니다. 자신들이 신경을 써서 챙겨야 하는 문제는 더더욱 아니다. 그래서 이들은 노예들이다. 지혜도 스스로를 패션 노예라고 부른다. 언제든지 동원할 수 있고, 언제든지 버릴 수 있다. 버린

다고 해서 누가 비난하지도 않는다. 이 동네는 원래 그렇다는 말 한 마디면 끝난다.

  그러나 지혜는 다시 한 번 항의한다. 노예라고 해서 바보라고 생각하지 말라고 말이다. 바보처럼 자신들이 착취를 당하는 것도 모르고 불나방처럼 불 속으로 뛰어드는 것이 아니다. 오히려 지혜는 이 노예들은 그것을 감수하면서도 간다고 말한다. 자신들은 최고가 되기 위해서 노력한 것일 뿐만 아니라 그 과정도 사랑했기 때문이다. 여기서 착취로 얼룩진 최고를 향한 열정은 잉여들의 삽질과 다시 만난다. 착취하는 자들은 이 과정에서 이들이 경험하고 얻은 것을 간단하게 무시하고 결과만을 독점하였다. 하지만 착취를 당하는 이들에게는 착취하는 자들이 눈도 돌리지 않은 것, 즉 그 과정에서 얻은 경험과 시간, 그리고 사람들이 남았다. 그리고 무엇보다 그 과정에서 느끼고 향유했던 감각을 사랑한다고 말한다. 삽질과 열정은 다시 자본이 착취할 수도, 교환할 수도 없는 '순수한 유희'에서 만난다.

이것은 왜 청춘이 아니란 말인가
잉여, 열정과 삽질 사이에서

조금긴결론

다시 교실에서

한 학기 동안 다사다난했고 기상천외했으며 버라이어티하고 스펙터클했던 문화인류학 수업이 끝나가고 있다. 그것은 마치 별 생각 없이 살고 있었던 나에게 호러스러운 롤러코스터였다. 끄아아아아아악~~~~ 소리가 날 정도로 나의 몸을, 나의 글을, 나의 라이프스타일을 덜컹덜컹 뒤흔들어놓았기 때문이다. 여러 가지가 기억에 남지만 하나 이야기하라면 적극적 수동성에 대해 말하고 싶다. 이 개념은 적극적으로 살아가는 나에게 '그래서 그게 무슨 의미가 있어?'라고 잡아끄는 듯하다.

_혜교, 2009년 가을 학기 기말고사 답안에서

책을 마무리 지으면서 어떤 제목이 좋을지 이리저리 머리를 굴리다 〈미디어스〉에 실린 ''판타지' 속 김예슬과 '투명인간''이라는 김재훈의 글을 읽었다. 많은 부분에 고개를 끄덕이면서 읽다가 이 책의 제목으로 '슈퍼맨에 맞선 투명인간'이 어떨까 생각했다. 세상은 20대들에게 슈퍼맨이 되라고 한다. 성적은 당연히 좋아야 하지만 성적에만 목을 매서도 안 된다. 성격과 사회성이 좋아야 하지만 정에 매여도 안 되고 철저히 경쟁적인 약육강식의 태도를 가져야 한다. 제도에 충실하면서 자기 경험도 많아야 한다. 한마디로 슈퍼맨이 되거나 죽

이것은 왜 청춘이 아니란 말인가
다시 교실에서

으라는 이야기이다. 그러나 정작 이들은 투명인간에 가까운 삶을 산다. 이들은 한국의 대학 서열 체제에서도 투명한 존재들이고 심지어 '88만 원 세대'라는 그들을 '위한', 혹은 그들에 '대한' 담론으로부터도 소외되었다.

대학이 분류되고, 대학생들이 분류된다. 그렇기 때문에 '명문대'생의 대학 거부는 그렇게 진지하지만(진지하게 받아들이지만) 지방대생의 절규는 짐승들의 '절규'로 취급된다. 똑같이 대학을 비판해도 명문대생은 인간으로 살기 위한 비판이 되고, 지방대생은 '먹고살기 위한' 생존의 요구로 다루어지면서 그들의 처지가 물리적으로나 생물학적으로나 얼마나 비참한지에 초점이 맞추어질 뿐이다. 여기에 이미 분류 체계가 작동하고 있지 않은가? 그리고 분류 체계에 의해서 그들을 바라보는 우리의 시선, 우리의 감정 자체도 달라지지 않는가? 그래서 그들을 어떻게 취급하고 대접해야 하는지에 대한 우리의 윤리 자체도 달라진다.

그렇다면 정치의 끝에서 윤리를 만나는 것이 아니라 윤리가 멈추는 지점에서 우리는 정치를 만나게 된다. 그렇다면 우리는 우리가 생명을 어떻게 분류하고 그 분류표에 따라 어떻게 취급하는가를 생각해보아야 한다. 새로운 정치는 이렇게 분류표에 질문을 던지는 데서 시작한다. 사유는 정당하다고 생각되는 것에 그것이 얼마나 정당한지를 되묻는 과정이다. 그렇기 때문에 사유는 가장 정치적인 행위이다. 그러나 우리는 우리가 대학생들을 바라보는 분류표, 즉 우리의 정치를 성찰하기보다는 그들을 정치적으로 바라보기만 한다. 그래서 이들은 진보적인 쪽에서는 정치적으로 철딱서니가 없는 존재로, 보수적인 우파들로부터는 경제적으로 철딱서니가 없는 존재로 비난받는다. 정치적 주체로서, 경제적 행위자로서의 이들의 목소리를 진지하게 듣고 이들과 이야기를 나누는 모습은 매우 드물다.

나는 이들의 목소리가 충분히 들려야 한다고 생각한다. 그냥 말하면 되지 않느냐고 말할지도 모르겠다. 그러나 말을 하기 위해서는 진지하게 들어주는 사람이 필요하다. 그렇기 때문에 이들에게는 말할 권리뿐 아니라 이들의 이야기가 충분히 들릴 수 있는 권리가 필요하다. 영어에는 '말할 권리'에 대한 재미있는 표현이 있다. 말할 권리라고 하면 쉽게 'the right to speak'를 떠올린다. 그러나 영어에는 다른 표현이 하나 더 있다. 'the right to be heard', 들릴 권리이다. 혼자서 아무도 없는 산에 올라가 소리소리 지르는 것을 권리라고 이야기하지 않는다. 권리가 권리이기 위해서는 반드시 상대방이 필요하다. 누군가 나의 이야기를 진지하게 들어줄 때 비로소 나의 말할 권리는 완성된다. 그렇기 때문에 권리는 말을 하는 나의 용기만이 아니라 그 이야기를 들어주는 상대방의 '듣는 의무'를 요청한다. 이들의 목소리가 충분히 들려야 한다는 것은 이들의 거칠고 정리되지 않고 울퉁불퉁한 목소리를 우리가 진지하고 꼼꼼하게 듣는 훈련이 되어 있는지에 대한 성찰을 요청한다.

우리는 매끈한 목소리에 너무 익숙해져 있다. 우리는 누군가가 매끈한 목소리로 깔끔하게 세상이 어떻다고, 이들이 어떻다고 정리해서 말해주기를 바란다. 이 감수성이 매우 큰 문제이다. 이러한 감수

이것은 왜 청춘이 아니란 말인가
다시 교실에서

성으로는 늘 우리의 대변자, 혹은 그들의 대표자만을 찾을 수밖에 없다. 우리는 길고, 반복되고, 우물거리고, 때로는 모순되거나 비약인 이야기를 참지 못한다. 누군가 이야기의 핵심과 요점만을 '빨리 빨리' 이야기해주기를 바란다. 이런 감수성으로는 절대 '그들'을 이해할 수도, '그들'에게 다가설 수 있는 언어를 만들어낼 수도 없다. 그들에게는 '말할 권리'는 있지만 '들릴 권리'가 없는 셈이다. '그들'이 말할 수 있는 공간이 만들어지지 않는 것은 말할 필요도 없다. 서문에서 말한 '헛돌고 겉도는 언어'가 만들어지는 전형적인 방식이 바로 이러한 감수성에서 기인한다고 나는 확신한다.

나는 이 책이 나와 함께했던 20대들의 목소리가 들릴 수 있는 기회가 되기를 바란다. 그렇다고 해서 이 책이 그들의 목소리를 가감 없이 그대로 전달했다거나, 그러한 목적으로 쓰여졌다는 '사기'를 치고 싶지는 않다. 만약 그렇다면 이 책의 저자는 내가 아니라 그들이어야 한다. 반대로 그들의 이야기를 잘 정리하고 대변한다고 생각하지도 않는다. 내가 누군가를 대신해서 이야기할 수 있다는 생각부터가 그들의 '들릴 권리'를 박탈하는 것이기 때문이다. 그래서 나는 서문에서부터 이 책은 오히려 그들이 나에게 무슨 이야기를 들려줬으며, 그들의 이야기는 나로 하여금 무엇을 새롭게 인식하고 성찰하게 하였는지에 대한 기록이라고 이야기하였다. 그들은 나의 지적 파트너였으며 도반(道伴)이었다. 이것은 그들의 이야기를 '듣고, 물은' 사람으로서의 나의 기록이다. 그들의 이야기를 들으면서 나는 어떤 언어로 그들과 만나려 했는가, 또 나의 언어는 그들로 하여금 자신들의 삶을 어떻게 새롭게 인식하게 하였는가에 대한 기록이다. 그 과정에서 나는 이들의 사유의 힘을 발견하였다.

내가 이들에게서 동등한 사유의 힘을 강조하는 이유는 서문에서 말한 '성장의 신화' 때문이다. 우리가 이들이 성장하지 않았다고 비난하는 가장 큰 이유는 바로 이들이 생각 없이 살아간다고 여기기 때문이다. 우리에게 생각, 즉 성찰은 성장의 지표이다. 따라서 생각 없이 살아간다는 말은 곧 이들이 성장하려고 하지 않는다는 비난으로 옮겨간다. 인간이 자기 삶의 주인공이 되기 위해서 가장 필요한 것이 자기 생각이다. 자기 생각이 있어야 줏대 있게 움직이고 능동적으로 살아가며 자기 삶과 공동체의 주인이 될 수 있다. 따라서 생각 없이 산다는 것은 주인으로 살아가기를 포기하였다는 것과 동의어이다.

그러나 나는 이 글의 전체를 통해 이들이 생각 없이 살아가는 것이 아니라 우리와 전혀 다르게 경험하고 판단하면서 살아간다는 것을 보여주려고 했다. 다만 그것이 우리에게는 안 보일 뿐이었다. 예를 들어 열정에 대한 이야기에서 말한 것처럼 '일요일을 금요일처럼 살아야 한다'는 윤리를 가진 우리의 눈에 '금요일을 일요일처럼 살겠다'는 그들은 철딱서니 없는 놈팽이로만 보일 뿐이다. 그러나 반대로 보면 '일요일을 금요일처럼 사는' 우리야말로 여전히 삶을 생존에 묶어두고 살아가는 어리석은 '동물'일 뿐이다. 우리가 20대들을 두고 아이템이나 탐하는 동물이 되었다고 비난하지만 그들이 보기에는 우리야말로 생존에 묶인 동물인 셈이다. 그러니 정치에 대한 이야기에서 본 것처럼 생존의 언어로 정치 참여를 호소하고 촉구하는 우리의

이것은 왜 청춘이 아니란 말인가
다시 교실에서

말에 그들이 감응할 리가 없다. 비유하자면 이것은 개와 고양이의 대화이다. 개는 반가우면 꼬리를 흔들고 고양이는 귀찮거나 경계를 할 때 꼬리를 흔든다. 그러니 개와 고양이가 만나면 서로 으르렁거리고 싸울 수밖에 없다. 서로의 언어를 이해하지 못하기 때문이다. 그들이 아무 생각 없이 산다고 비난하는 우리야말로 그들에 대해서 아무 생각이 없는 것인지도 모른다.

두 번째로 내가 이들의 사유의 힘을 강조하는 이유는 이들이 세상에 대한 언어를 만들어가는 나의 지적 파트너이기 때문이다. 삶에 대한 언어를 찾는다는 점에서, 나는 학생들과 나의 관계를 도반이라고 생각한다. 그들과 나의 관계는 각자의 질문을 품고 서로에게 질문을 던지며 길이 허용하는 한에서 같은 길을 가는 도반에 가깝다. 신영복 선생은 《처음처럼》의 〈발〉이라는 글에서 "머리 좋은 것이 마음 좋은 것만 못하고, 마음 좋은 것이 손 좋은 것만 못하며, 손 좋은 것이 발 좋은 것만 못하다"고 말씀하시며 "관찰보다는 애정이, 애정보다는 실천이, 실천보다는 입장이 더욱 중요하다"고 말씀하셨다. 그러면서 입장의 동일함, 그것이 관계의 최고 형태라고 가르치셨다. 입장의 동일함, 그것은 세상에 대해 동일한 답을 가지고 있다는 뜻이 아니다. 세상에 대해 질문을 던지는 눈높이가 같다는 뜻이다. 우리에게 필요한 것은 해답을 공유한 공동체가 아니라 질문을 공유한 공동체이다.

같은 질문을 던지는 공동체가 오래 갈 수 있다. 이것이야말로 한국의 좌파들이 가장 못하는 것 중의 하나이다. 질문을 공유하는 것이 아니라 해답에서 입장의 동일함을 찾으려다 결국 돌아서고 찢어지는 것 말이다. 우리는 '우리'에 대해서 새롭게 생각해야 한다. '우리'는 어떤 일을 도모하기 위해 뜻을 같이하는 사람들이 모인 출발점이 아니다. 오히려 '우리'란 푸코가 말한 것처럼 질문에 앞서 '우선적으로 존재'하는 것이 아니라 '문제를 형성'하는 과정에서 제기되는 '질문의 결과', 그것도 '불가피하게 임시적인 질문의 결과'이다. 따라서 '우리'란 끊임없이 생산되고 해체되어야 하는 그 무엇이다. 질문을 공유하는 것은 차이를 두려워하지 않는다. 오히려 질문의 공유는 더 많은 다른 답들을 생산한다. 질문을 공유하는 사람들은 이 다른 답들을 환영한다. 그것이 나에게 더 많은 영감을 촉발하기 때문이다. 해답의 공유가 같아져야 한다는 폭력이라면 질문의 공유는 차이에 대한 생산이며 다른 것에 대한 절대적인 환대이다.

나는 그들에게 이방인이고 그들은 나에게 이방인이다. 그러나 이방인들은 우리에게 질문을 던지는 현자이다. 문제는 우리에게 질문을 던지는 이 현자들을 배척하지 않는 것이다. 질문을 봉쇄해버린 사회에는 그 어떤 미래도 기대할 수 없다. 질문에 우리 스스로를 개방한다는 것은 우리에게 '끝이 없음을 받아들이는 것'을 의미한다. 그러나 끝이 없기 때문에 '냉소적'이 되는 것이 아니라 끝이 없음에도 '불구하고' 이야기를 이어감으로써 윤리적이 될 가능성이 열린다. 정답이 없기 때문에 질문하기를 그만두는 것이 아니라 정답이 없음에도 불구하고 질문을 이어갈 수 있는 것이다. 숭산 스님은 "오직 모를 뿐"이라고 말씀하셨다. 그렇기에 우리는 계속해서 '오직 물을 뿐'을 이어갈 수 있는 것이 아닐까? 불교에서 '곳곳에 부처'라고 하는 말처

이것은 왜 청춘이 아니란 말인가
다시 교실에서

럼 곳곳이 질문이기 때문에 곳곳에서 스승을 만날 수가 있고 그렇기에 질문을 이어갈 수 있는 것이다.

  그렇기 때문에 나는 교실에서 정답이 아니라 낯선 질문, 이질적인 대답을 환영한다. 왜냐하면 이런 낯선 질문이야말로 들어보지 못한 새로운 말을 전해주고 새로운 질문을 던지기 때문이다. 사실 이런 점 때문에 몇몇 학생들은 어리둥절해하거나 불만을 터트리기도 한다. 뭔가를 정리해주지 않으면, '객관적'으로 요약 정리 된 '보편타당한' 정답이 나타나지 않으면 불안하기 때문이다. 그러나 이방인을 환대하지 않는 공동체는 성장할 수 없다. 정답만을 추구하는 공동체에서는 새로운 것을 발견할 수 없다. 낯선 것들에 대한 환대를 통해 교실이라는 공동체는 쇄신된다. 그리고 낯선 것을 환대하기 위해서는 무엇보다 낯선 것으로부터 오는 위험을 각오할 '용기'가 필요하다.

개념과 사유의 힘

  학생들과 만나면서 나의 과거를 돌이켜 생각해보니 삶과 사랑, 죽음과 고독에 대해서 가장 몰입하였던 시기는 청소년기였다. 즉 청소년기는 철학적인 감수성이 가장 넘쳐나는 때였다. 그런데도 교육에서는 단지 학생들이 그 감수성을 철학적 언어로 표현하지 못한다는 이유로 그 사실을 망각해버리곤 한다. 그리고 학생들에게는 정확한 정보가 필요할 뿐 철학적 대화는 필요 없다고 착각한다. 그러나 나는 지난 몇 년간 청소년들을 위한 대안공간이

나 대학에서 '문화이론'이라는 이름으로 자기 삶을 읽고 쓰는 수업을 함께하면서 그들이 생각하는 것을 매우 좋아한다는 사실을 깨달았다. 학생들은 철학적 사유를 대단히 좋아하고, 사유의 힘에 압도되고, 또 매혹된다.

뻔뻔한 자기 자랑 같아 쑥스럽지만 솔직히 많은 학생들이 내가 놀라고 당혹스러울 정도로 수업에 '열광'하였다. 학생들은 '도착', '환상' 같은 정신분석학 개념이나, '장치와 배치' 등 푸코나 들뢰즈처럼 무지 어려운 프랑스 철학자의 말로써 자신의 삶을 바라볼 수 있다는 사실에 매혹되었다. 예를 들어 연세대학교 원주캠퍼스의 친구들은 '상상의 공동체'라는 개념을 통해서 연고전을 하는 동안 자신들이 왜 그토록 흥분하는지, 신촌캠퍼스 학생들과 비교하면서 왜 무엇인가가 버석거리는 느낌을 갖는지를 포착하였다. 또한 이들은 조금만 북돋워주면 대학원생이나 강사인 나조차 선명하게 이해하기 어려운 '생명 관리 권력'이나 '상상의 공동체' 같은 개념의 의미를 금세 포착하고 자신의 삶을 멋지게 설명하였다.

나는 그동안 '생명 권력'에 휘감기듯 사로잡혀 있었다. 이번 문화인류학을 수강하면서 '생명 권력'이 나를 각성시킨 것임에 틀림없다. 그 이유는 나의 사생활에서 이 개념을 다시 한 번 고찰할 수 있었기 때문인데 말하자면 약간 충격이었다. 나는 초등학교 때부터 지금까지 어찌되었건 부모님의 이혼으로 어쩔 수 없이 가장으로 자랄 수밖에 없었다. 그렇다. 나는 내 팔자를 인정했고, 그래서 더욱더 정부

이것은 왜 청춘이 아니란 말인가
다시 교실에서

에게 항상 감사하고 있었다. TV에서나 어느 매체에서나 항상 어떤 대통령이 나와도 그저 내겐 '불쌍하고 나같이 어려운 사람들이나 잘 신경 써주었으면 좋겠다'라는 생각이 상당히 무의식적으로(선행적으로) 일어났었다. 나 또한 물론 나중에 성공하여 내가 그동안 받았던 여러 가지 도움을 친히 계획적으로 나눠 줄 다짐까지 하게 되었다. BUT!!!!!!!!!!!!!!!!!!!!!!!!!!!!!

어느 날 '지식 권력, 생명 권력'이라는 것을 배웠을 때 나는 순간 머리가 띵했다. 내가 그동안 내 상황을 먼저 인식한 나머지 그 내면을 알려고도 하지 않았던 것이다. 그런데, 이번 수업에서 정부가 내게 인도적 친절과 도움이 아닌 계획적이고 상당히 전략적인 생명 권력을 휘두르고 있는 것이 보이게 되었다. 정부 입장에서는 나 같은 사람들이 상당히 많을 터이고 그렇다면 그런 사람들조차 '국력'으로 생각하고 현대 사회에 맞게 관리할 수밖에 없었을 테니 달래고 뭔가를 대주고 해야 할 것이다. 문제는 그 가운데 '나'라는 된 개인이 착각을 하고 있다는 것이다. 이런 계획된 생명 권력 하에 정부는 마치 인도적이고 시민의 편인 '척'을 한다. 즉 '정부의 완벽한 척'에 속아 넘어가 괜한 판단력만 흐렸던 것이다. _훈이, 2009년 가을 학기 기말고사 시험 답안에서

푸코는 근대의 생명 권력을 '살게 하고 죽게 내버려두는 권력'이라고 불렀다. 중세까지의 권력이 교수형이나 참수형 등을 통해 사람을 죽이고 그 과정을 전시함으로써 권력의 현존을 과시하였다면 근대의

권력은 더 미시적이고 정교하게 사람의 '생명'을 관리하는 형태로 작동한다는 뜻이다. 위에서 보듯 훈이는 긴 설명 없이도 복지국가가 어떻게 푸코가 말하는 생명 권력의 힘으로 작동하는지를 자신의 경험을 가지고 제대로 포착해냈다. 복지국가의 대통령은 따뜻한 가부장의 이미지로 가난한 이들에게 다가가며 자신이 마치 '시혜'를 내리는 양 포장하지만, 알고 보면 연극에서 이 배역을 맡았을 뿐이라는 사실을 간파한 것이다. 그래서 훈이는 이전에는 제대로 국정을 수행하지 못하는 대통령은 인간성이 'out'이라고 생각하였지만 이 개념 이후로는 생명 권력을 제대로 이해하지 못하는 사람으로 다시 바라보게 되었다고 한다. 그래서 자기라면 '모든 시민의 교육 향상과 의료 혜택'에 힘쓸 텐데 그것이 좋아서라기보다는 그래야 가장 효율적으로 '반란'을 잠재울 수 있기 때문이라고 말한다. 근대 사회의 권력이 어떻게 작동하는지를 정확하게 포착한 것이다.

다른 학생들도 비슷했다. 각자의 처지에서 수업에서 다룬 개념을 통하여 자신의 경험과 삶을 다시 사유했고, 개념의 힘을 다시 한 번 확인하며 그에 매료되었다. 본문에서 여러 번 등장한 혜교는 '적극적 수동성'이라는 개념이 자신의 행동이나 이 사회를 다시 사유하는 데 큰 보탬이 되었다고 말한다. 적극적 수동성이란 미국의 사회학자 리처드 세넷의 신자유주의 비판에서 따온 말이다. 회사에 가면 누구나 다 정신없이 일한다. 그리고 자기 일이 가장 중요하다고 목청을 높이고 자기 없이는 회사가 돌아가지 않는다고 주장한다. 그러나 알고 보면 회사는 그 사람 하나 빠져도 멀쩡히 잘 돌아간다. 그런데 왜 우리

이것은 왜 청춘이 아니란 말인가
다시 교실에서

는 그토록 바쁘게 움직여야 할까? 적극적 수동성의 의미는 바쁨과 분주함의 차이에서 확연히 알 수 있다. 바쁘다는 것은 내가 무엇인가를 목표로 하고 그것을 성취하기 위해 시간을 나의 통제 아래 두면서 지금 무슨 일이 벌어지고 있는지를 아는 상태이다. 그러나 분주함은 늘 바쁘게 무언가를 하지만 그것이 무슨 의미이고 왜 해야 하는지 스스로도 이해하지 못하는 상태이다. '바쁜 척'해야만 살아남을 수 있기 때문에 스펙을 위해 이리저리 분주하게 쫓아다니는 지금 대학생들의 삶이야말로 적극적 수동성의 대표적인 예라고 혜교는 포착하였다.

그리고 자신의 삶을 돌아보게 되었다고 한다. 혜교는 적극적이라고 생각했던 자신의 삶이 사실은 얼마나 수동적으로 정해진 각본을 따라가는 삶이었는지 깨달았다. 정작 수동적일 수 있는 자유와 권리, 즐거움과 놀이는 리얼리티 쇼에 빼앗겨 연예인들이 대신 해준다는 사실 또한 깨달았다. 혜교는 능동성과 수동성이 완전히 전도된 우리 삶에서 어떻게 벗어날 수 있을까, 관계라는 것은 어떻게 가능할까 하는 문제에 골몰한다. 만약 수동성이 우리 삶에서 완전히 걷어낼 수 없는 것이라면, 적어도 제한하고 싶다고 말한다.

무엇보다 값진 것은 그들이 이 개념들로 자신의 삶을 읽는 언어를 만들어내더니 그것을 삶에서 실천하려고 시도하기 시작했다는 점이다. 물리학과를 다니는 종배는 사실 수업을 듣는 내내 힘들어했다. 자연과학적 사유 방식에 따르면 들어가는 것(input)이 있으면 나오는 것(output)이 있어야 하는데 이 수업은 들어가는 것도 질문, 나오는 것도 질문, 게다가 질문의 가짓수가 점점 더 많아지니 정말 힘들었다고 고백하였다. 그래서 처음에는 형식적인 쪽글을 내고는 했다. 하지만 다른 학생들의 글을 읽고 자신을 언어화하면서 점차 '난 누구이며 무엇을 위해 존재하고 무엇을 위해 살아가는가?'를 성찰할 수 있었다며 '적어도 지금은 보통 인간 정도의 사고를 하고 있는 것 같다'고 말한다.

그러나 사실 종배는 자신의 겸손한 평가와는 달리 '보통 사람' 이상의 고군분투를 하면서 수업을 들었다. 쪽글을 쓰고 다른 사람의 글을 읽는 과정이 없었다면 결코 보지 않았을 〈똥파리〉 같은 영화를 보면서, 사회적 약자에 대한 생각을 바꾸려 많이 노력하였다며 앞으로도 그런 영화를 찾아서 볼 것이라고 하였다. 이보다 더 고마운 변화가 어디에 있겠는가.

집단지성, 그들의 삶 속에 이미 있다

사유는 개념의 운동이다. 그러나 사유를 촉발시키면서 개념을 제공하는 수업을 학생들이 어려워하고 따분해한다는 이유로 많은 수업이 '만담'만 하다가 끝나고 만다. 게다가 그러한 수업을 '경험 나누기'라고 미화하기까지 한다. 나는 이것에 대단히 비판적이다. 학생들은 자기가 전개한 생각이 이미 '훌륭한 철학자'들이 어렵게 이야기한 개념과 맞아떨어진다는 사실을 알게 될 때 오히려 기뻐한다. 이는 "너희의 말은 바로 이런 개념이야" 하면서 학생들의 생각을 개념으로 정리하는 일이 아니다. 이렇게 되면 선생은 늘 정리하는 역할을 하게 된다. 그러나 선생은 그들이 사유를 확장할 수 있도록 그들의 질문에 대해 '개념적'으로 다시 질문하는 역할을 해야 한다.

이것은 공연히 학생들을 추켜세우는 일이 아니다. 학생들과 수업을 계속하면서 나는 '집단지성'을 신뢰하게 되었다. 어느 교실을 막론하고 학생들의 리포트를 읽다 보면 그 안에서 부처도 발견하고 예수도 발견하고 또 칸트나 하이데거, 혹은 푸코도 발견하게 된다. 따라서 선생의 역할은 그들에게 그러한 능력이 이미 있음을 일깨워주고 북돋워주며 개념적 사유가 가진 짜릿함을 만끽하게 하는 것이지 그들의 무지를 질타하는 것이 아니다.

'나'라는 것은 무엇인가? '나'는 과연 존재하는 것일까? 혹시 내가 보는 세상의 물체들이나 다른 인간들은 전부 내 머릿속에서 만들어진 것이 아닌가? 이러한 질문들은 아주 오래전부터 내려온 철학적인 물음이다. 이에 대해 데카르트는 "나는 생각한다, 고로 존재한다"라는 말을 한 것으로 유명하다. 필자 역시 이러한 질문을 스스로에게 던져본 적이 있다. '나'는 과연 존재하는 것일까? 이 질문에 대한 필자의 의견은 그다지 고민할 필요가 없다는 것이다. 생각해보자. 만약 '나'라는 존재가 내 머릿속에서만 존재하는 환상이라면? '나'라는 것은 전혀 실체가 존재하지 않는 것이라면? 얼핏 생각하면 두려울 수 있지만 필자의 생각은 조금 다르다. '나'라는 존재가 실제로는 존재하지 않는다고 해서 달라지는 것은 없다. 어떤 악마가 내 뇌를 조종하여 내가 존재한다고 느끼게 할 뿐 내가 실제로는 존재하지 않는다고 치자. 그렇다고 해도 나는 내 머릿속에서나마 '나'를 느끼고 '나'를 통제하고 '나'로서 살아갈 수 있다. 그걸로 충분하지 않은가? 무엇이 더 필요한가? 내가 실제로 존재하지 않는다는 것을 입증할 어떠한 증거도 나에겐 보이지 않는다. 그렇다면 그것으로 충분하다는 것이 필자의 생각이다. 혹자는 필자가 진실을 외면하고 거짓된 정보에 놀아난다고 말할지 모른다. 그러나 실제로 내가 존재하지 않는다고 하여도, 우리가 살아가는 데에는 아무런 문제가 없고 그것에 대해서 우리는 어떠한 증거도 가지고 있지 않다. 그렇다면 그것에 대해서 의심을 가지는 것은 아무런 필요가 없지 않은가? 과연 그것이 밝혀진다고 해서 우리 인류, 혹은 '나'에게 돌아오는 이득이란 있을까? 필자는 없다고 생각한다. 그래도 만약 우리가 부단한 노력을 통해 우리가 실제로 존재하지 않는다는 결론을 이끌어냈다고 치자. 그렇다면 우리는 실제로는 알 수 없는 어떠한 절대자에 의해 완벽히 통제당하고 있다는 말이 되는데, 그것을 밝혔다고 해서 어떠한 조치를 취할 수 있을까? 당연히 불가능할 것이다. 결론적으로 필자는 "'나'는 과연 존재하는가?"라는 질문은 아무런 필요성을 가지지 않는다고 생각한다. 내가 실제로 존재하건 존재하지 않건, '나'의 의식은 존재한다. 그렇다면 그걸로 충분하지 않은가! _종윤

이 글은 '무엇을 고유한 나라고 할 것인가'에 대하여 종윤이 쓴 글

이것은 왜 청춘이 아니란 말인가
다시 교실에서

의 일부이다. '통 속의 뇌'에 대한 서구의 오랜 논쟁을 한 방에 종식시키는 종윤의 대답은 불교의 깨달음과 겹쳐진다. 종윤은 이 질문 자체가 무의미하고 이미 하나의 트릭이라고 폭로한다. 학생들은 종윤의 글을 읽고 "나는 생각한다, 고로 존재한다"는 서구식 사유 방식을 단번에 뛰어넘을 수 있었다. 종윤의 글과 아래에 나오는 무성의 글을 읽고 이야기하면서 수업은 크게 열기를 띠게 되었다. 학생들은 다르게 생각한다는 것이 얼마나 통쾌하고 짜릿한지 깨달아갔다. 또한 자신들 안에 이미 많은 이야기가 있다는 것을 알고 사유 능력에 자신감을 가지게 되었다.

그때 나는 대한민국의 자랑스러운 이등병이었다. 맡은 일이 죽어라 많은 하루하루를 보내던 시절 나는 제대로 피를 보게 되는 사건의 주인공이 됐다. 탄창을 '오함마(군대용 대형 해머)'로 부수는 작업에서 내가 놓은 탄창을 선임이 빠개는 작업이었다. 내가 탄창을 놓고 손을 빼내기도 전에 선임의 자비 없는 오함마가 내 엄지손가락을 때렸다. 그런데 웃긴 일이, 처음에는 하나도 아프지 않아서 "괜찮습니다"라고 하면서 다음 탄창을 손에 집어 들었던 것이다. 작업을 해야 하는데 모두 병찐 표정으로 나를 바라봐서 오함마로 찍힌 엄지손가락을 쳐다보니 손톱은 날아가고 엄지손가락은 형태를 유지하지 못한 채 뼈에 살덩어리만 조금 들러붙어 있는 것이다. 그제야, 아팠다. 전신에 불이 붙은 듯한 고통에 나는 손가락을 부여잡으며 쓰러졌고 병원에 실려가서 봉합 수술을 받게 되었다. 봉합 수술 중

손가락을 전혀 볼 수 없는 상황에서 수술을 했음에도 고통은 줄어들기는커녕 늘어만 갔다. 이번엔 보이지 않고 마취까지 했는데 왜 아픈 걸까란 생각이 머릿속을 맴돌면서 내 군대 시절 비극은 끝난 것이다.

그 사건 이후 뼈가 보이고 살점 몇 덩이만 남은 나의 엄지손가락은 다시 원 상태로, 아니 조금은 못 생기고 손톱도 이상한 형태로 회복되었다. 지금의 나는 아직 그 일을 기억하고 있지만, 그 당시의 내가 얼마나 절박했고 고통스러웠는가에는 이르지 못하고 있다. 기억과 인식이라는 건 시간이 지나면 희석되고 변형되기 마련이니까. 하지만 나는 이 변형된 엄지손가락을 가끔 보는 덕택에 아직도 그때의 사건을 확실하게 기억할 수 있다. 아마 예전 손가락 모양으로 완쾌가 되었다면 그 사건은 몇 년 정도 지난 후에 까맣게 잊어버렸을지도 모를 일이다. 나라는 존재는 내가 가진 이 몸뚱이가 존재하는 곳에서부터 가능한 것이고 이것은 사유와 생각에 앞서는 실존의 단계라 생각한다. 일단 내 몸뚱이가 여기 있으니까 호접지몽도 평행 세계도 있는 것이 아닐까. _무성

무성은 자신의 경험에서 시작하여 데카르트적 진리를 무의식 중에 '해체'하였다. 군기가 바짝 든 이등병 때 손가락이 완전히 으깨져서 뼈가 훤히 다 드러났는데도 오히려 "괜찮습니다" 하면서 다음 탄창을 집어 들었다. 군기가 바짝 들어서 아픔을 느낄 새도 없었다. 아픔은 보는 순간에야 비로소 왔다. 무슨 일이 벌어졌는지를 알고 나서야

이것은 왜 청춘이 아니란 말인가
다시 교실에서

아픔을 느끼게 된 것이다. 병원에서는 딱 정반대의 경험을 했다. 마취를 했는데도 불구하고 계속 아프다. 그때는 그 아픔을 절대 못 잊을 줄 알았는데 제대를 하고 나서 나중에는 그때 무슨 일이 있었는지, 얼마나 아팠는지도 가물가물하다. 대신 그에게 확실히 남은 것은 손에 남은 상처다. 상처를 보며 무성은 '나'라는 고유함은 아픔에 대해 자신도 헷갈려하는 의식도 아니고 시간이 흐르면 흐리멍덩해지는 기억도 아니고 몸에 남은 이 상처, '몸뚱이' 자체라고 결론지었다.

  무성의 글 역시 종윤의 글과 마찬가지로 우리를 새로운 이야기의 장으로 이끌었다. 인간을 의식이 아니라 몸으로 이해하는 데서 인간 이해의 새로운 가능성이 열린다. 자신의 몸을 떠나서는 존재할 수 없고, 늘 몸을 의식하면서 말을 해야 하는 이들은 누구인가? 흑인이 대표적이다. 왜 운동선수 중에 흑인 비율이 월등하게 높은가? 흑인이 다른 인종에 비해서 운동 능력이 월등하게 뛰어나기 때문이기도 하지만 운동 말고는 달리 먹고살 방법이 없기 때문이기도 하다. 또 흑인이 등장하는 광고는 대부분 그들의 색깔과 몸을 강조한다. 지하철역에서 가끔 볼 수 있는 캘빈클라인 속옷 모델도 흑인이다. 그는 흑백 필름에 자신의 까만 몸 색깔과는 완전히 대비되는 하얀 속옷을 입고 그 위로 두드러져 보이는 거대한 성기와 미끈한 근육으로 재현된다. 이 모델은 '사유하는 존재'가 아니라 오로지 색깔과 근육, 그리고 거대한 성기라는 몸으로만 존재한다. 여성도, 성 소수자도, 장애인들도 마찬가지이다. 몸뚱이로만 존재하는 이들은 구경의 대상이지 인권의 주체가 아니다. 우리의 인지상정과 도덕은 몸뚱이 앞에서 멈춘다. (이렇게 무성의 글을 함께 읽고서) 자신은 어떠한 몸으로 존재하고 우리 사회에서 재현되는지를 물어보면 학생들은 '인간은 의식이다'라는 추상적인 이야기에서 벗어나 자기 자신에 대한 성찰로 이야기를 전환할 수 있었다.

수업 초기에 나는 학생들의 글을 소개하면서 우리 교실 안에 부처 몇 명, 칸트 몇 명, 그리고 예수 몇 명이 있다는 식으로 이야기를 하곤 한다. 그리고 가끔 "나는 나다, 다른 어떤 말로 나를 규정짓지 말라. 나는 나 자체로 고유하다"라고 주장하는 학생들은 '하느님'이라고 소개한다. 학생들은 이런 이야기에 실실 웃는다. 하지만 자신들의 이야기를 조금만 틀어도 인문학적인 개념으로 탈바꿈한다는 것을 알았을 때는 금방 환호성을 지른다. "나는 나다"라는 주장을 그것만으로 소개하면 그냥 웃고 말지만 이 말이 그리스도교에서 신의 이름인 야훼, 여호와의 뜻으로 풀이되기도 한다는 사실만 일깨워주어도 금방 자신들의 말이 품은 무게를 깨닫는 것이다. 이 말을 한 학생은 그리스도교의 신과 동급으로 자신을 사유했다는 데 놀라워한다. 이런 경험을 하면서 나는 수업이란 이들이 가진 사유의 힘을 집단적인 지성으로 끌어내기 위해서 흐름을 만드는 과정이라고 생각하게 되었다.

교과서는 힘이 쎄다

이 과정에는 학생들이 교과서나 다른 거대한 언어에 질식되지 않고 다른 친구들의 말에 귀를 기울이

이것은 왜 청춘이 아니란 말인가
다시 교실에서

게 하는 과정이 필요하다. 학생들이 집단지성을 발휘하지 못하고 헛된 말, 식민화된 말에서 헤어나지 못하는 가장 큰 이유는 죽은 교과서의 언어에 질식되어 있기 때문이다. 한 학생은 이것을 아주 솔직하게 고백하였다. 자신은 "사회적 이슈에 대해 생각을 많이 해보지 않았을뿐더러 스스로의 정치적 견해를 정립하려고 해본 적"이 없어 "현재 사회의 문제점과 상황을 판단한다는 것이 어렵다"면서 굳이 이야기를 해야 한다면 '중/고등학교 때 배운 얕은 지식'을 통해 자신의 생각을 정리하겠다고 말한다. 학생들은 무엇이 정치적으로 올바르다고 생각하는가를 어디에서 배웠는가. 바로 교과서와 학교이다. 또한 정치적으로 올바른 발언을 해야 할 때 무엇에 의지해서 말을 풀어내는가. 역시 교과서와 학교이다.

학생들의 리포트와 토론에서 나는 공식 교육과정에서 습득하게 되는 언어와 담론의 힘이 얼마나 큰지 절실하게 깨달았다. 우리는 흔히 고등학교까지의 교육이 아이들의 삶을 겉돌 뿐이라고 생각한다. 현상적으로 보면 맞는 이야기이다. 학교에서 배운 언어와 지식이 자신에게 쓸모가 있다고 생각하는 아이들을 찾아보기는 힘들다. 그러나 대학에서 아이들을 가르치면서 절감하게 되는 것은 오히려 그 '의미 없다고 하는 고등학교 교육'이 가진 강력한 힘이다. 학생들은 공교육에서 배운 것을 결정적인 순간에 정말로 '진리'라고 믿거나 아니면 그것을 '진리'로 이야기한다. 수업시간에 졸았든 땡땡이를 쳤든 공식 과정에서 배운 것이 인간과 인간의 삶에 대한 '진리'이다.

여기에는 두 가지 가능성이 있다. 하나는 정말로 학생들이 그것을 진지하게 진리라고 믿는 경우이다. 두 번째는 그것을 진리라고 믿지도 않고 살아가는 데 중요하다고 여기지도 않지만, 그 '진리' 말고 다른 언어가 없기 때문에 그것을 '진리'라고 말하는 경우이다. 그러나 진리의 내용에 대한 승인이냐, 형식에 대한 승인이냐의 여부를 떠나 이 진리가 가진 힘은 강력하다. 어느 쪽이든 '그렇게 이야기한다는 것'과 '그 말에 따라 행동하고 자신과 남을 평가한다는 것'에는 변함이 없기 때문이다. 앞에서도 이야기하였듯이 이데올로기가 작동하는 곳은 믿음이 아니라 행동이다.

'진리'가 가진 힘은 강력하다. '진리'는 더 이상 의심하거나 생각해 볼 필요가 없는 당연한 것이기 때문에 인간의 사유를 가로막는 가장 강력한 걸림돌이 된다. 나아가 이 '진리'는 세상만사를 해석하고 자신의 삶을 구성하는 가장 강력한 '공식적' 언어가 된다. 이런 점 때문에 나는 공교육에 대한 비판은 대단히 정교해야 한다고 생각한다. 공교육에서 가르치는 지식은 아이들의 삶을 겉돈다. 그러나 그 겉도는 지식이 아이들의 세계관을 거의 절대적으로 지배하며 강력한 힘을 발휘한다. 학교가 이러한 '진리의 공간'이라는 점을 무시한다면 우리는 학교가 아이들에게 미치는 영향력을 간과하는 중요한 실수를 저지르게 된다. 학교와 교과서는 여전히 '심각하게' 중요하다. 이것이 몸과 언어를 만든다.

이것은 왜 청춘이 아니란 말인가
다시 교실에서

도덕에 맞서다

몸과 진리가 만나는 곳, 그것이 바로 도덕이다. 학교에서 교과서를 외우면서 우리는 단지 정보만이 아니라 우리 사회가 요구하는 가치와 질서를 받아들이고 도덕적 주체로 형성된다. 그렇기 때문에 그들의 언어를 성찰한다는 것은 곧 그들의 몸과 입에 익숙한 도덕에 맞서는 일이다. 실제의 생활 세계에서는 어떻게 살든 그들은 공적인 담론의 공간에서 자신을 대단히 도덕적인 존재로 드러낸다. "자유에는 책임이 따른다", "방종은 용납할 수 없다", "자기 의사를 드러내더라도 폭력적이어서는 안 된다", "대화와 타협으로 모든 일은 처리해야 한다". 요컨대 인간은 사회적 동물이기 때문에 사회의 규칙을 지켜야 한다고 말한다. 그리고 이 말은 어느 학교건 학생들의 글에서 수없이 반복되는 내용이다.

대부분의 수업에서 나는 이 '도덕'과 맞닥뜨렸다. 정치에서 민주주의에 대한 찬성이 어떻게 폭력에 대한 반대로 이어지면서 민주주의를 정치적인 과정이 아니라 도덕적인 명제로 만드는지 이미 설명하였다. 명품 소비에 대해서도 학생들의 도덕적 언어는 되풀이된다. '명품을 소비하는 것은 내면의 아름다움을 등한시하고 껍데기만 중요시하는 소비자본주의의 산물이다. 그러므로 자기 주체성이 결여된 것이다. 진정으로 아름다움을 아는 사람들은 명품을 걸치건 보세 상품을 걸치건 자신만의 아름다움을 창출하고 그것으로 자신의 스타일을 만들 줄 아는 사람들이다. 그러므로 우리 모두는 소비에서도 자기 주체성을 가져야 한다. 소비자본주의의 상술에 놀아나서는 안 된다.'

교과서적인 비판이다.

　물론 나는 학생들의 이러한 도덕적 비판을 나서서 깨뜨리는 역할을 해야 한다고 생각하지는 않는다. 또한 이러한 도덕적 주장이 맞는지 아닌지를 토론하며 정답을 찾아가야 한다고 생각하지도 않는다. 오히려 내가 학생들에게 물어보는 것은 이러한 도덕적 주장이 우리에게 어떠한 정치적 효과를 내는가이다. 그렇기 때문에 나는 교실에서 우리가 하는 수업은 선포된 '진리'에 맞서는 일이라고 학생들에게 종종 이야기한다. 선포된 진리가 부지불식간에 우리를 어디로 이끌고 있는지를 따져 물으면서 그 진리가 강제하는 도덕의 정치에서 벗어나 도덕을 다시 정치화하는 것이 우리의 윤리라고 강조하곤 한다. 왜냐하면 도덕적 이야기야말로 가장 잔혹한 이야기로 돌변할 수 있기 때문이다.

　우리가 어떻게 도덕의 덫에 빠져 우리 스스로를 윤리화할 기회를 빼앗기고 '잔혹해질 수 있는지'를 잘 보여주는 것이 요즘 가장 문제가 되고 있는 잔혹 범죄에 대한 가혹한 처벌 논쟁이다. 얼마 전 전국을 발칵 뒤집어놓은 부산 여중생 살해사건 피의자 김길태는 분노로 들끓는 여론에 못 이기는 척 경찰에 의해 '이례적으로' 얼굴이 공개되었다. 국가인권위원회도 피의자 얼굴이 공개된 사실에 입을 굳게 다물었다. 이참에 경찰은 국민의 '알 권리' 차원에서 흉악범에 한해 얼굴을 공개하는 가이드라인을 준비 중이다. 여기에 인권의 이름으로 반대하였다가는 아마 국민의 뭇매를 맞을 것이다.

이것은 왜 청춘이 아니란 말인가
다시 교실에서

그를 인간이라고 하는 것 자체가 피해자들을 비롯한 유가족들에 대한 모욕이며 수치이다. 따라서 그동안 연쇄살인범들의 인권을 내세우며 얼굴을 공개하지 않았던 것에 몹시 반감을 갖고 있던 나로서는, 강호순의 얼굴이 공개된 것이 얼마나 통쾌했는지 모른다. 인권이라는 말 자체가 인간된 권리를 나타내는 말 아닌가? 그런데 인간이길 포기한 그들에게 인간의 권리를 주는 것은 권리의 남용이다. 물론, 살인범 가족들의 권리에 대한 문제도 있겠지만, 그렇다면 피해자와 유가족 혹은 국민의 알 권리는 무엇이 보상해줄 것인가?

_진영

논리는 간단하다. 인권은 인간을 위해 만들어졌다. '짐승'을 위해 만들어진 것이 아니다. 피의자에게는 법이 정한 절차 내에서 범죄가 확증되기 전까지 보호받아야 할 권리가 있다는 '무죄추정의 원칙' 따위는 중요하지 않다. 그는 인간이 아니라 짐승이기 때문이다. 얼굴은 인간만이 가진다. 인간만이 얼굴을 통하여 그것을 바라보는 사람에게 말을 한다. 인간의 얼굴에는 표정이 있기 때문이다. 짐승은 이 얼굴이 없다. 짐승에게는 머리만이 있을 뿐이다. 머리는 말을 하지 않는다. 머리는 몸뚱이에 불과하기 때문에 구경거리일 뿐이다. 그래서 그들은 전시되어도 된다. 짐승은 윤리의 주체도 되지 못하지만 윤리의 대상도 되지 못한다.

꼭대기의 몇 명을 제외하고는 인간 모두가 구경거리가 된 사회를 인간 서열 체제라고 부를 수 있다. 대학 서열 체제와 마찬가지이다.

맨 위에는 인간으로서의 권리를 과도하게 누리며 살아가는 사람들이 있고 가장 아래에는 자신의 온몸을 보여줘야 하는 범죄자, 짐승들이 있다. 인간이 분류되고 서열화되는 순간 '인간'이라는 범주는 깨진다. 이 서열의 맨 아래에 난민이나 이주 노동자, 성소수자나 에이즈 감염 환자 등과 같은 우리 사회의 소수자들이 있다. 앞에서 본 것처럼 대학 서열 체제가 촘촘하게 대학생들을 갈라놓을 때 더 이상 대학생이라는 범주가 가능하지 않은 것과 마찬가지이다.

　이 분류표에 따라 학생들이 인간의 본질이라고 이야기하는 인지상정, 혹은 공감 능력 또한 체계적으로 서열화된다. 인권 역시 이 서열 체제 안에 있는 그 무엇이다. 가장 아래에 있는 범죄자 등의 인간은 모든 인권을 박탈당하고 짐승이 되어 전시된다. 난민이나 이주노동자에게는 아주 조금의 인권이 배분된다. 난민이 누려야 하는 인권이란 비를 피할 텐트와 굶어 죽지 않을 정도의 음식이다. 동물과 거의 다름없는 수준의 생존을 영위하는 것, 딱 거기에서 인권은 멈춘다. 이주노동자들은 그것보다는 조금 낫겠지만 자신들의 나라가 아닌 타국의 문화를 존중하기 위해 자신의 문화를 포기하는 것 정도는 감수해야 한다. 공공장소에서 무슬림 여성들이 머리 수건을 쓰는 것을 금지한다든가, 무슬림들에게 강제로 돼지고기를 먹이는 것 같은 행위 말이다. 인지상정, 즉 인간의 공감 능력은 우리 사회의 서열 체제 앞에서 멈춘다. 아니 인간을 인지상정이라고 이해하는 그 도덕적 마음이 비윤리적인 인간 서열 체제를 승인한다. 여기에서 도덕이 반(反)윤리로 타락한다. 인간은 인지상정을 가지고 있어야 한다는 도덕이

이것은 왜 청춘이 아니란 말인가
다시 교실에서

인간을 서열화하고 그중의 일부를 인간에서 짐승으로 추방하는 반윤리적인 체제를 승인하는 것이다.

이 때문에 인간에 대해 가장 도덕적인 언어로 무장한 학생들이 소수자들에 대해서는 싸늘한 마음을 갖게 된다. 도덕이 반윤리를 승인하며 바로 이것이 현실 정치의 역할이다. 인간을 서열화하고 인간과 인간이 아닌 자로 갈라내는 것, 그것이 바로 정치의 역할이지 않은가. 우리는 인간이 아니라고 선언된 자들에 대해서 얼마든지 잔인해질 수 있다. 무감각해질 수 있다. 그리고 이것은 추상적인 이야기가 아니라 우리 삶 곳곳에서 우리는 그렇게 분류된 인간들을 만나고 무의식중에 그 분류에 따라 행동한다. 학생들은 자신이 이러한 분류 체계를 승인하고 잔혹범에게 더 가혹한 형벌을 내려야 한다고 생각한다. 사람은 사회적 동물이며 사회 속에서 살아가기 위해서 다른 사람에 대한 공감 능력이 가장 필요한데 이들에게는 공감 능력이 없기 때문이라고 말한다.

다시 교실에서

나는 교실에서 우리가 할 수 있는 일이 그들이 말하는 바로 그 자리에서 출발하여 그 언어가 도달하는 곳까지 그들과 동행하는 것이라고 생각한다. 즉 학생들의 사유 방식이 반인권적이라고 비판하고 인권의 언어가 무엇인지를 가르쳐주는 것이 아니라 그들이 인간을 사유하는 방식을 드러내주고 그런 사유방식의 종착지를 같이 유추해보는 것이 중요하다. 인간이 홀로 존재하는 것이 아니라 '세계-내-존재'라는 하이데거의 말은 그들의 입에서도 이미 나온 말이기에 쉽게 전달할 수 있을 것이다. 또한 세상은 사람들 사이에 놓인 것이며, 사람이 태어난다는 것은 그 세계 속에 태어나는 것이라는 한나 아렌트의 말도 그들은 쉽게 이해할 수 있다. 나는 학생들에게 이런 개념을 이야기해주어야 한다고 생각한다. 그래야 자신들이 세상을 바라보는 방식이 다른 언어로는 어떻게 축약되고 표현되는지를 이해할 수 있기 때문이다.

누군가와 공감한다는 것은 그를 나의 장소에서 환대하는 행위이다. 그에게 나의 장소에서 살 수 있도록 허락하고 나의 장소를 그와 공유하며 '우리의 장소'로 만드는 것이 환대의 행위이다. 이 환대를 통하여 나는 그와 함께 '세계'를 만든다. 세계는 객관적으로 주어진 외부 환경이 아니다. 오히려 세계는 소통하고 경쟁하고 공감하는 사람들 사이에서 만들어진다. 따라서 인간은 자신의 공감 능력이 활기에 차 있을 때 세계-내-존재로서 인간이 된다고 할 수 있다. 이 과정에서 벗어나는 순간 인간은 인간이 아니라 짐승이 되는 셈이라는 말에는 학생들도 동의한다. 사람 사이에 있는 존재, 그리고 그 사이에서 스스로 인지상정이 있는 '인간'으로 되어가는(being) 존재, 그것이 인간이다. 그렇기 때문에 인간이라고 한다면 자신의 공감 능력이 활기를 띠고 살아 움직이게 해야 한다. 이렇게 본다면 인간의 공감 능력은 완전체로 미리 주어지는 것이라기보다는 하나의 가능성으로서 확장되는 힘, 능력이라는 역동적인 것이다.

이것은 왜 청춘이 아니란 말인가
다시 교실에서

그런데 우리는 과연 그렇게 모두를 환대하며 살아갈 수 있는가? 연쇄살인범이 공감 능력이 없다고 비난하는 우리의 공감 능력은 어디서 활성화되고 어디서 멈추는가? 우리는 우리의 공감 능력이라는 힘을 얼마나 역동적으로 작동시키고 있는가? 혹 우리의 공감 능력은 주어진 곳에서만 자동적으로 작동하고 멈추는 수동적인 것이지는 않은가? 강의실에서 토론을 하면서 우리는 대단히 쉽게 우리의 공감 능력이 철저하게 위계화되어 있다는 것을 깨달았다. 민족과 국가, 인종과 종교, 그리고 다양한 사회적 조건에 따라서 '인간'의 공감 능력은 분할되어 있다. 누구는 동성애자에 대해서는 일말의 공감도 가지지 못하고, 누구는 이주 노동자에 대해서 그들의 인권도 소중하지만 한국 국민부터 먼저 돌보아야 한다고 생각한다. 인간 됨의 핵심이라고 하는 우리의 공감 능력은 어떤 분류표에서 멈추었다. 한 학생이 이것을 발견하고는 이렇게 말했다. "인간이 되는 것이 결코 쉬운 일이 아니군요!"

나는 이것이 수업의 힘이라고 생각한다. 인간 됨이 쉽지 않음을 발견하는 것, 이보다 더 인문학적인 발견이 어디에 있겠는가. 내가 맞다고 생각하는 것이 그리 맞지 않으며, 내가 성당하다고 생각하는 것이 그리 쉽게 이야기할 수 없다는 발견(깨달음) 말이다. 그래서 우리에게 판단과 심판의 언어보다 더 중요한 것은 성찰의 언어이다. 그리고 나는 내 말이 가진 무게를 깨닫도록 해주는 것이 수업이라고 믿는다. 이런 수업을 통해서 우리는 삶에서 겉도는 말의 수음에서 벗어나 내 삶을 돌아보고 읽고 해석할 수 있는, 그런 힘이 있는 언어를 가지게 되는 것이 아닐까? 남의 언어로 떠드는 것이 아니라 내가 가진 언어로 말하는 힘, 그리고 그에 대해 팽팽하게 긴장할 수 있는 힘을 가지게 되는 것이 아닐까?

나는 이것을 대학에서 배웠다. 다행히도 나에게는 언어의 힘을 가르쳐준 좋은 강의와 좋은 책이 있었다. 조혜정 교수가 진행한 강의는 특이했다. 칠판을 바라보고 일렬로 앉는 것이 아니라 의자를 돌려서 는 둥그렇게 앉았다. 교수는 말을 하지 않았고 학생들만 계속 떠들어야 했다. 로저 키징이라는 사람이 쓴 엄청나게 두꺼운 책이 교재였지만 그 교재에 대해서는 한마디도 하지 않았다. 어찌 보면 사랑방 좌담회나 수다 모임 비슷하게 보이기도 하였다. 뭔가 이론을 배우는 것도 아니고 정리를 하는 것도 아니고 계속 이야기를 늘어놓았지만 묘한 매력이 있었다. 학생들은 자기가 어찌 살아왔는지를 수다로 풀고 난 다음에 왜 그렇게 했는지를 스스로 해석하고 설명하였다. 그러면서 개념이 그저 공허한 말이 아니라 나와 내 주변의 삶을 설명하는 살아 있는 언어임을 배울 수 있었다. 현장과 언어. 이론은 삶을 풍부하게 설명할 때 비로소 살아 있는 언어가 될 수 있다는 것을 알게 되었다. 조혜정 교수가 쓴 《탈식민지 시대 글읽기와 삶읽기》는 삶을 만들고 읽는 언어의 힘을 다시 한 번 깨닫게 해주었다. 무엇보다 〈겉도는 삶, 헛도는 언어〉라는 이 책의 문제의식은 여전히 나에게는 화두이며 지금까지 이 책에서 이야기한 것처럼 내가 교실에서 학생들과 함께 씨름하고 있는 주제이다.

대학에서 화두를 갖게 되고 그 화두를 계속 이어갈 수 있는 것은

이것은 왜 청춘이 아니란 말인가
다시 교실에서

큰 행운이다. 그러기 위해서는 좋은 선생을 만나야 하고, 좋은 책을 만나야 하며, 또한 좋은 동료를 만나야 한다. 우리는 그러면서 '성장'해나간다. 그러나 우리 시대는 학생들이 좋은 책과 선생, 그리고 동료를 만나게 도와주기는커녕 오히려 그런 만남을 '죄악시'한다. 좋은 책보다는 자기계발서나 토플 책을 펼쳐야 하고, 좋은 강의보다는 만만한 강의를 들어야 한다. 동료들과 협업을 통해서 집단지성을 발휘하기보다는 노트조차 빌려주어서는 안 되는 살벌한 공간이 지금의 대학이다. 우스갯소리로 이들이 지금 도서관에 앉아 있는 이유는 도서관에서 공부를 하는 것이 즐겁고 책을 발견하는 것이 매혹적이어서가 아니라 내일 도서관에 앉아 있지 않기 위해서라고 한다. 여기서 무슨 삶에 대한 화두를 찾을 수 있는가? 삶에 대한 화두가 없는데 무슨 성장이 가능한가? 이런 점에서 대학은 김예슬이 말한 것처럼 죽었다.

아니, 말을 바꾸어야겠다. 어찌 보면 대학은 지금에 와서 죽은 것이 아니라 이미 오래전에 죽었는지도 모른다. 조금 전 나는 '언어의 힘'을 대학에서 배웠다고 말했다. 그런데 사실은 대학 안에 있던 몇몇 아지트에서 배웠다는 말이 더 정확하다. 당시에도 대학은 이미 죽어 있었다. 살아 있던 것은 다만 몇몇 동아리나 몇몇 교실이 아닐까? 위에 김재훈이 쓴 기사에 따르면 중앙대에서 대학 구조조정에 반대하는 고공시위를 벌이다 퇴학당한 노영수 씨는 한 인터뷰에서 이렇게 말했다고 한다. 자신은 대학생활에 상당히 만족하고 있었으며 교수님들은 실천적인 지식인의 모습을 보여주고 있었고, 전공 공부 말고도 다른 많은 것을 공부할 수 있었기 때문에 대학을 떠나고 싶지 않았다고 말이다. 요컨대 대학을 떠나고 싶지 않다는 이유로 그는 대학에 저항한 것이다.

그러나 그가 떠나고 싶지 않았던 곳은 대학이라기보다는 대학에서 허용되었던 아지트들, 즉 몇 개의 교실과 동아리방 같은 작은 구멍일 것이다. 대학이 스스로의 '법'과 지배를 철회한 예외적인 공간인 몇몇 교실과 자치 공간들 말이다. 그렇다면 우리가 경계해야 하는 현실은 대학의 위기 또는 대학의 죽음이 아니다. 죽은 대학이 이런 조그마한 구멍들조차 용납하지 않는 리바이어던과 같은 괴물로 부활하고 있는 것이 우리의 정확한 현실이다. 대학이 위기에 빠지거나 죽은 것이 아니라 대학이라는 '권력'이 부활하면서 교실이 불가능해지고 있다. 이런 점에서 교실이야말로 지배의 테크놀로지가 가장 첨예하게 흘러드는 공간이다.

교실이 불가능해지는 이 시대에 교실에서 무엇을 하였고 무엇을 할 수 있는가를 이야기하는 것은 말이 안 될지도 모른다. 그러나 나는 여전히 교실이 가능하다고 생각한다. 앞에서 이야기한 대로라면 교실이 불가능해서, '그래서' 절망하며 교실을 포기하는 것이 아니라 불가능하지만 '그럼에도 불구하고', 혹은 '그래서' 우리는 교실을 그 어느 때보다 제대로 진리가 상연되는 공간으로 만들 수 있다. 대학을 포기하는 것이 아니라 대학을 **떠나지 않으려 하는**, 떠나지 않음으로써 죽은 대학에 저항하는 친구들이 있는 한 살아 있는 교실은 여전히 **가능할 수밖에** 없기 때문이다. 불가능한 곳에서 가능함을 상연하는

이것은 왜 청춘이 아니란 말인가
다시 교실에서

것, 그것보다 멋진 혁명을 나는 들어본 적이 없다. 여기가 내가 선 자리이다. 한 현인의 말처럼.

"여기가 너의 로두스다. 여기서 뛰어라."

이것은 왜 청춘이 아니란 말인가

첫판 1쇄 펴낸날 2010년 10월 15일
  22쇄 펴낸날 2021년 6월 1일

지은이 엄기호
발행인 김혜경
편집인 김수진
편집기획 김교석 조한나 이지은 유예림 유승연 임지원
디자인 한승연 한은혜
경영지원국 안정숙
마케팅 문창운 박소현
회계 임옥희 양여진 김주연

펴낸곳 (주)도서출판 푸른숲
출판등록 2003년 12월 17일 제 406-2003-000032호
주소 경기도 파주시 회동길 57-9, 우편번호 10881
전화 031)955-1400(마케팅부), 031)955-1410(편집부)
팩스 031)955-1406(마케팅부), 031)955-1424(편집부)
홈페이지 www.prunsoop.co.kr
페이스북 www.facebook.com/prunsoop
인스타그램 @prunsoop

ⓒ 엄기호, 2010
ISBN 978-89-7184-845-6 (03300)

* 이 책은 저작권법에 의해 한국 내에서 보호를 받는 저작물이므로
  무단 전재와 복제를 금합니다. 이 책 내용의 전부 또는 일부를 사용하려면
  반드시 저작권자와 (주)도서출판 푸른숲의 동의를 받아야 합니다.
* 잘못된 책은 구입하신 서점에서 바꾸어 드립니다.
* 본서의 반품 기한은 2026년 6월 30일까지입니다.